怎麼活才不累
白領減壓手冊

邰啟揚編著

崧燁
文化

目 錄

一、我們累，誰之罪

  ●累：流行詞，時代病／００１

  ●誰是受害者／００５

  ●我們為什麼這麼累／０１８

  ●一點不累，好嗎／０３１

  專欄／０３７

    《你好，黑夜》／０３７

    《互相羨慕》／０３９

二、減壓良方：形成正確認知／０４１

  ●是什麼決定你的行為反應／０４１

  ●正確評估自己、接受自己／０４５

  ●弄清最主要的壓力源／０４８

  ●別顧影自憐０／５２

  ●關注今天／０４８

  ●工作不是一切／０５６

  ●避免歸因錯誤／０５７

  ●讓我們適應環境／０６０

  專欄／０６５

    《野兔的弱點》／０６５

    《救命的狗吠聲》／０６５

三、減壓良方：調整自我心態／０６７

  ●記住好事，忘記壞事／Ｃ６８

  ●讓生活中充滿幽默／０７１

  ●適度宣洩／０７３

●積極的自我暗示／０７８

●趨向樂觀／０８０

●我行我素／０８２

●善用合理化機制／０８５

●學會放棄／０８７

●建構合理的成就動機體系／０８８

●克服畏懼心理／０９０

●學會移情／０９２

●保持良好的心境／０９４

●積極迎接改變／０９６

專欄／０８９

　　　《河邊的蘋果》／０９９

　　　《求人不如求己》／０９９

四、減壓良方：善於應對工作／１０１

●設計好職業生涯規劃／１０１

●提升工作能力／０９６

●學會解決問題／１０６

●扮演好你在工作中的角色／１１７

●挖掘工作中的積極面／１２１

●學會分解、傳遞壓力／１２６

●搞好工作中的人際關係／１２８

●做時間的主人／１４２

●有靜有動／１４６

●短暫休息／１４７

●營造愜意的工作環境／１４８

●把工作與休息明確分開／１４９

專欄／１５１

《風暴之夜你能否安眠》／１５１

《認準北斗星》／１５２

五、減壓良方：盡情享受生活

　　●不妨去休閒／１５７

　　●打扮自己／１６０

　　●度假／１６１

　　●購物／１６２

　　●做愛／１６３

　　●適度的睡眠／１６６

　　●講究營養學／１６８

　　●參與體育活動／１７２

　　●欣賞音樂／１７５

　　●養寵物／１５８

　　●適度上網／１７７

　　●形成良好的生活習慣與態度／１７８

　　專欄／１８０

　　　　《都市女紅》／１８０

　　　　《漫步森林》／１８１

六、減壓良方：消弭不良心態／１８３

　　●消沉／１８４

　　●焦慮／１８６

　　●抑鬱／１８９

　　●冷漠／１９３

　　●走神／１９６

　　●孤獨／１９７

　　●怯場／２００

　　●強迫／２０２

●壓抑／204

●投射／205

●推諉／206

●幻想／207

●退行／208

●固執／209

●逃避／212

●酗酒／218

●自殺／221

專欄／223

《難以想像的抉擇》／223

《大海裡的船》／224

七、減壓良方：運用放鬆技術／227

●自我催眠／227

●瑜伽／234

●肯定性訓練／237

●呼吸法／238

專欄／242

《靠自己》／242

《三個旅行者》／243

八、減壓良方：雇主人性管理／221

●清晰展現工作內容與標準／245

●合理配置員工崗位／246

●優化工作環境與工作條件／250

●讓員工有控制感／251

●避免超負荷、高緊張／255

●建立釋放管道／256

●與員工共同決策／２５８

●幫助員工建立職業安全感／２５９

●建立公平的激勵機制／２６１

●體現人文關懷／２６２

●增進員工心理健康水準／２６５

●形成良性心理感染／２６８

●讓員工保持適度壓力／２７０

專欄／２７１

《昂起頭來真美》／２７１

《紅紗巾》／２７１

九、減壓良方：尋求社會支持／２７３

●與家人歡聚／２７４

●與朋友交往／２７９

●利用 ＥＡＰ／２８１

●去做心理諮詢／２８４

●學會利他／２９０

●學會感恩／２９２

專欄／２９４

《有愛則靈》／２９４

《欲取先予》／２９５

版權信息

一、我們累，誰之罪

●累：流行詞，時代病

"累"，一個極普通的字眼，近年來卻成為一個流行詞，成為許多人的口頭禪；一種時代病，在人群中廣為蔓延。

嗚呼！你是金領，你是白領，你衣著光鮮，工作體面，收入不菲，出有車、食有魚；令人尊重、為人羡慕。你兢兢業業，業績卓越，看起來前程無限光明。

然而，你最能領會《紅樓夢》中王熙鳳的一句話："大有大的難處"。

你的工作節奏太快；

你的工作量太重；

你的工作時間太長；

你的責任太大；

你沒有時間給朋友打電話；

你不去參加同學聚會；

你沒有時間真正地放鬆；

你沒有時間和家人一起共用天倫之樂，甚至連性生活都成了一種責任而非享受；

如果度假，時間超過兩天，你就覺得心煩意亂；

如果購物，匆匆游走於超市的各個貨架，完全按照事先列好的清單購物，很少考慮別的東西；

想不起來上次沒吃早餐是在什麼時候；

……

　　儘管如此，你依然充滿了擔心——不斷充電而擔心落伍；期盼晉升而擔心失業；渴望變化而又擔心變化；嚮往未來而又擔心未來。

　　你信奉年輕時用健康和時間換錢，年老時用錢換健康和時間的生活理念，但卻發現，錢並沒有賺夠，而健康的體格卻與你漸行漸遠。

　　於是，你使用頻率最高的詞之一就是"忙"。

　　而且愈是忙的人就愈是忙得厲害。

　　你最經常體驗到的一種心理感受就是累，一種說不出滋味的累，那是心累。

　　你開始失眠；記憶力衰退；焦躁、憂慮，心悸、失眠、易怒、多疑、抑鬱。

　　你甚至對工作產生了厭倦的情緒。特懷念童年、少年、青年時代那物質生活並不豐富、但卻輕鬆悠閒的快樂時光。

　　你可能想逃，對自己說："算了，別去想那些破玩意了。"可是"那些破玩意"，卻剪不斷、理還亂，才下眉頭，又上心頭。

　　其實，你不想也不行，想逃也逃不了。E-mail、手機、移動PC、寬頻和無線上網使工作變得無所不在，它們帶來的超時空的工作壓力，即使在家，你也無處可逃。

　　美國職場壓力管理專家喬恩·卡巴特·津恩稱，工作借助這些工具剝奪了人們的休息時間以及同家人相聚的時間。在家裡用筆記本處理工作的人多了；假日裡用手機談論工作的人多了；在飛機上處理公務的人比比皆是。

　　有一部美國故事片，片名是《無處藏身》，這大約是當代金領、白領生活最生動的寫照。

　　一系列名之為"枯竭"的症狀在你身上表現出來了。在王奉德所著《緩解生活壓力》一書中是這樣表述的：幽默感減少。

工作時沒有辦法開懷地笑，精神老是緊繃著。

忽略休息和飲食時間。一直沒有時間喝杯水或吃午餐，以恢復精力。加班且沒有假期。

對組織來說是不可缺少的人物，在休息的日子也不拒絕工作。身體的抱怨增加。

疲勞、易怒、胃不舒服，肌肉緊張且容易生病。

社會退縮。遠離同事、同伴和家人。

工作績效降低。缺勤增加、拖延工作、請病假、效率減少，生產力也減少。

自行服藥。

增加使用酒精、鎮定劑和其它可以改變心情的藥物。內在的變化。

情緒耗盡、喪失自尊、沮喪、挫折和愈陷愈深的感覺。

此外，枯竭的現象也可能具有消極、妄想、嚴厲、冷漠、寂寞與罪惡感及難以作出決定等特徵。關於職場壓力這一社會現象的後果，相關組織與有識人士已經提出了警告。

世界衛生組織稱工作壓力是"世界範圍的流行病"。

聯合國國際勞工組織發表的一份調查報告認為："心理壓抑將成為 21 世紀最嚴重的健康問題之一"企業管理者已日益關注工作情景中的員工壓力及其管理問題。因為工作中過度的壓力會使員工個人和企業都蒙受巨大的損失。

英國著名心理學家貝佛利曾說過："過度疲勞的人是在追求死亡"。科技進步所形成的資訊飽和、全球化的速度、機能失調的辦公室政治、工作過量等都是導致抑鬱的主要因素。

目前，抑鬱症已成為繼心臟病之後，第二種最能夠使員工失去工作能力的疾病。

如果不採取行動，精神和行為失調增加的速度之快足以在2020年之前超越公路意外、愛滋病和暴力，成為早夭和失去工作能力而無法工作的主要因素。

　　你聽說過"巴烏特症候群"嗎？

　　那就是一生都在拼命工作，突然有一天，就像馬達被燒壞了一樣，失去了動力，陷於動彈不得的狀態。具體表現是：焦慮、健忘、與他人的情感投入低，甚至對性生活也沒有興趣……究其原因，這是由於在現代社會中為求生存，奮力拼搏，耗盡了體力、精力的能源，精神得不到放鬆而導致疲倦的一種症狀。

　　還有一種疾病被稱之為現代人心身症。

　　即表現在外的是生理症狀，但致病的根源卻是心理因素。這些生理症狀有高血壓、消化性潰瘍、過敏性大腸炎、支氣管哮喘以及自主神經失調症等等。

　　近年來最受人注目的現代人身心症就是"失去感情症"，具體表現是：想像力貧乏，精神有障礙，情感的感受和語言的表達被抑制，能清楚地敘述事實關係、卻不能表達感情，和別人溝通有困難。

　　這樣疾病的患者，看上去很正常，以為疾病是由生理因素造成的，但服藥、打針或其它生化治療方法，每每難見成效。

　　"再也不能這樣活，再也不能這樣過。"作出積極的改變：巧妙地應對過於沉重的壓力，從根本上改變身心疲憊的狀態，是職場人士刻不容緩的課題！

●誰是受害者

沉重的壓力，過度的身心疲憊，誰是受害者？誰將為之買單？
首當其衝的受害者自然是當事人。

美國心理學家協會最近公佈的一項調查結果顯示，65% 左右的美
國就業人士內心都是消極情緒占上風，這種情緒輕則表現為不滿現狀，
深感疲憊；重則不堪重負，患上嚴重的身心疾病。

在中國，根據北京易普斯企業諮詢服務中心對中國 1576 名白領
進行的關於工作壓力的一項調查結果顯示，有 45% 的人覺得壓力較大，
有 21% 的人覺得很大，有 3% 的人覺得壓力極大，瀕臨崩潰。

由中國人力資源開發網發起的 "2005 年中國員工心理健康" 調查
結果顯示，有 25.04% 的被調查者存在一定程度的心理健康問題。資料
顯示，中國約有 70% 的白領處於亞健康狀態。

北京易普斯企業諮詢服務中心對 IT 行業 2000 多名員工所做的調
查表明，有 20% 的企業員工壓力過高，至少有 5% 的員工心理問題較
嚴重。有 75% 的員工認為他們需要心理說明。目前，中國已經成為高
自殺率的國家，衛生部曾經發表的研究報告指出，中國自殺率大約為
十萬分之二十三，遠超過世界平均的十萬分之十三。

還有調查表明，職業白領的健康指數正在下降。由於企業的競爭
壓力的上升，成本和利潤的控制中人力成本削減成了比較常用的手段。

同樣的工作量下，許多企業追求用人儘量少，效率儘量高。所以，
這勢必造成很多職業白領每天都幾乎是滿負荷的工作，他們的身體健
康問題逐漸浮出水面。

健康指數調查結果令人擔憂：45.79% 的被調查者明確表示對自己

的身體健康狀況十分擔憂；有 64.03％ 的被調查者表示不能經常參加體育鍛煉和健身運動。

而這些被調查者大多還正處於青壯年期。

北京零點市場調查公司的一項調查結果顯示，41.1％ 的白領們正面臨著較大的工作壓力，61．4％ 的白領正經歷著不同程度的心理疲勞，白領們的健康狀況令人擔憂。

調查通過快速壓力問卷對白領目前的工作壓力大小進行了評估。結果顯示，工作壓力較大的人占到了調查總人數的 41.1％，是工作壓力較小的白領人數的兩倍。

由此可以看出，中國經濟處於這樣一個高速發展的環境中，使得目前相當一部分的白領正面臨著較大的工作壓力，這就使得壓力成為大家普遍關注的話題。

工作壓力的大小體現著工作帶給員工的緊張感的大小。

一般來講，過度或長期的緊張感會引起員工的心理疲勞，它是一種包含身體、情緒、人際等多方面的綜合反應。零點的這次調查採用專門的心理學測評工具「枯竭量表」，對白領的心理疲勞程度進行評估。

疲勞程度共分為 5 個等級

等級 1 意味著目前的狀態良好，未出現心理疲勞。

等級 2 代表著目前狀態還可以，心理疲勞尚不明顯。

等級 3 說明目前已經在一定程度上表現出了心理疲勞，如果不加注意，很有可能會被工作搞得精疲力竭。

等級 4 為明顯地出現了心理疲勞，目前已經被工作搞得精疲力竭。

等級 5 則處於危險等級，它意味著目前心理疲勞非常嚴重，說明他的身心健康正在受到嚴重威脅。

從管理學上，當一位職員的心理疲勞程度達到等級 3 的時候，說明這位員工已經表現出了一定程度的心理疲勞症狀，需要對工作壓力的問題予以注意了。

從調查結果可以看出，心理疲勞程度在等級 3 及以上的人數比例達到了 61 · 4%，也就是說，近 2 / 3 的公司白領正在不同程度地表現出心理疲勞的症狀，不得不說，這是一個令人擔憂的數字！

2004 年職業白領的心理壓力指數居高不下，所有被調查者中竟有 26.80% 的比例認為工作和生活的壓力已經嚴重超過了自己的承受範圍；更為嚴重的是，由於頻繁地在工作和生活中救火式的奔波，有 25.35% 的被調查者表示根本沒有自己的一套有效緩解心理壓力的方法。

1993 年 3 月 9 日，上海大眾汽車有限公司總經理方宏跳樓身亡。

2003 年 6 月 23 日，溫州市浙江東方集團副總經理朱永龍因長期精神抑鬱自殺身亡。

2003 年 8 月 4 日淩晨，韓國現代集團董事長鄭夢憲跳樓歸去。

2004 年 11 月 10 日，均瑤集團董事長王均瑤 11 月 7 日病逝，時年 38 歲。

2005 年 4 月 8 日晚，54 歲的愛立信（中國）有限公司總裁楊邁由於心臟驟停在京突然辭世。

2005 年 9 月 18 日，年僅 38 歲的網易代理首席執行官孫德棣于去世。這位元年輕的代理 CEO，是因為患上癌症去世的。而去世前兩天，他還在通過電子郵件和公司的員工進行工作上的往來交涉。

2005 年，高秀敏和傅彪這兩位著名演員相繼過早地離開人世，離開了熱愛他們的觀眾。

2005 年底，擁有 36 億身價的山東德州晶華集團董事長苗建中猝死家中，有關他的死因有種種猜測，但警方已明確認定是自殺，是因抑鬱而自殺。

苗建中一直有事必躬親的管理風格，據他身邊的人透露，他每天工作達 15 個小時以上，有時一天要批覆的檔有 5、60 件，要到淩晨兩點左右才能審閱完畢。

晶華集團高層人士說，苗總的主要壓力來自於集團的管理工作。此觀點在晶華集團的悼詞中也有所體現：「在企業發展的進程中，苗董事長承擔了常人難以想像的工作壓力。作為一個完美主義者，他事事要求做得最好，力求最精。在沉重的工作壓力下身體和精神嚴重透支，產生了心理障礙，從而產生了抑鬱傾向……」

2006 年 1 月 21 日，上海中發電氣（集團）有限公司董事長南民，因患急性腦血栓，搶救無效撒手人寰，年僅 37 歲。上海浙江商會秘書長陳康漢說：正處於第二次創業中的民營企業家，承受著一般人難以想像的壓力。太少的休息和放鬆，事業心太強也許是這一代民營企業家的通病。

經歷了第一桶金的積累後，民企開始第二次創業，需要在規模、多元化投資、提升技術含量和資本運作能力方面更上一層樓。

此時又處於市場經濟轉型階段，行業競爭狀況發生了很大的轉變，企業家面臨著巨大壓力，不進則退，這使得很多企業家緊繃神經。

據 2006 年 2 月 21 日《參考消息》報告，美國《科學》雜誌的調查顯示，中國科研人員心理壓力大。

美國《科學》雜誌進行的一項調查發現，近年來，中國兩個研究所的科學家中至少發生過 4 起自殺事件，其他一些科學家考慮過自殺或者對這個趨勢表示過不安。

在昨天發表的一份報告中，該雜誌談到了茅廣軍自殺事件。

茅廣軍是一位 36 的物理學家，去年 9 月從他所在的公寓樓四層跳樓身亡。

茅廣軍在北京的一家研究所很快就當上了正教授，但在 2004 年，該研究所拒絕對他繼聘，說他的工作存在問題。後來他在一所大學找到一份工作，但是還沒有上班就自殺了。

《科學》雜誌說，"為了趕超西方，一些研究機構使不堪一擊的研究人員生活難以忍受……通過不斷反思，一些學者對於中國開始迷戀西方科學，不發表論文就去死的做法提出了質疑。

該雜誌說，中國的研究院落內部壓力重重，對於在海外名牌大學拿到學位後被吸引回國的年輕科學家來說更是如此。該雜誌說，中國名牌研究機構內部人員現在的心理壓力幾乎和西方的研究機構一樣大。

另一名科學家，39 歲的吳建義 2004 年從五層樓的樓頂跳下身亡。他是湖南一家研究院的植物育種學家，在這家農科院參加工作不久，他所在的部門就被分離出來，改組成一個私營種子公司，據說他覺得自己應該是一個研究人員，不應該是行銷人員，但他的研究經費是同種子銷售水準掛鉤的。

據《科學》雜誌報導，該研究院其他兩名研究人員也在吳建義自殺之前的兩個月裡自殺，他們分別是 38 歲和 41 歲。

雜誌援引科學家張宗葉（音）的話，建議為年輕科學家提供心理諮詢服務，因為他們"要在緊張的工作環境中保持心理平衡。"

以上例證可能有些極端，但金領、白領普遍承受著巨大的壓力，並以種種積極的、消極的方式與之抗爭卻是一個不爭的事實。以下採自媒體與互聯網上的自述或他述或許能夠窺一斑而見全豹。

W 是一名業務經理，負責整個公司產品的銷售工作。每天工作勤勤懇懇，盡職盡責，一心想把工作做好。可事與願違，隨著社會競爭日趨激烈，同類產品不斷湧出，經濟效益每況愈下，W 感到越來越難做。而當初立下的軍令狀就像一座大山一樣重重地壓在他的身上，使他喘不過氣來。

W 越來越感到一種莫名的恐懼，仿佛看到前任經理的今天就是自己的明天，感到自己力不從心，重壓之下，乾脆選擇逃避，竟然三天沒上班，手機也關掉，在家什麼事情也做不了，約朋友出來聊天也顯得心事重重。

到了第四天，垂頭喪氣的 W 找到心理醫生"現在的我真是累啊，一進公司就感到緊張，自己以前的那種幹勁不知到哪裡去了。現在我只想找個安靜的地方，靜靜地睡上一覺，再也不想面對這些煩惱的問題。

有時老闆規定三天完成的工作，我總是以最快的速度完成。因為我所在的公司，大家做事的效率都很高。如果你做得比別人慢，你的位置就不保，經過兩年的努力工作，才得到了部門主管的職位，豈能給後來者可乘之機，所以我必須更努力。"

眼前的 Z 女士完全沒有人們想像中白領女性的光鮮驕人，相反，她看上去甚至有些萎靡。"對於我來說，在這裡和你聊天，已經是很奢侈的休息了。"她笑了笑，但目光極其落寞。

"我總是在加班，有時要到很晚，基本上每天如此，連週末也不例外。幾乎就沒有休息的時間，因為我不想被取代，所以我要更努力。"

　　"有時我就像一個陀螺，永遠沒有停歇的時候，除非滅亡。我已記不清何時逛的街，何時和朋友一起出遊過，何時享受過泡澡，何時睡個好覺、吃頓好飯，甚至連給家裡打電話都由從前的一週一次改成了現在的一月一次，腦子裡有一根弦始終繃得很緊。有一天這根弦斷了，我也就完蛋了。"她眼光暗淡了，仿佛一下子老了很多。

　　從外表看 ANN 過著很幸福的生活，在鬧市區有一套九十坪米的房改房，收入不錯，兒子也已上中學啦，但 ANN 自己還是覺得過得很累。首先是來自工作上的壓力。

　　每天工作量大壓力大自不必說了，這是每個白領的通病，ANN 所處的國營企業機構複雜，人員眾多，她能坐在現有的位置也是幾十年媳婦熬成婆得來的，再說自己已經近四十，而且公司明文規定許多職位女性超過 45 歲就不再考慮，所以往上走的空間幾乎可以說完全沒有。沒有這個位置收入也將大打折扣，將來對她來說實在不知會是怎樣。

　　ANN 的父母在外地，只有她一個獨女兒，前些年父母身體好，自己生活不用 ANN 操心也就過去啦，可現在他們都是七十歲以上的老人啦，去年母親還因心臟病住院搶救，ANN 分身無術一直想把父母接過來，可現在的房子顯然太擠啦，ANN 想買套複式的。可兒子在市區讀書，買到郊區不實際，買市區的呢，全部要一百萬以上，就算把現有的這套賣出去充其量也就夠付首期，月供還要五千元左右，這確實是筆太大的支出。

　　再說兒子已經讀中學了，她還要給兒子留筆教育基金，現在聽人說讀大學要花不少錢，如果將來兒子想出國，她不希望因為家庭的收入而影響兒子的教育。

同齡的人中許多人家裡都有車,雖說 ANN 上班還算順路,買不買車關係不大,但每到節假日朋友聚會時,看見朋友都開著車,她心理還是有些不平衡,可如果養車每個月要花多近二千元啊,這對 ANN 來說實在是筆不小的支出,所以始終下不了決心買車。

唉,ANN 總在歎氣,前些年收入沒有那麼多時日子好像還輕鬆點,千把塊錢的新上市衣服咬咬牙也買了,現在收入高啦,生活水準怎麼好像還下降了?———我現在買衣服都是等折價後才買,從來沒買新上市的!

工作會給人造成多大壓力,英國電信集團的專案經理尼克再清楚不過了。不到兩年前,他被迫調離崗位,從原先負責領導一個小規模技術團隊,後被安排到一個複雜的專案管理崗位。他覺得自己不適合這個崗位,專門技能掌握得也不夠。

"在那以前,我的表現一直極為出色,被視為所在領域的專家,"尼克先生解釋道。"自從換了崗位以後,我突然覺得自己完全是個外行。我在這個新崗位感覺很有壓力,我沒有得到支持。這兩種因素加起來很要命。"

一天早晨,在忍受頭痛和胃痛而一夜未眠後,他終於被工作壓力擊垮了。

他說,"我當時無法去工作,去並面對那個需要我管理的大車間"。

尼克先生休息了近 2 個月,花了 6 個月的時間才完全恢復。然而,他說,在公司理解了他所面臨的難題後,給予了他很大幫助,其中包括諮詢指導和分階段重返工作,這對於鼓勵他身體復原至關重要。

一位年薪 50 萬的高級男白領，搶了一輛 7 萬元左右的二手車來開，而他面對員警交待自己搶車的理由竟是"不知為什麼特別煩躁"，繁重的工作和競爭的壓力使得他身心俱疲，這種疲憊與壓抑甚至已經無法用正常的休閒方式來排解。

在一家媒體工作的 F 先生，最近常感到自己的手機被呼叫，而當他準備接聽時卻發現根本沒有電話打進來；晚上睡覺也不踏實，總想起來看看有沒有未接電話或短信。一段時間下來，F 先生精神不振，心情煩躁。在諮詢了心理專家後。F 先生才知道自己患上了資訊焦慮症。

據瞭解，像 F 先生這樣的媒體從業者，以及從事電腦、網路等職業的都市職業人每日需接觸"海量"的各類資訊，或對資訊資源有較強的掌控欲望，這類群體患上資訊焦慮症的可能性較大。一旦這類群體每天正常獲取資訊管道不暢快，他們就會感到極不適應，變得焦躁不安，認為自己錯過資訊，一些人會不停地看電話、電子郵箱，甚至出現一種心理等待，進而引發精神萎靡、失眠、頭痛、食欲不振等一系列精神和生理上的不良反應。

心理專家曲偉傑認為，資訊焦慮症患者平時工作節奏過於緊張，而與資訊過多過密地接觸又使他們產生緊張"慣性"，一旦工作節奏被打亂或者資訊接收管道發生變化，自己反而出現不適應。為防止資訊焦慮症的侵擾，人們應該儘量使工作節奏彈性化，給自己留有足夠的空間進行心理放鬆。

職場壓力甚至在夢境中以折光的方式表現出來。

據上海第一家夢析中心長寧精神衛生中心的臨床研究表明，壓力過重是使人頻繁做夢的主要原因。該中心主任王曉朵說，白領一族和私營企業家是最容易為夢所困的群體。她的病人中，40% 是私營企業家，其次是白領，大約占 35%，而排在第三位的是大學學生。

他們總結出職場壓力在夢境中呈現的幾種典型表現形態。

夢回考場提示晉升壓力

在職場上已經打拼幾年的白領，明明已經遠離課堂，不用再為考試發愁，卻常常夢見回到學校，重新坐到考場上考試，而且在夢裡屢次答出白卷。這是白領“夢疾”患者最常遇見的夢境。

考試隱喻的是在職場上面臨進一步的跨越。競爭重壓下的白領，最關心的是個人的提升和發展，屢次夢到考試，就是這種壓力在夢境裡的轉化。這說明，你有可能正在或即將面臨一次職業生涯的變動，對此不敢確信，或者信心不足的人，就容易夢到考試不及格的情況。

做這類夢的人大多責任心強，對事業有所追求，自我要求高，期待往更高層次衝刺，但實際情況卻不像自己所期望的那樣完美。

此外，晉升壓力在夢境裡往往都跟學校有關。在課堂上遲到，或者老回答不出老師的問題，很多人都有過類似的經歷，因此在面臨職業生涯的“考試”壓力時，他們的夢境也不自然地回到了學生時代。

爬山涉水影射職場境遇

夢到旅途中遇見一座大山或者一條大河，暗示的是事業上遭遇的阻力。職涯順利的人遭遇這種夢境，最終結果是爬上山頂，舉目登高，前方是開闊美景，但如果事業不順暢，工作不穩定，困難重重，夢中的情形就會總是在爬山，直到身心疲憊還是到不了山頂，這正是工作中的壓力所致。

壓力越大夢越離譜

壓力越大，夢境的誇張程度就越大。兇殺、搶劫，或者一些神鬼異像出現在夢中時，患者就需要提高警惕了，這意味著你的壓力已經到臨界邊緣了。

而緊張的人際關係也會加劇夢境的離奇程度。生活工作中人際關係緊張的人，容易夢到刀光劍影的血腥場面，或者與壞人拼得你死我活的場面。白天夜裡的雙重緊張更是令人難以忍受，不加舒緩，不僅影響健康，更有礙正常工作的進行。

新上海人不堪滬上重壓

在上海闖蕩的"新上海人"也是"夢疾"的高發人群。在上海承受的生活、壓力過大，讓他們常在夢裡回到故鄉，反覆看到舒適的過去，如童年、校園生活、母親等等。離家越遠，做這類夢的概率越高。

王曉朵分析說，夢回故鄉，是因為身在上海這個壓力負荷極重的城市，容易產生疲憊感，內心嚮往過去。夢見母親，則是"戀母情結"的體現，內心渴望得到她的保護。此外，如果頻繁夢見家人好友處境不佳，其實是本人正處於緊張的人際關係或緊張環境中。

第二個受害者則是他們的家庭。

人言：家庭是社會的細胞，欲構建和諧社會，必先有和諧家庭。壓力感過重，身心的極度疲憊，必然殃及池魚，使家庭氛圍蒙上陰影。

L先生40歲剛過，幾年前從國企跳槽後來到民營企業打工，後來，幾個人合夥組建了家裝公司，經過一年多的運作在業內小有名氣。但是每天忙碌的工作，不是到工地現場，就是陪客戶吃飯，社會壓力大，常常很晚才能回家，有時甚至夜不歸宿。他的愛人以為他有外遇，在很多同事那裡瞭解情況後，否定了他有外遇的猜疑。但他每天晚上回家的時候，他愛人催促他休息的時候，他總是說這裡不舒服，那裡不舒服敷衍他的妻子，後來索性分床休息。他妻子懷疑他有毛病，帶著他到醫院去檢查，結果什麼毛病也沒發現，醫生只是告訴他心理壓力太大了。

你瞧，好端端的一個家，卻無風起浪。丈夫沒有錯，妻子也不能算有錯，卻差點因誤解而釀成大禍。究其由頭，還是壓力過大的緣故。

如果說上述例子還不夠典型，還缺乏廣泛的代表性的話，下面所說的情況大約在絕大多數家庭裡都發生過。這就是心理學中所說的"遷怒"。

丈夫在公司裡忙得暈頭轉向，結果非但沒有得到老闆的獎賞，還因某個細節不合老闆的口味被老闆狠狠地訓了一頓。丈夫窩了一肚子火，可怎麼也不敢與老闆頂撞，悶悶不樂地回到家裡。妻子像往常一樣，安排好飯菜，讓丈夫吃飯。"這菜鹹了，那菜淡了，飯也硬了。"丈夫不停地指責妻子。妻子感到冤得很，一切不是都和往常一樣嗎？他那來的那麼多話？妻子有點怕丈夫，雖然委屈，但也沒敢說什麼。這時，孩子回來了。一進門，他媽就嘮叨開了"衣服搞髒了；吃飯怎麼也不洗手……"孩子覺得自己沒做錯什麼，媽媽卻和自己過不去，心裡很不是個滋味，不過也不敢和媽媽頂嘴，一隻貓正好走過來，上去就是一腳。貓受到無端的攻擊，掉頭就跑，恰巧撞到男主人，上去就咬了一口……

不難看出，他們所發洩的對象，都不是真正要攻擊的對象。他們都把無名之火傾泄到自己最親近的人身上了，因為這比較安全。但是，客觀上卻對家庭的和諧氣氛造成了傷害。

還有人做過一個調查，要求被調查者（妻子）說出每天對丈夫說得最多的兩句話，結果居於前列的兩句話是"早點回來"，"少喝點酒"。而丈夫對妻子說得最多的兩句話則是"今晚不回來吃飯"，"你煩死了。"有人把這種狀態歸之於"審美疲勞"，但我們卻認為這種解釋至少不夠全面，在更大程度上，它是生活狀態不佳的折光反映。

誰都知道，家庭是一個遮風避雨的港灣，身心疲憊、心煩意亂的人們，不可避免地會對這個"港灣"有所傷害。而這種傷害的結果又不可避免地會加重當事人的身心疲憊、心煩意亂。

第三個受害者是他們所屬的社會組織。

許多老闆看到員工加班加點，一直幹到疲憊不堪，表面上裝著同情與憐憫，心裡卻在偷著樂。哈哈！我管理有方，讓他們都使出了最大的力氣，工資錢可沒白花。殊不知，他們也是受害者之一。

美國官方的統計資料表明，每年因員工心理壓力給美國公司造成的經濟損失高達 3050 億美元，超過 500 家大公司稅後利潤的 5 倍。

歐盟每年也因工作壓力太大，喪失 20% 的勞動力。

英國所做的工作壓力研究發現，由於工作壓力造成的代價，達到他們國民生產總值的 1%。所以根據官方統計數字，壓力導致的疾病估計每年會使英國的經濟損失是 8000 萬個工作日，每年的代價要高達 70 億英鎊。

其它西歐國家的缺勤問題甚至更為嚴重。薩里大學研究人員從事的一項研究結果顯示，葡萄牙、義大利和比利時的短期缺勤率最高。而荷蘭、瑞典、葡萄牙和法國的長期缺勤現象最為嚴重。只有奧地利和愛爾蘭的長期缺勤率明顯低於英國。

就具體企業而言，員工壓力大，身心累給組織造成的損害有：

員工的工作喪失主動性與創造性，企業也就喪失了活力；

工作中的事故與差錯增多，就將給企業造成直接經濟損失；

與客戶交往時，一個身心疲憊的人不會給對方留下良好的印象，也不會對客戶表示出足夠的、恰如其分的熱情。這會對公司業務構成損害；

員工的病事假會增多，離職率會提高。熟練員工的減少，對企業的消極影響也是顯而易見的；

企業的凝聚力不可避免地會下降；

……

一個不爭的事實是，如果員工的狀態良好，企業就會有個好的收益；如果員工的狀態不佳，倒楣的絕不僅僅是個人，企業也將是受害者。為什麼西方國家的企業如今大力推進人性管理？那不是資本家利益最大化的初衷有所改變，而是他們認識到，這才是利益最大化的一條最佳途徑。中國的老闆們，遲早也會領悟到這一點。當然，早領悟肯定比晚領悟要好。

●我們為什麼這麼累

我們為什麼這麼累？

從社會環境背景的角度來看，那是社會經濟高速騰飛期所不得不付出的代價。近 30 年來，中國經濟的高速發展為世人所矚目，綜合國力有了極大的提升；在世界上有了更大的話語權；至於物質生活水準的提高，更是有目共睹的事實。30 年前，你會幻想會有一套很不錯的公寓房嗎？會有自己的私家車嗎？不會的，這麼想會被人認為是大腦有病。可能在 15 年前，當你看到老闆級的人物手裡拿一個手機，也會覺得這玩意不會與自己有什麼關係，可現在，要找一個沒有手機的人大概有點難了，至少是在城市裡。

"天底下沒有免費的午餐"，任何"得到"，都是要付出代價的。人們現在更多關注的是環境、資源的代價，其實，社會還付出了另一個沉重的代價，那是人們生理上與心理上的高度投入而招致的疲憊。社會學家對幸福指數的調查結果表明：近年來，隨著生活水準的提高，幸福指數不升反降。貧窮時代所期待的吃飽了，穿暖了，一切都會好了的狀況並沒有如期實現。

我們對此不必怨恨，因為它就是事物發展的本來規律。我們也不能聽之任之，正如我們要大力治理生態環境一樣，我們也要治理心理環境。否則，發展將帶來人性的扭曲。

另一個事實也是不容忽視的，或許它對我們個體來說更有意義，那就是：在同樣的環境背景下，並不是所有的人都感到巨大的壓力，都覺得很累。有些人遊刃有餘，應付裕如；有些人感到累，但能夠承受；有些人則不堪重負，直至為壓力所擊垮。這表明，人們的生存環境雖然大體相仿，但個性的不同，觀念的不同使得對外部世界的感受與反應有著很大的差異。簡言之，有些壓力是不可避免的，而有些壓力則是我們自找的。

也就是說，我們感到累，有客觀原因，也有主觀原因。客觀原因個體無力改變，至於主觀原因，我們有必要瞭解，更有能力去改變。

誠然，每個人的主觀原因肯定不盡相同，就其共性而言，多為人性的弱點所致。比如：

人性的弱點之一是我們想要的太多太多。

這是一個到處充滿誘惑的世界。

這也是一個比拼“擁有”的時代。

於是，俗人們（世界上絕大多數人都是俗人，的確有清高者，但“清高者”中的大多數是因自身的不成功而故作清高）便湧現出無休無止、無邊無際的欲念。於是，人性的弱點就顯示出來了，那就是想要的太多太多。

人們想要名譽，人們想要地位；人們想要金錢，人們也想要尊嚴。官階剛上一級，沒來得及高興幾天，眼睛又盯著更高的位置了；沒賺到什麼錢的時候，還覺得自己蠻富裕的，有了錢了，到認為自己怎麼是窮人了。高學歷者感到囊中羞澀；小老闆們怨恨自己雖有兩個錢，但社會地位怎麼也上不去，社會上有些人花了咱的錢，卻還是瞧不起咱。因之，大家都在抱怨，大家都認為自己過得不怎麼樣。因之，人人都罵世道不公，人人都歎人心不古。

其實，社會資源雖然很豐富，但“溺水三千”，你“只能取一瓢飲”。你想占盡世間的所有好事嗎？你可以這麼想，沒人能阻止你，但事實你不可能得到。如果說能得到什麼話，那只能是沉重的壓力感與心力交瘁。

有這麼一個故事，或許能給你一點啟示：

一個人覺得生活很沉重，便去見哲人柏拉圖，以尋求解脫之道。

柏拉圖沒有說什麼，只是給他一個簍子讓他背在肩上，並指著一條沙石路說：“你每走一步就拾一塊石頭放進去，看看有什麼感覺。”那人開始遵照柏拉圖所說的去做，柏拉圖則快步走到路的另一頭。

　　過了一會，那人走到了小路的盡頭。柏拉圖問他有什麼感覺。

　　那人說：“感覺越來越沉重。”

　　“這就是你為什麼感覺生活越來越沉重的原因。”柏拉圖說，“每個人來到這個世界上的時候，都背著一個空簍子，在人生的路上他們每走一步，都要從這個世界上拿一樣東西放進去，所以就會越來越累的感覺。”

　　那人問：“有什麼辦法可以減輕這些沉重的負擔嗎？”

　　柏拉圖反問他：“那你願意把工作，愛情，家庭還是友誼哪一樣拿出來呢？”那人聽後沉默不語。

　　柏拉圖說：“既然都難以割捨，那就不要想背負的沉重，而去想擁有的快樂。我們每個人的簍子裡裝的不僅僅是上天給予我們的恩賜，還有責任和義務。當你感到沉重時，也許你應該慶倖自己不是另外一個人，因為他的簍子可能比你的大多了，也沉重多了。這樣一想，你的簍子裡不就擁有更多的歡樂了嗎？”那人聽後恍然大悟。

　　看來，面對“想要的太多太多”，有兩種應對方案：一是我們能不能放棄點什麼？也就是說，我只要對我來說是最重要的，其他的能得到就得到，得不到也不必難受；二是如果什麼都捨不得放棄，那就承認現實。有時，承認了現實，也會減輕壓力。

　　人性的弱點之二是我們常常生活在與別人的比較之中，而這種比較每每是錯誤的，或者是無意義的。

誠然，人是社會的人，不與他人比不可能，但要有個正確的比法，要有個良好的心態。那些活得很累的人，就是太喜歡把自己與別人作比較。如果在比較中處於優勢，就開心、就自豪；如果在比較中處於劣勢，就沮喪、就自卑。沮喪、自卑之後，壓力感便不期而至，好大的一個"累"字，重重地壓在心頭。

錯誤的比較形態主要有兩種：

一, 是在每一個階段的比較中都要占上風。

其實，人生中的大部分比較都屬於階段性比較，過了這個階段，比較的內容將變得幾乎是毫無意義。比如說罷，你是一個成年人，你對你的同事說，我在上初中的時候，成績特別優異，在學校總是名列第一。你的同事會有什麼反應呢？會肅然起敬嗎？恐怕不會！他們可能會說："你是高材生？我看你現在好像也不怎麼樣嘛！"我們不否認上初中時成績好可能帶來的優越感，但過了這個階段，這一切都將沒有意義。我們真正要比拼的是一生的生活品質，而不是一時的輝煌。所以，在某個階段性的比較中居於下風也不必過於沮喪。

二, 是在每一個方面的比較中都要比別人強。
你見過世上有誰處處都比別人強、時時都過得比別人好的嗎？不可能有這種人，如果有人站出來說他就是這樣的人，那這人肯定是個騙子。

如果你在頭腦中確立了這麼一個基本事實，那你的壓力就會小得多。總而言之，一個人不能時時處處與別人比，尤其是不要拿自己的短處與別人的長處比。總是這樣，那就慘了。試想，讓我們與姚明比身高，就是侏儒；與比爾・蓋茨比財富，肯定是乞丐；與愛因斯坦比智慧，近乎弱智；與貝克漢姆比長相，只能與凱西姆多做兄弟。

其實，你把這些人的另一面與你比，就會發現許多地方他們不如你。譬如，姚明不能自由地逛街；比爾・蓋茨的胃口可能就不如你；愛因斯坦的英語水準始終不怎麼樣；貝克漢姆要與情人幽會難度比你大得多。如果這麼想，你是否有種釋然的感覺？

再說，我們何必非得與這些人較勁呢？想一想那些生活真正有困難的人；想一想那些得過且過、苟延殘喘的人，自己的生活與他們相比又是多麼的幸運！我們還有什麼過不去的檻呢？

人性的弱點之三是期盼得到自己沒有得到的東西，而對自己現在所擁有的一切卻不那麼珍惜。只有在失去自己現在所擁有的東西時，才倍感它的珍貴與不可替代。對沒能得到的東西的強烈期盼，每每也是活得累的原因之所在。

有篇荒誕派小說《自殺俱樂部》，文中寫道，這個俱樂部是專為準備自殺的人服務的，它讓你在自殺前享受所有的人間快樂。有兩個想自殺的青年男女在這裡相遇，在享樂人間快樂的過程中他們又相愛了。不知不覺之中，他倆都認識到自己自殺的想法很愚蠢並準備放棄自殺的念頭而繼續活下去。可惜的是，毒氣已經放了出來，想不死也不行了。在死亡面前，人生的一切真諦都突現在腦海中，但殘酷的現實是：雖然已經大徹大悟，但一切已為時過晚。

雖是荒誕小說，但讀來還是令人愴然而涕下。

為什麼人們對已有的不珍惜，對沒得到的東西卻心馳嚮往？

原因有三：

其一，人類的需要具有永不滿足的特徵。舊的需要一旦滿足，新的需要立刻就產生。這是優點——它催人奮進，並推動社會不斷向前發展；這也是缺點——它使得人們的心態常處於失衡狀態。

其二，人們通常傾向於看到已擁有東西的缺點，未得到東西的優點。把得到的看著是尋常的、理所當然的；把得不到的看著是珍貴的、美好的。

其三，來自於人類生來具有的征服欲。人們太想"擁有"了，儘管他（或她）並不能消耗許多。"擁有"帶來的快感不是滿足實際需要，而是為了滿足自己的征服感。

凡此種種，導致人們總認為碗裡的飯菜味同嚼蠟，鍋裡的東西味道鮮美。古人早就說過："妻不如妾、妾不如妓、妓不如偷、偷不如偷不到。"

隨著人們的成熟，隨著人們已得到東西的喪失，才會逐漸意識到曾經得到過的東西是多麼的寶貴。武則天在年邁時對身邊的一個宮女說："我願意拿自己的全部權力與財富換取你的年輕。"估計那個宮女肯定不是這麼想的。

珍惜我們現在所擁有的；感謝上蒼現在所給予我們的一切，細細品味其中的滋味，你的幸福感便會油然而生。你的心態就會平衡。

如果說，一個可能的晉升機會沒有得到，這絕不是什麼世界的未日。我們不是有一個很溫馨的家庭嗎？我們不是有一個很可愛的孩子嗎？職務沒有上去，但責任也沒有上去，也不要老是出差，開會，生活不是很愜意嗎？珍惜這一切，充分享受這一切，我們並非不是一個生活的成功者。

人性的弱點之四是常常陷於動機衝突之中且不能自拔。

人是這個星球上的萬物之靈，正因為他太聰明了，所以也是一個矛盾體。比如說，他常常陷於動機衝突之中。我們的許多煩惱、許多壓力就是來源於這種動機衝突。

動機衝突有三種形態：

雙趨衝突：有兩個目標或者情境，我們同時都想接近，但事實上不可能同時得到，接近其中的一個目標或情境，就將失去另一個目標或情境，此時，就產生了雙趨衝突。

正如孟子所言："魚，吾所欲也，熊掌亦吾所欲也，二者不可得兼……""生，吾所欲也，義，吾所欲也，二者不可得兼……"

生活中，有大量這樣的情境：

既想收入豐厚，又想悠閒清靜；

既想出人頭第，又想不招人嫉妒；

既想鄉村的寧靜，又想城市的繁華；

……

雙避衝突：有兩個目標或者情境，我們同時都想迴避，但事實上不可能同時做到，我們必須接近其中的一個目標或情境。

請看魯迅先生《野草》中的一篇短文：

《立論》

我夢見自己正在小學校的講堂上預備作文，向老師請教立論的方法。

"難！"老師從眼鏡圈外斜射出眼光彩看著我，說。"我告訴你一件事——

"一家人家生了一個男孩，闔家高興透頂了。滿月的時候，抱出來給客人看，——大概自然是想得一點好兆頭。

"一個說：'這孩子將來要發財的。'他於是得到一番感謝。

"一個說：'這孩子將來要做官的。'他於是收回幾句恭維。

"一個說：'這孩子將來是要死的。'他於是得到一頓大家合力的痛打。

"說要死的必然，說富貴的說謊。但說謊的得好報，說必然的遭打。你……"

我願意既不謊人，也不遭打。那麼，老師，我得怎麼說呢？"

"那麼，你得說：'啊呀！這孩子呵！您瞧！多麼……。阿唷！哈哈！Hehe！he，hehehehe！'"

作為學生，又不想考試不及格，又不想用功學習；

作為推銷員，又不想業績在他人之後；又不想多多接觸客戶，因為那不免要看人臉色；

作為主管，又不想負起應負的責任，又不想丟掉自己的權力與待遇；

……

這可能嗎？這現實嗎？

趨避衝突：在同一個物件或情境中，我們想要其中的一部分，不想要其中的另一部分。但這個物件與情境是作為一個整體而存在，正如一張紙的正反兩面。想要就得一起要；想不要就得一起不要。

《巴黎聖母院》中的卡西摩多的心靈極美，外貌極醜。你要他美好的心靈，就得要他醜陋的外貌；你不想要他醜陋的外貌，也就得不到他美好的心靈。那個衛隊長，長相真是沒得說，但心地極不善良。你想要他的好皮囊嗎？那就得要他那不善良的心靈；你不想要他那不善良的心靈，那就得不到他的好皮囊。這就是艾斯米娜塔面臨的兩難選擇。

　　我們在生活中也時時面臨著這樣的兩難選擇。

　　你想風光嗎？那就得忙；你想清閒嗎？那你就不會風光。忙與風光是一對連體嬰兒，你分不開，扯不散。

　　這就是人類常常出現的動機衝突，每一個正常人都曾多次陷於這種衝突之中。

　　陷於這樣的衝突之中並不可怕，也很正常。可怕的是長期陷於這種衝突之中而不能自拔。我們的許多壓力都與這種衝突有關，都有它的身影的存在。

　　我們必須走出動機衝突；否則我們的內心不得安寧；我們的事業也將大受影響。

　　人性的弱點之五是有時自個與自個過不去。累時埋怨，不累時則恐慌。因此，有學者說：壓力還會上癮。

　　這話聽起來有點怪，誰對壓力都是避之唯恐不遠，怎麼還會上癮呢？是的，會上癮的。生活中我們常常看到這樣的金領、白領。他們一邊抱怨太苦、太累，一邊又不停頓地謀劃新的專案，建立新的目標；做出新的舉措。

他們為什麼會這樣呢？原因如次：

其一，將壓力等同於地位。在當今社會，"忙不完地忙"已經升級為一種終極社會地位的象徵。你忙，說明你很重要，很有價值。你不忙，說明你實在混得不怎麼樣。波士頓女性健康中心的專家指出，美國媽媽們總是把忙碌當作一種成就，如果做不到，就會產生挫敗感。據媒體報導，有些北京男人時興下班不回家。幹嘛呢？什麼也不幹，就在辦公室上網玩遊戲。這又是為了什麼呢？是童心未泯、玩性大發嗎？也不是！他們只是為了告訴老婆，他很忙。這樣他有面子，老婆也有面子。這種心態看起來有點滑稽，然而卻是事實。

其二，在無意識之中，將壓力作為沖抵生活中的孤獨感、抑鬱感的一種手段，一種工具，儘管自己也知道使用這種手段與工具的代價。

其三，有壓力便有了資本。有了壓力，你可以對人發牢騷；可以對人撒嬌；可以得到他人的重視、憐憫、關愛。

其四，承受壓力已成為一種生活習慣。聽說過古代戲劇《法門寺》中有個賈桂嗎？別人讓他坐下他不肯，要站著。原因是：站慣了，坐下倒不習慣了。同樣道理，承受壓力已成為一種生活習慣的人，突然打破已經習慣了的忙碌節奏和壓力慣性，反而不知所措，甚至產生失落感。

壓力之所以會讓人上癮，是源於其自身的"誘惑力"。具體來說，壓力之下，你盡可以對著別人發牢騷，而且這種感覺相當好。當我們向某個忙碌中的女性詢問進展如何的時候，通常都會得到這樣的回答——"別問了吧。"這句話背後透露的意思就是：我很辛苦，非常辛苦！如果我們對她表示讚賞或同情的時候，不管承不承認，她們都能從你的表態中得到寬慰和滿足。這種時候，她們最想聽到和看到的就是，"哎，真可憐！"，或者一邊搖頭一邊自嘆不如。

人性的弱點之六是不客觀的自我否定。
我們先來給大家介紹兩個心理學概念——自我效能感與習得性無助感。

自我效能感由美國著名心理學家班杜拉率先提出，它是指人對自己是否能夠成功地進行某一成就行為的主觀判斷。

這種主觀判斷由兩種期待——結果期待與效能期待所構成。結果期待是指對自己行為與行為結果關係的推測。如果預測到某一特定行為將會導致特定結果，那麼這一行為就可能會被啟動、被選擇。比如說，某學生認為上課注意聽講就能得到好成績，那麼他就會去認真聽講。效能期待是指人們對自己能夠進行某一行為的實施能力的判斷，也就是說，是否確信自己能夠成功地完成某一預期行為，並取得令人滿意的結果。當確信自己有能力進行某一活動，便會產生高度的自我效能感。

由此可知，自我效能感是指一個人在進行某一活動前，對自己能否有效地作出某一行為的判斷，也說是人對自身行為能力的主觀推測。請注意，這是一種主觀推測，它不一定與自己的客觀上所擁有的能力完全相匹配。有一點是可能肯定的，如果你自己都不相信自己，認為自己做不好這件事，這件事會做得很圓滿的可能性不會很大。

雖然我們沒有清晰意識到，但實際上客觀存在的一個事實是：當我們在接受一個任務或者遇到了困難時我們常常會問自己"我能否勝任這項工作？""以我的能力能應付眼前的困難嗎？"對於這種自我判斷的問題的回答即體現了一個人的自我效能感的高低。而一個人的自我效能感的高低決定了其對成功的難易程度的看法。

班杜拉等人的研究表明，自我效能感具有以下功能：

其一，它影響著人們對活動的選擇。自我效能感高的人傾向於選擇富有挑戰性的任務，接近自身能力極限的工作，而自我效能感低的人則相反。

其二，它影響人們在困難面前的態度。自我效能感高的人敢於通過堅持不懈的努力可以克服困難；而自我效能感低的人在困難面前則常常退縮、膽怯、輕言放棄。

其三，它影響人們的注意指向。自我效能感高的人能將注意力和努力集中於情境的要求上，集中於活動本身；而自我效能感低的人將潛在的困難看得比實際上更嚴重。他們將更多注意力轉向可能的失敗和不利的後果，而不是如何有效地運用其能力實現目標。

自我效能感低下的極至狀態就是習得性無助感。它是指個體在接連不斷地受到挫折，便會產生無能為力、聽天由命的心態。美國心理學家塞裡格曼等人對這種心理現象進行了實驗研究。

他們在實驗中先是將狗固定在架子上進行電擊，狗既不能預料也不能控制這些電擊。在這之後，他們把狗放在一個中間用矮板牆隔開的實驗室裡，讓他們學習迴避電擊。電擊前 10 秒室內亮燈，狗只要跳過板牆就可以迴避電擊，對於一般的狗來講，這是非常容易學會的，可是，實驗中的狗絕大部分沒有學會迴避電擊，他們先是亂抓亂叫，後來乾脆趴在地板上甘心忍受電擊，不進行任何地反應。塞裡格曼認為，這一實驗結果表明，動物在有了"某些外部事件無法控制"的經驗之後，會產生一種叫做習得性無助感的心理狀態，這種無助感會使動物表現出反應性降低的消極行為，妨礙新的學習。後來，以人為被試的許多研究也得到了相似的結論。

讀完這個實驗，你應該有一種恍然大悟的感覺了吧？原來有些時候我們總認為自己不行的原因，並不是來自於我們所經歷的種種挫折以及失敗，而是經歷了這些事件之後我們所產生的心理暗示，心理壓力，影響了我們的自我認知，於是對自己的能力，意志力等個性品質產生了懷疑。往往這種懷疑會使我們儘量的迴避與外界接觸企圖減緩自卑的壓力，時間長了，這種逃避心理會使我們遇到事情不敢積極面對，而只是消極退縮，而這種退縮正好驗證了自己一開始的"預言"——我不行。

●一點不累，好嗎

毫無壓力，一點都不累，好嗎？

這種狀態看起來很美，其實，也不是件好事。

沒有壓力，你會改變自己嗎？

沒有壓力你會想到要進一步充實自己嗎？

沒有壓力你會有奮進的動力嗎？

沒有壓力之時，空虛感、失落感又會襲來，你覺得那滋味好受嗎？

沒有壓力，不是從另一個側面說明你是個沒價值的人嗎？

古人雲："興一利必有一弊。"

我們說，有一失必有一得。

生活中，尤其是工作中，沒有壓力是不可能的，沒有壓力也會使一切變得索然寡味。

如果讓你每天做小學一年級的題目，你肯定會做，也肯定對，但你會有成就感嗎？你會因沒有壓力而很開心嗎？

你會感到很無聊，有一種不知是被別人還是被自己愚弄的感覺。

面對壓力要有足夠的心理準備，要充分認識到現代社會的高效率必然帶來高競爭性與高挑戰性，對於由此產生的負面影響要有心理準備，免得臨時驚慌失措。

同樣一件事，以積極的心態或消極的心態去面對，結果會截然不同。

大作家雨果有句名言：「思想可以使天堂變成地獄，也可以使地獄變成天堂。」

這句話的意思是，同樣的事件，不同的思想會有不同的看法，從而導致不同的結果。

是的，同樣的世界在不同的人眼裡是不同的樣子。工商界人士最怕聽到的一個詞，是「市場蕭條」。可日本的經營之神松下先生卻說：蕭條是個機遇。松下公司每次騰飛的起點時間都是市場蕭條的時候。因為在這個時候，管理改革、產品更新、技術進步所面臨的障礙最小。

心理學家說，在人類的天性中，原本有一種尋求發展和自我實現的需求。面對壓力，如果你選擇的態度是「我能行」，那你就會少一點失敗，多一點成功。

羅曼・羅蘭在其名著《約翰克利斯多夫》中激情澎湃地寫道：“人生是一場無盡無休，而且無情的戰鬥，凡是要做個能夠稱得上強者的人，都在時時刻刻向無形的壓力作戰，那些與生俱來的致命的惡習、欲望、曖昧的念頭，使你墮落、使你自行毀滅的念頭，都是這一類的頑敵。”

　　如此這般看待壓力，壓力感是否會輕一些？
　　再則，說起心理壓力，人們總認為它是個貶義詞，是個不好的、需要消滅的現象。這麼想是不公正的，別把壓力都說成是負面的影響，事實上，它的積極作用也是不可低估的。

　　理由之一：作為人們面對威脅時產生的一種原始的“戰鬥或逃跑”反應，壓力在開始的時候起著積極作用，可以增加人的活力、提高警覺性，使人的思考和行動變得更加敏捷。作為一種生理和心理過程，壓力可以應付不確定的變化和危險。

　　理由之二：適度的壓力鍛煉人，提升人的適應和創新能力。心理學家是這麼認定人的心理發展的動力的：社會向人們提出的要求所引起的新的需要與其原有心理發展水準之間的矛盾，是人們心理發展的內因或內部矛盾。這種內因或內部矛盾就是心理不斷向前發展的動力。如果沒有來自外界的壓力，我們人自身就不能向前發展。從這種意義上講，壓力就是一種積極力量。個體儘管遇到了壓力，但適應能力卻提高了，壓力還可以促使個體向更高的目標前進。這種情形從嬰兒期到青春期的發展過程可以看到：他們從努力學會走路到努力謀生的整個成長過程都是由某種程度的壓力促成的。因此，在個體的成長過程中，壓力是必不可少的，是生活的一部分，是適應生活的基本條件。

理由之三：適度的壓力能使人處於應激狀態，神經處於興奮；讓個人認識到改善自我的機會，以更加努力的姿態、更高的熱情完成工作，如此便有助於業績改善。壓力感偏低，可能就很難充分調動我們的積極性來主動地對待工作以及工作中的機遇和挑戰。

理由之四：一個更為令人震驚的研究成果認為，壓力療法是一種新的抗衰老辦法，不僅可以延長壽命，還能夠美容。

丹麥奧爾胡斯大學細胞衰老實驗室的萊坦教授在進行一個試驗時發現，讓試管中的皮膚細胞每週 2 次、每次 1 小時，暴露在 41 攝氏度的空氣裡，結果這些細胞的形態更好，被破壞的蛋白質的數量明顯減少，同時，它們也更不易受紫外線的影響。

雖然 41 攝氏度是人體發燒時才能達到的體溫，但在人感到有壓力時，體溫同樣會上升，這樣也能夠起到相似的美容、抗衰老效果。

英國隆格維提社區的醫療主任摩爾斯・科萊茲斯博士指出，身體衰老多從 35 歲開始，所以 35 歲之後要尋找合適的壓力感來刺激身體進行自我調整。

當然，所有這些都是指的是適度的壓力。何謂適度？那就是"增一分則太長，減一分則太短；施朱則太赤，施粉則太白。"具體來說，即指時間不長、刺激不大、尤其是能讓人最終體驗到成就感的那種壓力。

這是一種理想狀態的壓力，可惜的是絕大多數人並不是在這種理想的壓力狀態下生活、工作的。

雖然心理壓力有以上種種對人有利的方面，但它給人帶來的負面影響更是顯而易見的。壓力的弊端則有如下表現：

　　壓力會導致一系列的生理、心理問題。在生理上，壓力會導致免疫系統機能下降，抵抗病毒、細菌的能力降低；會使心血管系統超負荷，導致高血壓和心臟病；骨骼肌肉長期緊張，造成腰酸背疼；不規律的飲食使得消化系統紊亂，容易腹瀉或便秘。在心理上，高壓力一般容易使人產生憤怒、焦慮、抑鬱等負性情緒。

　　北京易普斯企業諮詢服務中心首席顧問張西超博士指出，職場壓力過大，不管是對個人還是對社會，都會造成很大的危害。對於個人來說，壓力過大，就會出現血壓增高、腸胃失調、潰瘍、易意外受傷、身體疲勞、心臟疾病、呼吸問題、汗流量增加、皮膚功能失調、頭痛、肌肉緊張等生理變化，而各類癌症、情緒抑鬱、甚至自殺等現象都和壓力有著很大的關係。

　　北京東明成功人生心理諮詢中心執行主任趙劭認為，壓力對個人工作的負面影響主要表現為：工作效率降低，對工作缺乏興趣，與上下級或同事關係不良，工作失誤增加等等。而壓力給個人生活帶來的主要影響表現在兩方面，即生理失調和心理困擾。嚴重者出現生理疾病和心理障礙，甚至出現生命危險。

　　心理學家杜文東說，高強度工作的人肯定會遭遇危機期和受創期。危機期時很可能會得比較嚴重的疾病，致使工作間斷性停止，情緒和社會關係受損。而到了受創期，勞動者要嘛必須暫時終止工作，嚴重的則無法繼續職業生涯，更有甚者會導致過勞死。這樣的結果於己、於家人、於社會都不利。沒有高品質的社會生活，就不會有高品質的工作成績。

還有學者指出：壓力能引起心理異常，壓力與心臟病有高度相關。許多研究發現，從事某些職業如醫生、律師、法官、機械工程師、計程車司機等，特別容易患心臟病。因為承擔威脅大的工作的人通常需要對他人高度負責，勞動強度高，有很強的時間緊迫感，在各種壓力下，常常發生任務衝突。這些壓力（職業壓力）與心臟病相關。另外，研究人員也發現了壓力與癌症有聯繫。儘管壓力對健康的影響很難進行精確的描述，但大量的疾病與壓力有關的事實在卻是毫無疑問的。

美國耶魯大學心理學家布魯斯‧麥克尤恩在 1993 年對壓力與疾病的關係作了評述，他列舉了壓力造成的種種後果：損害人體免疫機能，甚至加快癌細胞的轉移；增加病毒感染的可能性；加劇是血小板沉積而導致動脈血管硬化，以及加快血栓形成，導致心肌梗塞；加速 I 型和 II 型糖尿病的發作；還會引起哮喘病或使其病情惡化。此外，壓力還可能導致胃腸道潰瘍，引起潰瘍性結腸炎或腸道的其他炎症。持續壓力對大腦也會造成影響，包括損害大腦的海馬迴，進而影響記憶。麥克尤恩說，總的來看，有越來越多的證據表明，壓力會使神經系統受到損害。

壓力的負面作用已經很可怕了，但更為可怕的是許多金領、白領對有關壓力的知識也很欠缺，有些人實際所承受的壓力強度已經非常大了，但他們對自身所受的壓力卻知之甚少。當開始覺得壓力過大時，壓力長期潛在的影響非常容易導致他們的情緒或精神突然崩潰。

張西超指出："有些人根本就不清楚自己身體垮了，生理機能嚴重枯竭、甚至發生煩躁、手抖、睡眠不好，食欲不振等都是和壓力有關係。"

更有少數人使用了不適當的減壓方法，結果是壓力變得愈來愈重，由壓力及不當減壓方式引起的負面作用也愈來愈大。

總之，壓力利弊並存，恰如著名心理學家羅伯爾所言："壓力如同一把刀，它可以為我們所用，也可以把我們割傷。那要看你握住的是刀刃還是刀柄。"

專欄

《你好，黑夜》

節選

今天的美國人，有許多理由可以使自己感到欣慰因為他們沒有生活在 100 年前的過去。同樣，他們也有許多理由哀嘆自己沒能生活在過去的那種年代。一方面，在過去，他們沒有選舉法，沒有盤尼西林，沒有拉鍊可以使用，就連每日必看的電視"肥皂劇"也不過才有十幾年的歷史；另一方面在過去，他們沒有收入稅，沒有核恐懼，更沒有愛滋病；更者，100 年前的美國人，他們的平均睡眠時間都要比現在長出 20%。

"更佳睡眠委員會"認為，18 世紀末的美國人，平均第一在夜裡的睡眠時間是 9 至 9 個半小時，而今天的美國人卻只能睡 7 至 7 個半小時。另外，還有一些證據顯示，這種低睡眠的現象仍呈上升趨勢。
……

為什麼我們在一定程度上放棄了睡眠呢？許多評論家大多把此歸

罪於一種可以稱之為"美國生活方式"的東西。我們是一個天性忙碌和雄心勃勃的民族，我們用特定的力量構築了一種特定的環境。時常降低工資水準，居高不下的離婚率，飛速發展的通信事業，跨越時區的飛機旅行，日益普遍的足球狂熱，使每一個人從 4 歲起就不得不在這種充滿壓力的環境裡操勞奔波，疲於生活。

......

我從來不認為黑暗對人類具有什麼重要性，直到我讀了一位名叫約翰·施陶德邁爾的科技發展史學家的文章後，才認識到這一點。他在文中闡述了這麼一個觀點：愛迪生之前，在人類長期的成長過程中，儘管黑夜籠罩，給出我們的生活帶來許多不便，但也因此阻止了我們的祖先去進行更多的活動，使他們有足夠的時間去睡眠。他寫道："對於大多數人來說，黑夜降臨，就意味著他們全天工作的結束。人們可以利用這段時間，在家中做一些悠閒、富有情感的事情，如講講故事，做做祈禱、敘敘親情，或者上床睡覺等等。

施陶德邁爾認為，對於我們來說損失最大的，是我們已經失去了中世紀對事物進行的一些客觀評價。這些評價認為，就人類而言，光明不一定是幸事，黑暗也不一定就是禍害。不能簡單地把光明當作有序、客觀和進步的同義詞，而把黑暗看作是無序、恐怖和非理性的象徵。

對他的觀點我不敢苟同，但電的存在，對造成人們睡眠不足的作用是不容置疑的。那些我們願做不願做的事情——享樂的、謀生的，都是因為有了電，便迫使我們要利用更多的時間去做這些事情。以往黑暗就像我們面前一條難以逾越的鴻溝，使我們的創造力受到了極大的限制。電的產生，讓我們從黑暗中爭得了更多的能使我們進行工作的機會，這正像荷蘭人通過圍海取得新闢的土地一樣．在美國，有 500 萬以上的人在午夜還乾著白日的工作。超級市場、加油站、商店——從來就沒有關過門。可以這麼說，由於電的發明，使我們的生活節奏感到越來越緊張。

因此，人們想著各種各樣的方法，來降低日益緊張的生活給自身帶來的壓力。這令我不由地想起 60 年代中期在愛爾蘭的經歷。在愛爾蘭，供電部門經常出現一種讓人無法預料的故障，常常導致整個地區停電。工程師們儘管瞭解這種故障的原因，卻從不及時處置。燈光驟然熄滅，時鐘停止擺動，電視圖象消失。司機們在交通信號燈前變得悠閒自得，整個社會停止了運轉。人們在這段時間感到了從未有過的輕鬆。

這段時間在愛爾蘭被人們稱之為"神聖時光"。也許，在美國也需要這麼一種神聖的時光，能讓我們短暫地終止一下緊張的生活方式，使我們每天能夠保持 9 個半到 10 個小時的睡眠時間。這一小段"神聖時光"帶來的好處，能讓我們受益無窮。

卡倫・墨菲著楊綱、杜洋譯
《海外文摘》1996、7 期

《互相羨慕》

樹林裡住著兩個長臂猿兄弟，他們整天在樹枝間嬉戲玩樂。這樣的日子固然歡樂愉快，但對於每天只能找到一點點食物一事，他們一直悶悶不樂。

有一次，長臂猿兄弟閒逛到山腳下的動物園，只見其中一個籠子裡關著一隻紅毛猩猩面前，擺了許許多多的水果和食物，令他們垂涎三尺。長臂猿弟弟就對哥哥說：「老哥，我真羨慕那只紅毛猩猩的待遇，它每天不用做任何事，就有這麼多美味可口的東西可以享有，不像我們十分操勞，才能得到一點可憐的食物。」長臂猿哥哥摟著弟弟無奈的點頭說：「你說的對極了。」

　　這個時候，籠子裡的紅毛猩猩無精打采的抬起了頭，以十分羨慕的眼光望著長臂猿兄弟，心裡想著：「唉！我真羨慕那兩隻長臂猿兄弟，每天可以在樹林裡自由自在的蕩來蕩去。多逍遙自在啊！」

二、減壓良方：形成正確認知

●是什麼決定你的行為反應

從心理學的角度看，無論是覺得壓力大還是感到很累，都屬於一種行為反應。那麼，我們為什麼會有這種行為反應呢？每個有這種行為反應的人都可能作出種種不同的解釋，但這些解釋的本質卻驚人的一致——由種種外部因素所引發：或為自然環境惡劣；或為人際關係兇險；或為各種不可抗的生活事件……

絕大多數當事人都是這麼認為的，旁觀者也能接受這樣的解釋。果真如此嗎？心理學家卻對之提出異議。

先看一個小故事：

兩個花匠去賣花盆，途中翻了車，花盆大半被打碎。
一個花匠說："完了，壞了這麼多花盆，真倒楣。"
另一個花匠說："真幸運，還有這麼多花盆沒有打碎。"
同樣的事實，卻有著兩種截然不同的解釋，這其中，有何玄機？

如果你看到你的一個朋友，他情緒低落、行為頹唐、精神不振。你上去問他，"為何如此？"他會告訴你，由於碰到一個什麼事情，受到了很大的打擊，所以才會如此。你可能會認為他的解釋很合理，很有道理。

真的很有道理嗎？真的是由於事件引發了他內心世界的波瀾嗎？

錯！

現象是真實的，但解釋卻是錯誤的。引發他內心世界波瀾的不是事件本身，而是他的事件的認識與看法。

如果你不同意我們的解讀，請再看下面幾個實例：

一家企業中有三個高層管理人員同時被解雇了。

A的反應是：難道這是真的嗎？我實在連活下去的勇氣都沒有了。

B的反應是：太好了！過去始終下不了決心自己去創業，現在可是機會來了。

C的反應是：這確實不是我所期望發生的事情，可我得面對現實，我得分析自己，在自己身上找找原因，讓這種悲劇以後不再重演。

兩個學生在路上遇見了他們的老師，老師沒理睬他們打的招呼就走過去了。其中一個學生可能作如下解釋："老師大概在想什麼事情，沒有注意到我們。"另一個學生則可能得出這樣的結論："我們成績不好，所以裝著沒看見我們，其實他是看不起我們。"這樣，兩個學生的情緒和行為就會不一樣，前者可能不當一回事，繼續走自己的路；後者則可能一肚子不高興，對老師耿耿於懷。

一個老太太有兩個女兒，一個開洗衣店，一個開傘店。老太太左右為難：晴天，擔心開傘店的女兒的生意不好；陰天，擔心開洗衣店的女兒的衣服曬不乾。有一天，有人勸導，老太太你好福氣，下雨天，你開傘店的女兒生意好，該高興；天氣好，你女兒的衣服乾得快，也該高興。對你來說，哪一天都是好日子呀。老太太想一想，也真是這樣，心情頓覺好多了。

這些事例在現實生活可以說是不勝枚舉。為此，美國心理諮詢專家艾利斯於 20 世紀 50 年代對此種心理現象進行了實驗研究，提出了理性情緒療法。結論是：人的情緒和行為反應不是由於某一事件（Activating event）直接所引起，而是由於經受這一事件的個體對它的認知和評價所引起的信念（Belief），最後是信念導致了在特定情景下的情緒和行為後果（Consequence），這稱之為 ABC 理論。

理性情緒法的提出，糾正了我們慣常的思維定勢。通常我們會認為情緒和行為後果的反應直接由激發事件所引起，即 A 引起 C，而 ABC 理論則認為 A 只是 C 的間接原因，B 即個體對 A 的認知和評價而產生的信念才是 C 產生的直接原因。

讓我們再來分析一下上面的幾個例子。同樣是"花盆被打碎"；同樣是"被解雇"；同樣是"老師沒理睬學生的招呼"；老太太的兩個女兒也依然是一個開洗衣店，一個開傘店。也就是說 a 是相同的，但是由於個體對 a 的認知和評價而產生的信念 b 不同，因此個體所表現的情緒和行為結果 c 也不同。

由此我們可以得出一個結論：不是事件，而是你對事件的認識決定你的反應。

客觀事件我們是無法左右的，有些事件是不以人的意志為轉移的，但是主觀信念是我們可以通過努力加以控制的。我們得承認，每個人都會或多或少地具有一些不合理的信念。這也許是因為人是一個半理性半感性的動物吧，一位哲人也曾說過，人一半是天使，另一半是魔鬼。雖然我們無法避免所有不合理的信念，但我們應充分認識它的存在，儘量減少其對我們生活的負面影響。

韋斯勒經過歸納研究，總結出不合理信念具有以下三個特徵。人們的許多不合理的信念，往往都可以在這三個特徵中找到思維的痕跡：

　　第一：絕對化要求。它通常與“必須”，“應該”這類字眼連在一起。比如：“我必須獲得成功”，“別人必須很好地對待我”，“生活應該是很容易的”等等。俗話說，“人生不如意事十之八九”，“計畫不如變化快”，生活中很多事情不以人的意志為轉移，每個人不可能在每一件事情上都獲得成功。同樣，周圍的人和事物的表現和發展也不可能以我們的意志為轉移。我們應該對事物的發生與發展抱著寬容、坦然、辯證、積極的態度，凡事不要絕對化，別盡想著好事都歸自己，壞事都屬別人。

　　第二：過分概括化。艾利斯曾說過，過分概括化是不合邏輯的，就好像以一本書的封面來判定其內容的好壞一樣。這實際上是以偏概全，表現在兩個方面：其一，對其自身的不合理的評價。如當面對失敗時，往往會認為自己“一無是處”、“一錢不值”、是“廢物”等。其二，是對他人的不合理評價，即別人稍有差錯就認為他很壞、一無是處等，這會導致一味地責備他人，以致產生敵意和憤怒等情緒。

　　艾利斯認為，以一件事的成敗來評價整個人（包括：自己或他人），這無異於一種理智上的法西斯主義。在這個世界上，沒有一個人可以達到完美無缺的境地，所以每個人都應接受自己和他人是有可能犯錯誤的，我們可以評價一個人的行為、行動、表現，但不要輕易評價甚至懷疑一個人的整體價值。因為，我們每個人存在的價值在於我們都有人性，對於人性，我們每個人都沒有權力去評價的。

第三，糟糕至極。糟糕就是不好、壞事了的意思。當一個人講什麼事情都糟透了、糟極了的時候，對他來說往往意味著碰到的是最最壞的事情，是一種滅頂之災。這顯然是一種不合理的信念。世界上哪有一件事情可以被定義為是百分之百糟透了的。然而，當一個人沿著這條思路想下去，認為遇到了百分之百的糟糕的事或比百分之百還糟的事情時，他就是把自己引向了極端的、負面的不良情緒狀態之中。我們每個人當然希望不要發生我們所認為得非常不好的事情，但是我們沒有任何理由說這些事情絕對不該發生。當一切已成事實，我們必須努力去接受現實，盡可能的去改變這種狀況；實在不可能改變時，則要學會在這種狀況下生活下去。

煩惱，每每就出自我們自身。

因之，我們有必要對環境、對外部事件、對自己、對壓力、對累的感覺形成正確的認知。

●正確評估自己、接受自己

在古希臘戴爾菲城的一座神廟裡，鐫刻著著名哲學家蘇格拉底的一句名言：認識你自己。

人總有不足與缺點，不管你在生活中取得了多少成功，都要記住必定會有失敗。不要過高地把自己定位於無所不能。否則遇到挫折，情緒就會低落。也不要過低的看待自己，要自信地面對人生。

永遠保持一顆平常心，不要與自己過不去，把目標定得高不可攀，凡事量力而行，隨時調整目標未必是弱者的表現。

不妨對自己作一番考察與剖析，主要可從以下五個方面展開：

我的社會角色。所謂社會角色，是指與人們的某種社會地位、身份相一致的一整套權利、義務的規範與行為模式，它是人們對具有特定身份的人的行為期望。這段話包括兩層意思：其一，任何一種角色都與一系列行為模式相關，一定的角色必有相應的權利義務。如病人既有配合醫療護理的義務，又有獲取健康教育、治療護理的權利。其二，角色是人們對處於一定社會位置的人的行為期待，如一提到教師，就會想到教書育人、誨人不倦等行為特徵。

我的社會位置。在明瞭了自己的社會角色之後，就要考察自己的社會位置了。一個人擺正自己的位置很重要，許多人際關係問題、心態失衡現象、工作、學習未能取得預期的績效，都與自己沒有擺正位置有關。

我所擁有的資源。每個人的資源豐富程度不同，每個人的資源結構也不一樣。怨恨自己沒能擁有別人所擁有的資源純屬徒勞無益，並增加煩惱。有意義的工作在於分析自己的資源狀態，並把它最有效地利用起來。

我的能耐在哪裡。人各有所長，成功者總是最有效地利用自己的所長的人。年輕人很容易犯的一個錯誤是：傾向於選擇那樣大家都認為好的工作，而不是選擇那些最適合於自己能力特點的工作。與自己的能力特點不符，幹起來自然困難，取得成就的可能性也小。壓力感、疲憊感也就不期而至了。

我的興趣所在。古人雲："知之者不如好之者，好之者不如樂之者"。興趣所在，再苦的事不覺得苦。缺乏興趣，在別人看來很有誘惑力的事而你卻味同嚼蠟。興趣是個體以特定的事物、活動及人為物件，所產生的積極的和帶有傾向性、選擇性的態度和情緒。每個人都會對他感興趣的事物給予優先注意和積極地探索，並表現出心馳神往。我們並不是幹所有的事情都累，事實上，累（尤其是心理上的累）都與無興趣相關。如果這件事，我們興致盎然，那裡來的壓力感？又怎麼會累？

客觀地分析了自己、認識了自己，你會發現自己有許多不足之處，甚至感到有些不足是很難接受的。但這就是現實，你必須接受它，只能接受它。你可以努力作出改變，但在改變前你得承認這是事實，我們必須接受的事實。

張朝陽說：在職場上，給別人留下好的印象是每一個人所希望的，但形象是一個人在日常生活中建立起來的，我決不會去刻意追求什麼“精緻”的，也不會“不出錯誤”，有了錯誤也不可怕，只要你100%接受自己，什麼錯誤也不可怕了，自信最重要。

對自己有了正確的認識之後，我們就可以出分辨“我所能”與“我所不能”。

工作中有壓力，感到心力交瘁，多為遇到棘手的事。

遇到棘手的事，不要慌，也不要煩惱。首先要做的事是分辨一下這件事是你所能控制、所能解決的；還是你不能控制、你不能解決的。

你不能控制、不能解決的事情又分為兩種情況，一種是你的能力所不及的，一種是你的工作許可權所不及的。

如果是你控制並能解決的，那就去做，扎扎實實地去做。

如果是你不能控制，不能解決的，就要看是那一種情況了。是你能力所不及的，要不提高自己的能力，要不調整自己的工作崗位，幹自己能幹的事情去。是你許可權所不及的，那就只能向上司報告實際情況，由上司處理去。像這樣的事情，千萬別攬在手上。攬在手上，害人害己。

如果你硬充好漢，硬撐著做，最後又解決不了問題或不能很好地解決問題，又不彙報，你的上司不罵你才怪呢！

再有一點需要注意的是：有些事情我們根本無能為力，對於這樣的事情，就不要去杞人憂天了。

比如說：銀行貸款利率又上調了，你能讓它不調嗎？

巴以衝突又發生了，你能讓他們不衝突嗎？

不可能！不可能就別去瞎操心。

記住，在許多情況下，你不能控制事件，你能控制的是你自身對事件的反應。

●弄清最主要的壓力源

壓力的表現形態可能大同小異，但每個人的最主要的壓力源卻有所不同。要減壓，就要找到自己最主要的壓力源：

來自於個人原因的壓力源：

身體狀況欠佳；

性格過於內向；

完美情結；

偏執；

虛榮；

焦慮；

抑鬱；

情緒化；

自戀或自虐；

能力與工作不匹配；

興趣與工作不相容；

缺乏人際交往技術

期望水準過高；

……

來自於工作的壓力源

工作時間太長；

工作量太大；

工作呆板；

工作技能不具備或有缺陷；

工作權限界定不明；

工作環境惡劣；

交通時間過長；

上司蠻橫；

同事競爭過於激烈；

客戶難以相處；

投入與報償不匹配；

……

來自於家庭的壓力源

經濟拮据；

家人中有嚴重疾病或殘疾；

夫妻關係不正常；

子女上學、就業等出現問題；

家庭人際關係（如婆媳關係）緊張；

……

我們的主要壓力源到底是上述那一種？還是幾者兼而有之？

如果是兼而有之，各自的權重又是如何？

總之，首先要找出自己累在那裡？找到形成壓力的最主要、最關鍵的因素，進而解決它，過重的壓力才有可能緩解。如果沒有抓住主要矛盾，你的各種努力雖有成效但總是不能收到明顯的效果。

找到主要的壓力源以後，接下來要做的工作就是分析這些主要壓力源形成的原因，以及解決的對策。

是客觀原因還是主觀原因？

是他人的原因還是自己的原因？

是坦然接受現實，還是試圖改變現實？

是迎頭而上解決這些問題？還是另闢蹊徑，尋求其他出路？

……

只要這麼做了，天底下就沒有什麼過不去的檻。

●別顧影自憐

"顧影自憐"是人類普遍存在的心態。

於是，人類常犯的一個錯誤就是把自己的痛苦看著是世界是最大的痛苦，把自己的不幸當成最大的不幸。

說說筆者的一次親身經歷。

　　有一次，我腰痛的厲害，夜裡想上廁所都起不來，靠別人的幫助才勉強如廁。當時我在想，得什麼病不好，幹嘛得個起不來的病？
　　第二天，我到醫院去看病。有個熟悉的醫生在骨科病房，我就沒去門診，直接到了病房。找到他後，他讓我等一下，說查完房後給我瞧病。

　　於是，我就在醫生辦公室等著。

　　這時，隔壁不斷傳來一位女性淒慘的哭聲。我的腰本來就疼得難耐，聽到這聲音心裡更是煩。我問護士："誰在哭？為什麼哭得這麼慘？"
　　護士告訴我："是個郊區的女孩，要結婚了，進城辦嫁妝的，在路上被車撞了，骨盆粉碎性骨折。他男朋友看到她這個樣，也不要她了。"
　　不知什麼原因，聽了護士小姐的這番話，我突然感到腰痛好了許多，真的，不那麼疼了。

　　出於職業的習慣，我在分析我自己。
　　為什麼會這樣呢？

　　原來，我覺得我的痛苦令人難耐，但與這個女孩相比較後，簡直算不上什麼。我是一時之痛，人家可是終身之殘；我只是生理上有痛苦，人家不僅在生理上要比我痛苦得多，而且心理上還有個大創口。
　　我突然想起老人說過的一句話：光腳的人看到穿鞋的心裡不是個滋味，掉頭一看，有個人沒有雙腿，心裡立刻舒服多了。

這也就是我當時的心態吧。

我們肯定有壓力，可有人壓力比我們大得多；我們也會有煩惱，但世界上人人都有煩惱（白癡除外），而且比我們煩惱大的人、比我們多的人不可勝數。

如你能這樣想，你會突然發覺，肩頭的重擔卸了下來，心裡會感到一陣輕鬆。

作為一名心理學工作者，時常會有一些人到我這裡來做心理諮詢。來者常常聲淚俱下，痛說自己的不幸經歷。他們，似乎就是世界上最痛苦的人。可能是我們見得比較多了吧，我們並不認為他們的問題就有那麼嚴重。當我們說到另一個相仿的、卻比他（或她）的情況要嚴重複多的案例後，就會發現他們的情緒平緩了許多，心態也平衡了許多。

再說那些走上極端道路——自殺輕生的人們，事發以後其他人有時也感到費解，他（她）也沒遇上什麼特別過不去的坎，為什麼會這樣呢？究其本質，還是顧影自憐的心態在作祟，誤以為自己是天底下最不幸的人了。

●關注今天

天堂裡有一位雙面神。有一天上帝問他："你為什麼有兩張面孔？"

雙面神回答說："我的兩張面孔，一面可以回視過去，吸取教訓；一面展望未來，充滿希望。"

上帝又問：「那麼現在呢！最有意義的現在，你注意了嗎？」

雙面神一愣：「現在？我只顧著過去和未來，哪還有時間管現在？」

上帝說：「過去的已經逝去，未來的還沒有來到，我們唯一能夠把握的就是現在。你無視現在，那麼即使你對過去和未來都瞭若指掌，哪又有什麼意義呢？」

上帝於是把雙面神趕出天堂。

雖然說：「人無遠慮，必有近憂」。

但今天畢竟是最現實的。

今天先把今天的事做好，而不要沉溺於對明天或將來的焦慮與擔憂之中是非常重要的。對明天或將來最有益的準備是集中精力、智力、體力、熱情做好今天該做的每一件事。

在今天對明天、後天有著深謀遠慮是可取的，是智者之舉。但若以放棄今天的享受、放棄今天的努力、拖延今天的工作為代價，那肯定是錯誤的。

明日複明日，明日何其多。總是活在昨天的人可悲；總是幻想著明天的人可憐。

踏踏實實過好今天，做好今天該做的每一件事，是最現實的、最佳的選擇。

對明天的事，我們可以考慮，可以謀劃，但不必去擔憂。

曾國藩在案頭放了一塊牌子，上面寫道：「今日事，今日畢。」把今天的事拖到明天，本身就是一種壓力源。

這裡，還想向諸位介紹一則相關的資料，那就是世界著名心理學家皮爾斯所提出的"此時此地"的人，它可能是"瀟灑人生"的樣板之一。

"此時此地"的人是怎樣生活的呢？皮爾斯是這麼描述的：

△他們把自己的立足點牢牢建立在當前時刻存在的基礎上。在他們看來，人們享有的唯一現實只是此時此刻。他們並不為尋求生活的目的而向後看或向前看，他們不是過去事件的俘虜，也不為關於未來的幻想所奴役。他們的注意中心、意識與滿足，依靠的全是在現實生活中一瞬間又一瞬間的存在。

△他們對自己是誰？是什麼樣的人？有充分的認識和認可。他們瞭解而且承認自己的優點與缺點；意識到自己的潛能所在；以及擁有什麼樣的能力；瞭解他們能夠幹什麼；能夠成為什麼樣的人。同樣重要的是：他們也知道自己不能幹什麼和不能成為什麼樣的人。此外，他們也能夠完全地、沒有壓抑或內疚地表達自己的衝動和渴望，毫無顧忌地讓任何人瞭解他們在任何時候的情感、思想或欲望。

△他們對自己的生活負責任，而不把這種責任轉嫁到父母、配偶、命運或任何外部力量上去。與此同時，他們也擺脫對其他任何人所負的責任。在皮爾斯看來，正如沒有任何人對你的一生負有責任一樣，你也不對任何人負有責任。他有句名言："我幹我的事情，你幹你的事情！"他又說：假如我們對別人負起責任，那麼，我們就成了他人生活中的上帝和干預者。我們要是總是支持他們，就會削弱他們的獨立性，和他們對自己的責任感。

△他們完全處於自我與世界的密切聯繫狀態中。他們的意識從未被布上幻想的陰雲，而是停留在真實的世界中。而這真實的世界是經由感覺器官傳遞給他們的。

△他們能夠坦誠地表達自己的怨恨。而在那些心理不健康的人那裡，怨恨是最普遍的、不被表達出來的情緒體驗。

△他們的行為擺脫了外部調節，不受任何人關於正當行為的概念的指引或支配。他們的行為是自發的和自然的，反應他們的實際面目，而不是反應其他任何人認為應該怎麼做。

△他們沒有被壓縮的自我界限。他們的自我界限是靈活的、能伸展的、能擴大的。這種開放性適用於外部的自我界限（環境）；內部的自我界限（自我）。

△他們並不追求幸福。皮爾斯認為：追求幸福是錯誤的，因為不可能得到幸福。把幸福變成目標，就是把精力和注意力從我們唯一的現實——"當前"移開。雖然幸福不是心理健康的人追求的目標，但幸福卻出現了，儘管它的出現是暫時的和偶然的。皮爾斯強調：幸福完全出現是不可能的，而幸福成為永久狀態，這或許是不符合需要的。為了幸福而去追求幸福，註定只能導致"按遊藝場方式構製樂趣"的人造幸福。我們不應該追求幸福，我們恰恰應該是當前我們這個樣子。

你以為這樣的人生如何？夠得上是瀟灑人生嗎？

如果你以這種價值觀生活，是否就不會感到那麼累了？

●工作不是一切

有一回看中央電視臺的《藝術人生》節目，是朱軍訪談香港明星趙雅芝。

朱軍問道："對你來說什麼最重要？"

趙雅芝答曰："家庭！"

朱軍多少有點失望兼意外。要是問我們大陸的明星們，必是一番豪言壯語啊！

的確，工作是人生重要的一部分，但不是一切！

人們不可能不工作，因為那會使我們的生活無所著落，無所事事也會使生活變得無聊乏味。再則，我們的潛能也不能得到釋放，能力得不到鍛煉與發展的機會。總之，工作對人的重要性怎麼高估也不過分。然而，說它重要並不是說它唯一，工作再重要也只是生活中的一個部分，人生的終結目標不在於工作而在於生活的品質。人們感到壓力大、活得累多為因工作或與工作相關的因素所引發，從其內部原因來考察，就是誤把生活中很重要的一部分——工作看成了生活的全部。

人啊！人，自以為很聰明，可有時卻很愚蠢。

在工作崗位上得不到提拔便把整個世界、整個生活看成一片昏暗，退休後再看這一切時，卻感到十分可笑；

工作中不順心、有怨氣時，就會把這消極的心境漫延到生活的每一個角落，把自己、把家庭的生活搞得一團糟。

我們在工作中可能不滿意，但如果我們的家庭生活美滿幸福，我們的孩子健康茁壯成長，我們與朋友其樂融融，這未必就不是一種成就，未必不值得驕傲。

把工作遇到挫折、缺乏成就看著世界的末日有失偏頗。

我們捫心自問，大多數人不就是把工作作為一種謀生與養家糊口的手段嗎？

當然，我們不是提倡消極人生，不好好幹工作。工作好與家庭生活美滿幸福，孩子健康茁壯成長，與朋友其樂融融，並不相互排斥，可能還是一帖促進劑。我們只是想說，工作不是一切！

●避免歸因錯誤

一隻鴿子常常改換它的巢，巢內不時發出強烈的臭味使它難以忍受。它抱怨這種苦處，並向一隻聰明的、年長的、有經驗的鴿子傾訴。後者點了點頭後說：“老是換巢並不能改變什麼，騷擾你的臭味並非來自巢而是你自己。

人們幾乎每天都要花力氣尋找人們行為的因果性解釋，這是出於人類一種固有的強烈動機——形成對周圍世界一致性理解的需要和控制周圍環境的需要。這種需要的產生，有其客觀性。美國心理學家弗裡德曼說：“假如我們不能預言人們如何行動，就很容易把周圍世界看成是偶然的、令人驚異的、不一貫的和斷續的。沒有預言其他人行為的能力，我們就不知道因為工作的完成，是受到獎賞呢，還是受到懲罰；不知道從朋友那裡將得到親吻呢，還是挨一拳；也不知道我們的寶貝女兒是要吃煎餅，還是把餐桌上的東西全部打翻。對其他人的行為作出某些預言，即使預言只是一種可能性，不是一件肯定的事，對於我們對周圍事物有一種固定的、首尾一致的看法，也是非常關鍵的。”這一過程就稱之為歸因。

有鑑於此，從某種意義上講，我們每個人都是業餘心理學家，因為我們每個人都曾千百次地做過一件事，那就是在做完一項工作之後，往往喜歡尋找自己或他人之所以取得成功或遭受失敗的原因。

令人遺憾的是，人們的歸因常常出錯。一個最常見、最典型的歸因錯誤就是把自己的成功看著是由主觀因素決定的；把自己的失敗看著是由客觀因素決定的；把別人的成功看著是由客觀因素決定的，把別人的失敗看著是由主觀因素決定的。

試看下列兩個生活小場景：

兩口子在家吃晚飯，飯後，丈夫很主動地到廚房去洗飯。“乓”地一聲，打碎了一隻碗。

對此，丈夫的解釋是：“這碗油太多，太滑，實在沒法抓住。”

妻子的解釋是：“你這人做事太不小心。”

讓我們想像一下，如果是妻子洗碗而打碎了碗，他們倆又會作何解釋呢？

2002 年世界盃預選賽的時候，上海電視臺放了一個很有趣的小片子，那是祁宏的爸爸媽媽看球賽的場景。

祁宏的爸爸話不多，緊張地、靜靜地在看球。

他媽媽卻在說個不停。

祁宏一腳球踢得不怎麼樣，他媽媽說：“看你兒子，這球怎麼踢的。”

祁宏進了一個球，他媽媽立即歡呼起來：“我兒子進球囉！”

你看，踢得不怎麼樣時，是你兒子；進球的時候是我兒子。

對歸因問題的研究最有成就的是美國心理學家維納。他對行為的歸因進行了系統的探討，把歸因分為三個維度：內部歸因和外部歸因；穩定性歸因和非穩定性歸因；可控制歸因和不可控制歸因。他又把人們活動成敗的原因即行為責任主要歸結為六個因素，。即能力高低、努力程度、任務難易、運氣（機遇）好壞、身心狀態和外界環境。如果將這三個維度和六個因素結合起來，就可組成以下歸因模式。

歸因理論告訴我們，個體對自己成就情境的不同歸因，會引起不同的認知、情緒和行為反應。合理的歸因可以提高自信心與堅持性，不合理的歸因則會增加自卑與自棄的強度。

有這麼一個例子也許能形象說明歸因的作用。

一個人在颱風的日子裡划船過湖，最終的目的是到達彼岸。事情的結果可能取決於努力、能力等人的因素，也可能取決於風和浪、湖面寬度等環境因素，或人和環境因素的結合。無疑，人的力量、環境的力量、人和環境力量的結合，都能夠達到所期望的結果。如果環境力量等於零，那目標的實現就會歸於人的力量；反之，沒有人的力量，風也能將船吹到對岸。

划船者如果將自己到達彼岸的原因歸於風向的幫助和運氣好，那麼，今後再次需要划船過湖的話，他可能會選擇順風的日子，或是怕遇到逆風，怕不能到達彼岸，因而不願划船。如果划船者將成功的原因歸於自己划船技能高、精力充沛、的毅力等個人因素，那麼在下一次划船時會充滿成功的信心，或許希望參加難度更大的划船任務。

生活中、工作中，總之在人的一生中，我們會有許許多多的成功，也會有許許多多的失敗，這一切都是不可避免的。這一切也可能給你帶來壓力，也可能給你帶來動力；可能會使你情緒亢奮，也可能會使你情緒消沉。所有這些，取決於你以什麼眼光，從什麼角度去看待它，換言之，如何對這一切作為一個什麼樣的歸因。如果我們能夠避免歸因錯誤，我們就能產生積極的心態；如果為錯誤的歸因所左右，自尋煩惱的事情就在所難免了。

●讓我們適應環境

環境，其本意是指一系列自然條件與社會條件。對於個體來說，那是不可更改的事實前提。誠然，人類可以改造環境（包括自然環境與社會環境），但那是就整個群體而言，一個個體想要在短時間內改變環境，難於上青天。

這裡面有一系列的問題有待討論：

首先，你欲改造的環境是本身不合理，還是不能滿足你的需要？舉個小小的例子來說吧，誰在街上走路都希望一路綠燈，可偏偏就得遇上紅燈。你覺得這讓你不舒服，要把環境改造到你走到那裡，那裡就是綠燈。這可能嗎？社會與他人能同意嗎？當然不會！因為這環境本身是合理的，而你的需要是不合理的。

其次，環境是不合理的，但現實狀況只能如此。它可能會改變，要改變，但一時不能改變或不能得到根本性的改變。比如說，如今社會上的確存在較大的貧富差距，一些從道理上講應該有的社會保障現在還沒有或雖然有了但不完善，所有這些都是不合理的，管理層不是不想改變，但想一夜之間改變又不可能。

再次，環境中也存在著一種不合理的，也是可以立即改變的，但由於種種人為因素就是不能得到改變的情況，就也就是人們常說的一些社會醜惡現象。人們詛咒它，輿論鞭笞它，但它還是不會即刻消失。

最後，環境隨時間、地點、條件不同呈現巨大的差異，由於定勢作用的存在，人們總是傾向於複演自己最熟悉的生活方式，當進入一個新環境後，會有種種不適之感。我們懷念熟悉的老環境情有可原，但必須面對新環境卻是不爭的事實。

當人們與環境格格不入或有不適之感的時候，會發生三種典型反應。

其一，罵！有那麼一種憤世嫉俗的人，他們整天罵，到處罵，一看到不順眼之處就罵。這也不好，那也不行：張三也對不起他，李四欠他的情；老天也不公，世道更不平，世人名之曰"憤青"。平心而論，他們雖然罵的不是全有道理，也不是全無道理。問題是罵有用嗎？如果有用，我們就去罵，因為罵人這事不難也不費力。但通常的情況是，罵完以後，該面對什麼的，還得面對什麼，一切都不會因為你的罵而有所改變。

其二，不罵別人，但跟自己過不去。無力與環境抗爭，又沒法去適應環境，於是自己生悶氣，久而久之，鬱結在心底的心理能量就會演化為形形色色的心理疾病。可以這麼說，大部分心理問題都與環境適應不良有關。

其三，適應環境。不論環境是合理的，還是不完全合理的，習慣的還是不習慣的，只要是必須承受的，就去努力適應它。人們所說的"既來之，則安之"，就是這個道理。譬如，一位東北籍的學生來到火爐武漢，夏季酷熱難當。你能叫天氣不熱嗎？你能因天氣熱而提前放自己的暑假嗎？都不可能。理智的選擇只有去適應它，最好是樂在其中——哇，免費桑拿，在家可沒這待遇！這不是阿Q精神，雖然是無奈的選擇，但卻是唯一可行的選擇。

其四，改變環境。這雖然是最理想的一種狀態，不過，說句掃你興的話，個人改變環境，不是說完全沒可能，但難度實在是太大了。況且，你所認為的最合理的環境不一定是別人認為的最合理的環境，也不一定是社會認為的最合理的環境，你想改變，別人不同意。再則，即使大家都同意，社會也同意，改變仍需假以時日。

總之，我們所處的環境中肯定是許多不公平、不合理、不適應、不近人情之處，這是任何有識之士都承認的事實。

特別是到一個新的環境，肯定有許多不習慣、不適應之處。

就拿飲食來說吧，湖南人到了江南，對菜裡放糖感到極不理解，再苦再辣也沒關係，這麼甜，這菜怎麼吃啊！江南人到湖南去也會感到不可思議。這麼辣！都進不了口，還讓不讓人吃。

但對我們個體來說，環境又是不可更改的事實前提。我們只能入鄉隨俗，而不可能讓鄉俗隨我。

如果我們對環境的埋怨能改變環境，那我們大家就一起去埋怨吧，埋怨可是件不費多大力氣的事。

可惜的是，埋怨不能改變環境，不能解決問題。

怎麼辦？讓我們去適應環境。

這是一個適者生存的世界，至少是適者生存得更好，能佔有更多資源的世界。

如果我們的環境很好，我們應該感謝上蒼，感謝它賜予我們一個良好的生存環境。

如果我們的環境不好，還可以感謝上蒼，感謝它賜予我們一個磨礪意志、鍛煉心理的機會，如果這樣惡劣的環境我們都能堅持下來，今後還有什麼樣的環境我們不能對付呢？

如果我們所處的環境惡劣，我們得看看我們周邊的人，他們在這個環境中生存的如何？如果他們活得挺滋潤的話，我們就該反省自己，究竟是環境惡劣？還是我們的生存能力、適應能力不強？

心理學家認為，一個成熟的人的最重要的標誌是有著廣泛的經驗（即體驗）。他經歷過各種各樣的生活，有過多種多樣的體驗。他能接受順境，也能接受逆境；他可以過豪華的生活，也能過清苦的日子。在每一種生活狀態中，他都能找到自己的正確位置，都能在環境中應對裕如，都能保持自己平和的心態。這才是高人，這才是強者，這才是我們學習的榜樣。

職場中，你換公司或公司換你是家常便飯。每個公司都有自己的文化、自己的行為方式。當我們到了新環境之後，不能總是以原單位的一切作為標準，凡自己不適應的就是不對的、不好的、不能容忍的。如果是這樣的話，你的壓力肯定大，因為你在承受不可避免的壓力的同時，還得附加本來並不存在的壓力。

這又何苦呢？

現代人要培養自己的社會適應能力，要在不同的環境中學會不同的生活方式、工作方式，如果總是與周圍的一切格格不入，煩惱就會接踵而來。

還有一個問題需要討論，那就是前面說到的，同樣的環境，為什麼有些人適應得很好，而有些人卻不能適應？我們給出的答案是：除了生活經歷、個性、價值觀的差異之外，還有一個極重要的因素，那就是“地理環境”與“行為環境”對每個人來說迥然有別。

著名心理學家考夫卡把人的環境分為“地理環境”與“行為環境”。所謂地理環境是指外界實際的環境；所謂行為環境是指個人心目中的環境。他曾舉了一個極其生動的事例來說明這兩種環境的區別以及它們和個人行為的具體關係。

一個冬天的傍晚，在暴風雪中，一個人騎馬來到一個小旅店，頗以經過數小時的飛騎，終於越過一片當風而被大雪蒙蔽了一切途徑的路標的大平原之後，到達一個居留的所在而感到快慰。店主人來到門前，驚奇地望著客人，並且問他從何而來。此人直指來的方向。店主人於是以一種恐懼和奇異的聲氣說道：“你可知道你已經騎馬越過康斯坦斯湖嗎？客聞此言，立即倒斃於地。

可見，在此人的心目中，他所飛騎渡過的是一片風雪掩蔽的大平原，這就是他的“行為環境”；而實際上這是一個冰雪封蔽的大湖，這是“地理環境”。他知道這是康斯坦斯湖後，立即驚駭而死。顯然，如果他早知道這是一個大湖，他的行為就一定會有所不同。

這一理論告訴我們，我們心目中的環境並不一定是一個真實的外部世界，而是我們自己主觀上所認為的環境。就拿壓力來說吧，提到壓力，我們總是說外界環境險惡，壓力如泰山壓頂，勢不可當。並且言之鑿鑿，所有這一切都是千真萬確。其實，這一切並不完全都是真實的。在很大程度上是你自身的內心感受。

如果你換一個角度去思考；換一種心情去體驗，你可能會發現，身邊的世界原來是另一番景象，你可能會有一種釋然之感。

專欄

《野兔的弱點》

野兔是一種十分狡猾的動物，缺乏經驗的獵手很難捕獲到它們。但是一到下雪天，野兔的末日就到了。因為野兔從來不敢走沒有自己腳印的路，當它從窩中出來覓食時，它總是小心翼翼的，一有風吹草動就會逃之夭夭。但走過一段路後，如果是安全的，它返回時也會按照原路。獵人就是根據野兔的這一特性，只要找到野兔在雪地上留下的腳印，然後做一個機關，第二天早上就可以去收穫獵物了。

野兔的致命缺點就是太相信自己走過的路了。

《救命的狗吠聲》

在一個漆黑的晚上，老鼠首領帶領著小老鼠出外覓食，在一家人的廚房內，垃圾桶之中有很多剩餘的飯菜，對於老鼠來說，就好像人類發現了寶藏。

正當一大群老鼠在垃圾桶及附近範圍大吃一頓之際，突然傳來了一陣令它們肝膽俱裂的聲音，那就是一隻大花貓的叫聲。震驚之餘，各自四處逃命，但大花貓絕不留情，窮追不捨，終於有兩隻小老鼠走避不及，被大花貓捉到，正要向它們吞噬之際，突然傳來一連串兇惡的狗吠聲，令大花貓手足無措，狼狽逃命。

　　大花貓走後，老鼠首領從垃圾桶後面走出來說：「我早就對你們說，多學一種語言有利無害，這次我就因此救了你們一命。」

三、減壓良方：調整自我心態

我是一個中年人。我們這一代人經常會對自己的孩子說："你們真幸福啊，想想我們童年時代吃的是什麼，穿的是什麼？看你們現在，要什麼有什麼，還不好好學習，還怨這怨那，說得過去嗎？"

現在的孩子真得過得比我們幸福嗎？

我們一幫同齡學者曾在一起熱烈地討論過。隨著討論的深入，我們發現了自己愈來愈多的不是。原來，我們的童年與少年比我們的孩子要幸福得多。

先是認為我們這代人童年與少年的精神生活比現在的孩子強。那時，我們無憂無慮，雖然沒有高級玩具，但與大自然親近真得讓人心曠神怡。更為重要的是，我們沒有考試的包袱；沒有升學的壓力，我們的精神是自由的；我們的時間是自己可以支配的；我們也不知道世界上有什麼高級享受，只知道世界上有三分之二的勞動人民還處於水深火熱之中。不像如今的孩子，雖然吃得好、穿得好，但考試、升學的重壓把他們搞得幾近魯迅筆下的閏土。而更高級享受的誘惑使他們覺得自己的日子很可憐。

當思想的碰撞更為深入之後，我們又發現物質生活方面，我們也比如今的孩子過得好。這種說法估計反對者甚眾。這怎麼可能呢？

我們說的不是物質生活本身，而是指對物質生活的感受。我們當年，如果早晨有兩個饅頭，可能一天的心情都好；哪天吃上一頓紅燒肉，三天的情緒都高漲。而如今的孩子，請他上五星賓館撮一頓，也沒什麼感覺。沒準還會來一句："不怎麼樣！"

最終的結論是，幸福是一種主觀感受，它不取決於物質生活的標準，也不受制於什麼名譽地位高低，而是取決於當事人的心態。

有一個好的心態，一切都是美好的；心態不好，再美好的事物在你的眼中也會黯然失色。

在職場中，一定有艱辛的路徑、困難的時刻、尷尬的局面、甚至有醜惡的現象；當然也有美好的時光、開心的日子、成功的喜悅、戰勝艱難後的歡欣。是喜？是憂？關鍵在你如何看待？從更本質的方面來說，看你有一個什麼樣的心態。

對於壓力，也是如此。心態好，壓力就是動力，就是催你奮進、助你成功的動力；心態不好，壓力就是一座大山，壓得你喘不過氣來。

我們當然期盼環境自然營造出我們有一個好的心態。看來，在當今之世，這個願望實現的現實性不強。怎麼辦？人是具有主觀能動性的，他不僅能改造自然，也能改造自己，讓我們主動調整，培育自己有一個好的心態吧！

●記住好事，忘記壞事

在一部電視劇中，一位老闆給出"老闆"下了一個定義，所謂老闆，就是每天早晨接到10個電話，其中有8個是壞消息，然後這一天就為這8個壞消息而奔忙。

每天發生的事情中肯定有好事，也有壞事。

你的心情不是取決於你盡遇上好事，還是盡遇上壞事，而是取決於你是記住好事，還是記住壞事。

一位心理學教師對一批學生家長進行一個家庭教育的講座。講座一開始，這位教師在黑板上寫了三道題，說這是一個小學生的家庭作業。

$$5 + 5 = 10$$
$$4 + 6 = 10$$
$$3 + 8 = 10$$

這位教師剛剛寫好這三道題，許多家長就叫了起來，"第三道題錯了！"

這位心理學教師也不吭聲，聽講座的人叫得越來越厲害："第三道題錯了！"

半晌，這位心理學教師才說了一句："為什麼你們沒看到做對的兩道題，而只看到做錯的一道題呢？"

全場啞然。

這位教師由此開始了他的正式演講。那就是，我們做家長的要多看到孩子的優點，多表揚、多鼓勵，孩子的進步才快，學習動機才強……

我們職場人士，是否與這些家長有共通之處，犯有同樣的錯誤呢？竊以為可能性極大。

極端地說，有些人就是專愛記壞事而不愛記好事。

這可不是一個好習慣！

如果你想自己的心情不好，你就專去記壞事吧，壞事記得愈多，心情愈是不好，再度發生壞事的概率也就愈大，如此惡性循環，愈演愈烈；如果你專記好事，心情有就會好，心情好了，發生好事的概率也就愈高，如此將步入良性迴圈。

趨利避害是人類的本性，該選擇什麼就用不著我多言了。

友情提醒：不管是好事多還是壞事多，你每天至少要記一件好事。並且把這件好事與你的朋友、特別是你的家人分享。
在記住好事的同時，我們能忘記壞事嗎？

能！因為我們人類有一種心理功能叫動機性遺忘。

動機性遺忘是由心理學大師佛洛德率先提出的。它是指為避免不愉快的情緒或內心衝突而主動遺忘某些事件或人物的現象。這種遺忘常由一定的有意識或無意識的動機所致，是個體心理自我保護的一種手段。被遺忘的事物往往是與社會道德觀念相衝突，或是可能喚起個體的某種創傷性體驗。

根據佛洛德的說法，動機性遺忘並不意味著有關經驗已從記憶貯存中消失，這類經驗可能在夢境中，或通過某些過失行為隱晦地表現出來。

儘管如此，大部分心理學家還是認為，主動把一些不愉快的事忘記掉，對於保持良好的心境，對於維繫心理健康，不失為是一種良好的選擇。

　　把不快的事情"忘記"掉，只想好事，去體驗好事帶來的好心情，列寧就常常這麼做，許多優秀企業家也這麼做。

　　我們為什麼不這麼做呢？

　　如果你整天都在記住壞事、想著壞事，煩惱與憂傷將如影隨形；
　　如果你盡想著好事，忘掉壞事，你的心情將豁然開朗，你就能夠戰勝壞事，而好事越好越多。
　　如日中天的巨星姚明，其名聲、其財富在今日之中國都是屈指可數的，與之相匹配的是，他的壓力也是屈指可數的。用他自己的話說，他身上的每根汗毛都在媒體的放大鏡之下。姚明是如何應對壓力的呢？他說得很輕鬆："減輕壓力的方法就是不去想壓力。"

●讓生活中充滿幽默

　　一位大學畢業生急於找工作，因經濟不景氣，到處人滿為患。故而奔波末果。窘境中，他心生一計。
　　一天，他到一家報社去，對總編說："你們需要一個好編輯嗎？
　　"不需要！"
　　"那麼記者呢？"
　　"不需要！"
　　"那麼排字工人呢？"

"不，我們現在什麼空缺也沒有了"

"那麼，你們一定需要這個東西。"這個大學生從公事包裡拿出一塊精緻的牌子，上面寫著，"額滿，暫不雇用"。

總編看了看牌子，笑著說，如果你願意，請到我們廣告部來工作。

幽默，使他成功地把自己推銷了出去。

有時，人們難免遇上一些令人難堪的窘境。面對這些窘境。用正兒巴經的方式去解決每每不能如願。倒是一則精巧恰當的幽默反能輕輕化解，正所謂四兩撥千斤。

美國西雅圖有一家美籍華人開的餐廳，為招攬顧客，每當客人餐後離座時，總要奉送一盒點心，內附精緻的"口彩卡"一張．上面印著"吉祥如意；幸福快樂等字樣。有 2 名虔誠的基督教徒是這個餐廳的老主顧，他倆結婚後的一天，滿懷喜悅地來到這家餐廳，在他們期待良好祝願的時候，打開點心盒，卻意外地發現裡面沒有往常的"口彩卡"，頓感十分不吉利，心中老大不高興，便向老闆"興師問罪"。不管老闆怎樣賠禮道歉。都無濟於事。

老闆的弟弟見狀，微笑著走到這對顧客面前，用不熟練的英語說道："NO MEWS IS THE BEST NEWS（"沒有消息就是最好的消息），一句話，說得新娘破顏為笑，新郎也轉怒為喜，高興得和他握手擁抱，連聲稱謝，一個難堪的僵局被一個小小的幽默輕輕地化解了。

幽默的最經典的範例當數亞列斯多德例子。

亞列斯多德的老婆是個悍婦，厲害得很。有一次，亞列斯多德正

72

在給他的學生講學，他老婆不知何故罵了起來。亞列斯多德原以為罵幾句就算了，也就沒多答理她。她老婆見狀再是怒火中燒，提起一桶水來就向亞列斯多德身上潑去。亞列斯多德全身濕透，學生們更是瞠目結舌。誰知，亞列斯多德來了一句："我知道打雷以後是要下雨的。"全場釋然，一場危機被亞列斯多德輕輕化解。

這就是幽默的力量！這就是幽默的功效！難怪現在世界上有許多國家紛紛開發"笑產業"。有"笑公司、笑電臺、笑比賽、笑醫院、笑畫館、笑學校、笑俱樂部等等。

工作是嚴肅的，但嚴肅不意味著刻板、死氣沉沉。在工作中，有一些適當的、高品味的幽默可以化解衝突、可以活躍氣氛、可以振奮精神、可以緩解壓力。並且，它是低成本甚至是無成本。我們沒有任何理由排斥它。

一位前蘇聯心理學家指出：會不會笑是衡量一個人能否對周圍環境適應的尺度。當你煩惱時，你可以想些有趣而引人發笑的事情，可以講講幽默的笑話，讀讀幽默小說，看看連環漫畫，這樣可以幫助你排除愁悶。

●適度宣洩

在小說《羅賓漢》中，主人公羅賓漢告誡年輕的隨從："把你的煩惱統統講出來。講了，心情就舒暢了。就像水漫堤壩就需要開閘放水一樣。"這位民間傳奇人物話語中蘊含著深刻的生活哲理。吐出心中的苦悶煩惱是一劑良藥。南衛理公會大學的心理學家詹姆斯·彭尼貝克（James Pennebaker）對羅賓漢的忠告作了科學的論證。在一系列試驗中，彭尼貝克讓受試者表達出最使他們苦惱的情感，從而取得了良好的治療效果。

宣洩，意指一個具有侵犯性傾向或情感的人，如表現出若干攻擊性活動（包括想像中或替代中的），其侵犯性傾向和情感強度就會減弱。宣洩一詞最先由古希臘大哲學家亞列斯多德提出。他在討論悲劇的作用時認為，悲劇可以宣洩人們內心的情緒和淨化人們的心靈。佛洛德首次將宣洩的概念引入心理學，指出每個人都有一個本能的侵犯能量儲存器，在儲存器裡，侵犯能量的總量是固定的，它總是要通過某種方式表現出來，從而使個人內部的侵犯性驅力減弱。

宣洩可以分為直接宣洩與間接宣洩兩種。直接宣洩即指直接針對引發不良情緒的刺激（人或物）發起攻擊，表達情緒。間接宣洩則是當直接攻擊為不恰當甚至不合法的時候，通過其它各種間接的方式，把自己的情緒表達出來。

這裡謹介紹幾種宣洩方式，職場人士早晚都會用得上。

方式之一——哭

在我們的日常生活中，當某人因某事而悲傷、痛苦之時，每每會有痛哭流涕的表現。而他周圍的人，都一個勁地勸他（她）不要哭。當他（她）不哭了，大家都以為平安無事了，一切都好了。

錯！錯！錯！

哭對於憂傷的人、痛苦的人、身負巨大壓力的人，有益無害。當人們在親朋好友面前大哭一場之時，並盡情傾訴心頭的委屈與痛苦，是一個非常好的心理釋放。這是因為，哭，作為一種純真的情感爆發，是人的一種保護性反應，是釋放體內積聚的神經能量、排出體內毒素、調整機體平衡的一種方式。1957 年，美國化學家布魯納率先發現，動感情的眼淚與因洋蔥刺激而流出的眼淚，其化學成份有較大區別，後者的眼淚中所含的蛋白質比前者要少得多。美國生物學家福雷也發現，一個人在悲痛時所流出的眼淚與傷風感冒或風沙入眼流出的眼淚，所含的化學成份也不同。他指出，一個人在正常哭泣時，流出的眼淚只有 100——200 微升，即使是一場嚎啕大哭，也只有 1——2 毫升。但在這些逐漸流出的眼淚中，含有一些能引起高血壓、心率加劇和消化不良的生化物質，通過哭泣把這些物質排出體外，對身體當然是有利的。他甚至認為，男性胃潰瘍患者之所以高於女性，可能是男性受傳統的"男兒有淚不輕彈"的社會心理影響，強制自己不哭造成的。

　　醫學心理學認為：哭能緩解壓力。有這樣一個實驗：心理學家給一批成年人量血壓，然後按正常血壓與高血壓分為兩組，分別詢問他們是否哭泣過？結果 87% 的血壓正常者陳述有過哭泣的行為，而那些高血壓患者是的大多數都說他們沒有哭泣或極少哭泣。

　　我們不可能也沒必要象演員那樣硬擠眼淚，但我們在蒙受巨大壓力的時候，在適當的時間、適當的地點、適當的人面前，痛痛快快地哭一場，沒什麼不好，也沒什麼不可以。

方式之二——去發洩吧（或出氣室）

　　商品社會最大的好處，就是你有什麼需要，社會就會對你提供什麼樣的服務。聽說過"發洩吧或出氣室嗎？

在那裡，可以把想打的人痛打一頓，把想罵的人痛罵一番。（西方和日本的大企業，提供這種場所。）

在法國出現一個新興行業██運動消氣中心。中心有專業教練指導，教人如何大喊大叫、扭毛巾、打枕頭、捶沙發等。做一種運動量很大的"減壓消氣操"，在這個中心裡，上下左右都佈滿了海綿，任人摸爬滾打，縱橫馳騁。

美國有一個專為白領人士服務的網站還曾建議白領可隨身攜帶一個小皮球，鬱悶的時候、要發火的時候，就狠狠地捏它一下。

方式之三——替代性發洩

去看拳擊比賽、散打比賽、足球比賽。去看暴力片、
看恐怖片。英國專家建議：人們感到工作有壓力，是源於他們對工作有責任感。此時他們需要的是鼓勵，是打起精神。所以與其通過放鬆來克服壓力，不如激勵自己去面對充滿巨大壓力的情境。

方式之四——把壓力、煩惱寫出來

把壓力、煩惱寫出來，那怕有點誇張██"為賦新詩強說愁"。
美國心理學家曾做過一個有趣的實驗：他們讓一組被試寫出自己的壓力與煩惱，另一組被試則寫日常生活中的一些普通話題，每4天一個週期，持續6周。結果發現，前一組被試的行為表現更為積極，心態也更為平和。

在另一項實驗中，心理學家讓被試表達出最使他們苦惱的情感，

同時也取得了良好的效果。在實驗中，被試連續 5 天，每天都用大約 15 分鐘的時間寫下自己"一生中最痛苦的經歷"，或"當時最令人心煩意亂的事情"。這種自我表白的方法效果奇佳，被試的情緒得到了很好的調整；因病缺勤的天數大大減少；免疫功能也有所增加。

這個自我表白的效果驚人：受試者的免疫力增強了，隨後半年裡去看病的次數大大減少，因病缺勤的天數也減少了，甚至肝功能也得到了改善。此外，受試者對其痛苦情緒也是無保留地表白，其免疫功能的改善程度就越大。研究發現，發洩愁悶情緒的最佳方式是：先把悲傷、焦慮、生氣等情緒統統表達出來，接著，在花幾天時間把它們寫在紙上，最後，從心靈的痛苦中找出某些有意義的東西。

還有一種更為直接的方法就是記壓力日記，把引發你壓力的事件記錄下來，再作理性分析，然後找出相應的對策。

生活中，有時感到頭腦裡亂成一團糟，煩心的事"剪不斷，理還亂"。你可以把壓力羅列出來，"一、二、三、四"排列出來，然後，你可能會驚奇葉發現，有些壓力根本算不上什麼，而有些壓力只要各個擊破，則可一一化解。

接下來再來談談適度的問題。

其一，"適度"是指反應強度與刺激強度相匹配。舉個小例子，如果你的領導為工作的事批評了你幾句，你立刻就嚎啕大哭，這就屬於反應過度了，也就是反應強度與刺激強度不相匹配了。

其二，"適度"還指宣洩要在合適的時間、合適的地點、合適的環境中進行。如果你在客戶那裡受了委屈，你可不能當著客戶的面就發作、就宣洩。因為客戶是上帝！如果你參加朋友的婚宴，菜不好吃，或者有衛生問題，你也不能當眾就罵起來，因為那會使你的朋友尷尬甚至憤怒。

生活就是一種矛盾，你不宣洩對不起自己；你宣洩不當又得罪了別人。在這二者之間尋求一個平衡點，那就是人生的藝術！

●積極的自我暗示

在 1976 年夏季奧運會上，有那麼一分鐘，全世界數百萬人都屏住呼吸在電視螢幕前觀看著。瓦西裡‧阿列克賽耶夫彎腰去舉任何人從未舉過的重量。當阿列克賽耶夫成功地站起來以後，胳膊伸直，把那千鈞重量高舉在頭上時，人們才在雷鳴般的歡呼聲中舒了一口氣。在舉重界，500 磅的重量一直被認為是人類不可逾越的界限。阿列克賽耶夫以及其他人以前都舉過離這個界限相差無幾的重量，但從未超過它。有一次，教練告訴他，將要舉的重量是一個新的世界紀錄：499.5磅。他舉了起來，教練稱了重量，並指給他看，實際上他舉起了 501.5磅。幾年以後，阿列克賽耶夫在奧運會上舉起了 564 磅。

從這一實例可以看到，阿列克賽耶夫先前在心目中有一消極的自我暗示——500 磅的重量是不可逾越的。教練用“欺騙”的手法打破了他這一消極自我暗示。緊接著又予以積極的肯定暗示，故而取得了成功。由此可知，暗示的力量可以挖掘出人類非凡的體力潛能。

在瑞士的洛薩尼，一位年輕的姑娘在屋子裡，看著各種顏色的光線在牆上飛舞。她做了個滑稽的動作，向前伸出自己的手臂，同時向各個方向轉動自己的腦袋。他正想像著，感到一股清爽的微風吹拂著她的面頰，感到完全放鬆了。從屋裡小電視螢光屏上傳來醫生悅耳的聲音，她也跟著他重複那些肯定的句子："身體放鬆改善了我的滑雪競技狀態。我更具有挑戰能力了。我對自己的滑雪技術充滿了信心。一開始就能集中精力，完全不害怕人群、電視鏡頭，記時器或事故。"

　　這是用一種名之為"協調意識學"的方法訓練運動員調節自身的狀態。它是通過放鬆與呼吸訓練使人入境，再經由想像和肯定暗示來調整心態。說到底，還是一種自我暗示。

　　藤本上雄先生所著的《催眠術》一書中還記載了這麼一件趣事：他的一個同學，有一年開車去瑞士旅行，車行至山中時感到口渴難耐，就在路邊秀麗而清澈見底的湖中用手捧水喝。喝完水後，偶然一看，在告示牌上用法語寫著什麼。他不懂法語，但看到上面寫的詞中有一個詞為 poisson，與英文中的詞 poison（毒）很相似，他就以為這個告示牌上一定是寫著"此湖水有毒，不能飲用"的字樣。於是心情驟然變壞，整個人都覺得不對勁，頭暈眼花，臉色蒼白，直冒冷汗，嘔吐不已。好不容易來到了附近的一家旅館。他立即懇求旅館老闆去請醫生，並向他敘述了喝過附近湖水的事。老闆聽了這番話，哈哈大笑起來，說那是不準捕魚的告示，法文中的 Poisson 一詞是"魚"，比英語的"毒（" Poison）一詞多一個 S。聽完老闆的說明，他的病馬上就好了。

　　讀完這三個有趣的例證，我們對自我暗示的作用不會有任何懷疑了吧！

　　在生活中，在工作中，我們要多對自己說一些："我行！我能勝任！我很堅強！我不懼怕壓力！我喜歡挑戰！"少對自己說一些："我不行！我太差了！我受不了了！我要崩潰了"。這不是自我安慰，更不是自欺欺人。當我們早上出門時，有兩隻喜鵲對你叫，你覺得這一天都順；如果是兩隻烏鴉對你叫，你覺得這一整天都不順。是喜鵲與烏鴉的作用嗎？當然不是！是一種名為自我暗示的力量影響了你的心態，進而影響你的行為及其行為結果。

●趨向樂觀

在丹尼爾‧戈爾曼所著《情感智商》一書中，有這樣一段描述：

在 1988 年的奧運會上，美國人對美國游泳名將馬特‧比昂迪寄予厚望。許多體育新聞記者看好比昂迪，認為他會像 1972 年奧運會的馬克‧斯皮茲那樣大展神威，一舉奪取 7 枚金牌。然而，第一場 200 米自由泳比賽下來，比昂迪的表現令人失望，僅得了第三名。在接下來的第二場 100 米蝶泳比賽中，另一選手在關鍵時刻突然加速，領先一步到達終點，比昂迪再次與金牌失之交臂。

於是，體育記者們紛紛發表高見，認為這兩場失敗使比昂迪鬥志嚴重受挫。沒想到在接下來的比賽中，比昂迪重振旗鼓，一口氣奪得五枚金牌。唯有一人對比昂迪的輝煌毫不吃驚，那就是美國賓夕法尼亞大學心理學家馬丁‧塞利格曼（Martin Seligman）。在大賽前，他對比昂迪的樂觀態度進行過測試。測驗中，塞利格曼讓比昂迪盡力一展身手。儘管比昂迪表現不錯，但塞利格曼卻故意讓教練告訴比昂迪他表現較差 . 此後 , 讓讓比昂迪稍事休息 , 再次努力 . 結果 , 比昂迪遊得極好，更進一步。塞利格曼用同樣的方法對其他隊員也進行了測驗，測驗分顯示出這些隊員有悲觀傾向，結果，他們第二次遊得果然比第一次差。

像希望一樣，樂觀指在遭受挫折打擊時，仍堅信情況將會好轉，前途是光明的。從情感智商的角度來看，樂觀是人們身處逆境時不心灰意懶、不絕望或抑鬱消沉的一種心態。與希望一樣，樂觀能施惠於人生。當然，樂觀必須紮根於現實，如盲目樂觀，其後果決不樂觀。

塞利格曼認為，樂觀與悲觀可說是人們給自己解釋成功與失敗的兩種不同方法。樂觀者把失敗看作是可以改變的事情，這樣，他們就能轉敗為勝，獲得成功；悲觀者則認為失敗是其內部永恆的特性所決定的，他們對此無能為力。這兩種迥然不同的看法對人們作用對待人生有著深刻的影響。以求職被拒絕為例，樂觀者對此多半是制訂出新的計畫，尋求幫助和建議。他們的反應是積極的，充滿希望的，認為這個挫折是可以彌補的。而在悲觀者看來，他們對挫折已無能為力，只能聽其自然。他們把失敗歸咎於個人能力不夠，認為即使再作努力也只能是重蹈失敗的覆轍。

塞利格曼曾以米特萊夫公司的保險推銷員為物件，研究樂觀態度對人們的激勵作用，其研究結果極具說服力。在推銷工作中，能將別人的拒絕付之一笑是推銷員必須具備的最基本素質，對保險推銷員來講尤其如此，因為在這一行中，被人拒絕是家常便飯。這也就是為什麼大約 3/4 保險推銷員幹不滿 3 年就辭職而去的原因。塞利格曼發現，天性樂觀的保險推銷員在其工作的最初兩年中，推銷出去的保險分數比悲觀者高出 37%，而悲觀者在第一年那辭職的人數是樂觀者的兩倍。

鑒於此，塞利格曼說服米特萊夫公司破例雇傭了一批特殊的求職者。這些人在樂觀傾向測驗中得了高分，而在通常的篩選考核中卻未能過關。結果，第一年下來，這批人的推銷額超出悲觀者 21%，第二年下來，超出 57%。

樂觀態度對推銷成功能起到如此巨大的作用，說到底就是情感智商的問題。對推銷員來講，每次拒絕都是一個失敗。其情緒反應決定著他們是否還有足夠的動力繼續努力。一次又一次地被人拒之門外，其士氣也就日漸低落，越來越不願提起電話，再找下一個客戶。這種拒絕對生性悲觀的人來講，簡直難以承受，他們往往因此得出結論“我幹不了這行，一輩子都推銷不出去一張保單”。這種結論縱然未使悲觀者鬱鬱不樂，也必然使他們缺乏工作熱情，產生失敗主義情緒。然而，生性樂觀的人在這種情況下，則會告誡自己：“我推銷的方法不對”，或者“這個客戶正好心情不好，下次我會時來運轉”。他們並不認為自己不行，而是從外界尋找失敗的原因，由此改變下次推銷的方法。悲觀的心態使人萬念俱灰，而樂觀的心態則使人充滿希望。

●我行我素

　　曾有人問美國華爾街四十號國際公司前總裁馬修‧布拉，你是否對別人的批評很敏感？

　　他回答說：“是的，我早年對這種事情非常敏感。我當時急於要使公司裡的每一個人，都認為我非常完美。要是他們不這樣想的話，就會使我憂慮。

　　只要一個人對我有一些怨言，我就會想法子去取悅他。可是我所做的討好他的事，總會讓另外一個人生氣。然後等我想要補足這個人的時候，又會惹惱其他的人。

　　最後我發現，我愈想去討好別人，就愈會使我的敵人增加。所以最後我對我自己說：只要你超群出眾，你就一定會受到批評，所以還是趁早習慣的好。這一點對我大有幫助。

　　從此以後，我就決定只盡自己的最大能力去做，而把我那把破傘收起來，讓批評我的雨水從我身上流下去，而不是滴在我的脖子裡。

　　的確，在這個世界上做事，要想人人都滿意實在是難。即使是人人都滿意了，那肯定有一個人不滿意，那就是你自己。況且，即使自己忍辱負重，也不可能做到人人滿意，到不如我行我素，這樣至少有一個人滿意，那就是你自己。

　　下面的故事值得一讀。

　　在一個炎熱的日子裡，父親帶著兒子和一頭驢走過滿是灰塵的凱撒街。

　　父親騎著驢子，兒子牽著它走。"可憐的孩子"，一位路人說道："他短小的雙腿企圖努力緊跟這頭驢，當這個男人看到他的兒子如此精疲力竭地跟著他跑時，他怎能心安理得地懶洋洋騎在驢背上？"父親把這人的話記在心裡，在下一個拐角處，他從驢背上下來而讓兒子騎上去。但沒走多遠，一位路人的聲音又在耳邊響起："多麼不孝啊！這小傢伙像國王一樣騎在上面，而他可憐的才父親卻在一邊跟著跑。"這句話明顯地傷害了小孩，他要父親坐在他的後面。"你們誰聽說過這樣的事，"一位戴面紗的女人說道："這麼殘酷地對待動物，這可憐的驢子的背正在下陷，這個老不中用的傢伙和他的兒子卻悠閒自在地閒逛，好像這驢子是個長沙發似的。多麼可憐的動物啊！"不用說，被批評的對象只好從驢背上爬下來。但是，當他們徒步走了幾步後，一個陌生人對他們開玩笑說："謝天謝地，我才不會那麼蠢，為什麼你們倆都趕著驢子走，它卻不能為你們效勞？為什麼不讓你們當中的一位騎著走？"父親抓了把草塞進驢子的嘴裡，把手放在兒子的肩上說道："不管我們怎麼做，總有人不稱心，我想我們自己應該知道什麼才是對的。"

一個不爭的事實是，每個人考慮問題都是從自己的世界觀、價值觀出發的；總是以自己的經歷、利益為原點，現在流行的一句話"屁股指揮腦袋"也就是這個意思。凡事都有聽別人的，自己的利益肯定得不到最充分的保證。這並不是說別人都存害人之心，而是別人不可能完全想到你的利益點之所在。白居易詩雲："可憐心上衣正單，心憂炭賤願天寒。"賣炭翁真正的利益點是想煤炭能賣個好價錢，身上冷點還不是最重要的，有錢人恐怕很難想到這一點，也許他們很有同情心。

所以，我們不能凡事都聽別人的；所以，我們要保持自己的獨立性；所以，我們要自己做自己的主人。

我們要自己確立自己的生活目標；我們要自己選擇自己的行為方式；我們要為自己而不是為別人而活著。有了這樣的心態，你的煩惱至少會消失一半。想一想吧，人們的許多壓力、許多憂慮不就是來自於對他人閒言碎語的過度重視嗎？別人一說了之，早就把這茬事給忘了，而你卻耿耿於懷，時不時地拿來折磨自己，這麼做，值嗎？

我行我素也不是拒絕所有的聲音、所有的勸告。作為社會的人無法做到這一點，也不應該這麼做。我們的意思是：對於來自外部世界的聲音，要傾聽、要認真傾聽，但不是全聽，更不是盲目地全信。要經過自己的腦袋去思考，然後，所有的決定還必須由"我"做出。

●善用合理化機制

你聽說過"酸葡萄機制"和"甜檸檬機制"嗎？

這是源於《伊索寓言》的故事。說有只狐狸在路邊看到一串串鮮翠欲滴的葡萄，心裡實在想吃，但連續幾次跳起來也沒夠得著葡萄，十分無奈，只得離去。一邊走一邊喃喃地說："葡萄太酸了，我還不想去呢！"後來，它在路邊撿到一隻檸檬，其實檸檬是酸的，它卻對它的同伴說："檸檬味甜，正合吾意！"

與之有異曲同工之妙的是中國人的一句俗話："人生三件寶，醜妻、薄地、破棉襖"。誰願意老婆醜？土地不肥沃？棉襖破？沒辦法，既然攤上了，就接受吧。再找出它的一些好處來，聊以自慰。

把得不到的東西說成是不好的；把自己得到的東西看著是完美的、符合自己意願的。由此來減輕內心的失望與痛苦，這就是"酸葡萄機制"和"甜檸檬機制"或曰"合理化機制"的本質所在。這種行為雖然不乏自欺欺人的色彩，但作為一種心理防禦機制，適當地運用，對保持人類的心理健康，恢復心理平衡是有益的。

生活中免不了有挫折和失敗，它使自我受到威脅、傷害，並可能會引起自卑、焦慮、痛苦等，進而導致心理平衡遭到破壞。這時，為擺脫痛苦、減輕不安、恢復情緒穩定、達到心理平衡，心理防禦機制就開始發揮作用了。

心理防禦機制具有以下特點：

任何一個與人的願望相衝突的刺激，都可能自發地喚起心理防禦機制；

心理防禦機制是以某種行為模式出現的；

心理防禦機制保護自我或自尊，以使其在面臨威脅時免遭可能的傷害，或以間接滿足需要的方式，為其提供出路；

心理防禦機制並不改變事實，而只是簡單地改變人對這些問題的理解或思考方式；

心理防禦機制總是不同程度地與歪曲現實、自我欺騙相聯繫；

心理防禦機制主要是無意識的；

大多數心理防禦機制雖然可以暫時地免除或減輕痛苦與不安，但現實問題並沒有真正解決，只能啟到一種迴避現實的作用，有時反而會使現實問題複雜化，甚至會使人陷入更大的挫折或衝突的情緒之中。

合理化機制是人們運用最多的一種心理防禦機制。這是指當個人遭受挫折、無法達到目標或行為表現不符合社會常規時，給自己杜撰一些有利的理由來解釋。雖然這些理由往往並不是主要的原因或者是不正確的、不客觀的或不合邏輯的，但本人卻以這些理由來安慰、說服自己，從而避免心理上的苦惱、減少失望情緒。

生活實踐表明，適當地使用一些心理防衛機制如合理化機制是可取的。因為我們在生活中必須無可奈何地接受一些現實。譬如，你在街上買了一件衣服，很貴。後來自己也後悔，但已不可更改。這時，只能安慰自己：是貴點，但是名牌，有身份感。可以說這是一種最好的想法。但也要用之有度。用得過多、過分，就成了阿 Q 的精神勝利法了，就是一種以嚴重歪曲事實為特徵的病態心理了。

●學會放棄

我們在前面分析人們為什麼活得這麼累時，曾提及一個原因，那就是想要得到的太多太多。確實，讓人們放棄什麼是困難，輪到誰頭上都難。但生活的法則卻是：只有獲取，沒有放棄是不可能的。

常言道："有得必有失，有失才有得"。可惜的是，知道這話的人很多，能做到這一點的人卻屈指可數。

上點年紀的人都看過（可能不止一遍）紅色經典影片《南征北戰》，在那場戰爭中，解放軍獲勝的原因，若從戰術方面去考慮，就是懂得放棄。用影片中的話來說："不怕罈罈罐罐被敵人打碎。"而結果得到一切的是誰呢？是解放軍，而不是國民黨軍隊。

所以我們要學會放棄，為得到而放棄。

想得到所能想到的一切，是人類的一種普遍心態。

生活中，大部分人心裡都在想如何更多地"擁有"，如面子、金錢、地位、權力、信任、知識、經驗、能力、學歷、人際關係。一樣都不能少，通吃最好。

結果是想擁有得越多，心理包袱就越大、越重。其實，我們可以放棄一些，擁有得太多，不也累得慌嗎？更進一步說，不是我們一定要放棄，而是在得到的同時必然要有所放棄。"通吃"是一種美好的願望，不是客觀的現實。

如果你要見識世界，你就要背井離鄉；

如果你想成為明星，你的私生活就再也休想得到保密如果你想在科學界嶄露頭角，你就要放棄大量的娛樂活動甚至家庭生活時間；

如果你想在公司得到升遷，你就得比別人幹得更多、幹得更好；

如果你什麼也不想幹，你就得遠離許多物質生活的享受，因為社會只能為你提供最低生活保障；

……

擁有一些對我們來說是最重要、最必要的；放棄一些對我來說是不那麼重要，不那麼必要的。你就會輕鬆得多。

進而言之，你見過誰是什麼都得到的？

每個人得到什麼的時候，都會失去點什麼。與其為失去的而懊惱，不如主動地去放棄它。

這就是辯證法。

●建構合理的成就動機體系

成就動機是個體努力克服障礙、施展才能、力求又快又好地解決某一問題的願望或趨勢。它是在人的成就需要的基礎上產生，是激勵個體樂於從事自己認為重要的或有價值的工作並力求取得成功的一種內在驅動力。成就動機是人類所獨有的，是後天獲得的具有社會意義的動機。

一個國家、一個民族、一個個體的成就動機水準與其實際成就有著極高的正相關。

二戰以後的德國與日本可謂滿目瘡痍，可是，2、30 年以後，他們又躍居世界第二、第三經濟強國。關於這個經濟奇跡，許多學科的學者都對之進行了深入的研究，心理學家也在其列。這兩個民族的人都認為自己聰明，智商高人一籌。可心理學家通過智力測驗後發現，他們的智商概況不比其他民族的高，都差不多。可是，心理學家在研究中發現，這兩個民族的人其成就動機水準的確遠遠超過其他民族的人。是的，德國人的頑強精神、日本人的武士道精神使他們面對困難不是屈服，而是奮力抗爭；面對成功，不是滿足，而是更上一層樓。記得 80 年代時看中國女排與日本女排打球，面對實力強大，又正處顛峰狀態的中國女排，日本隊可以說贏的可能性等於零。可是那些日本姑娘在場，仍然執著，不停地大叫大喊，為自己鼓勁，為自己加油，拼命去救球，奮力去進攻，一次又一次無果而終，但仍不言放棄。作為一個中國觀眾，當然希望中國隊贏得痛快淋漓，但看到日本姑娘的這種表現，卻又不得不感到同情；感到可怕。

　　這就是成就動機的力量。

　　有關成就動機研究的主要代表人物是阿特金森。他認為，個體的成就動機可能分為兩類，一類是力求成功的動機另一類是避免失敗的動機。力求成功的動機，即人們追求成功或由成功帶來的積極情感的傾向性；避免失敗的動機，即人們避免失敗和由失敗帶來的消極情感的傾向性。根據這兩類動機在個體動機系統中所占的強度，可以將個體分為力求成功者與避免失敗者。力求成功者的目的是獲取成就，他們會選擇有所成就的任務，而成功概率為 50% 的任務是他們最有可能選擇的，因為這種任務能給他們提供最大的現實挑戰。當他們面對完全不可能成功或穩操勝券的任務時，動機水準反而會下降。相反，避免失敗者則傾向於選擇非常容易或非常困難的任務，如果成功的幾率大約是 50% 時，他們會迴避這項任務。因為選擇容易的任務是可以保證成功，使自己免遭失敗；而選擇極其困難的任務，即使失敗，也可以找到適當的藉口，得到自己與他人的原諒，從而減少失敗感。

乍看起來，避免失敗者承受的壓力比追求成功者要小，其實，前者的壓力要比後者的壓力大，並且是一種長期的壓力。作為職場人士，最大的壓力應該是沒有成就，沒有成就感。當你選擇的任務或過易，或過難，完成、不完成都不會有成就、有成就感。也就是說，雖然避開了一件事的壓力，卻帶來了長期的、長遠的壓力。所以，我們要調整自己的成就動機指向，要盡力讓它追求成功。這樣一來，你就會有成就（雖然也會失敗），有了成就，壓力感自然下降。

●克服畏懼心理

有篇小文章《頑石的啟示》，讀來頗受啟發。

我剛嫁到這個農場時，那塊石頭就在屋子拐角處。石頭樣子挺難看，直徑約有一英尺，凸出兩三英寸。

一次我全速開著剪草機撞在那石頭上，碰壞了刀刃。我對丈夫說："咱們把它挖出來行不行？"

"不行，那塊石頭早就埋在那兒了。"

公公也說："聽說底下埋得很深著哪。自從內戰後你婆婆家就住在這裡，誰也沒有把它給弄出。"

但是我還是決定將它挖掉。

一次，我拿出鐵鍬，振奮精神，打算哪怕幹上一天，也要把石頭挖出來。誰知我剛伸手那石頭就起出來了，原來它不過被埋得一尺深……

那石頭給了我啟迪，其實，阻礙我們去發現、去創造的，僅僅是我們心理上的障礙的思想中的頑石。

　　困難可分為兩種，即外部困難與內部困難。外部困難包括政治上、氣候上、工作上的條件的障礙或對某項活動的要求過高，以及受到他人的嘲諷打擊等環境的障礙。內部困難包括消極的情緒、猶豫不決的態度、懶惰的個性、知識經驗不足、缺乏克服克服的恒心、能力有限、身體狀況不佳等等。內部困難常為外部困難所引發，內部困難又誇大了外部困難。二者相比較，內部困難每每更難戰勝。

　　畏難情緒就是一種最主要、最典型的內部困難。

　　在這個世界上做點事情的確不容易，但不容易並不是做不成。當然，如果你害怕它，根本不去做，或不全身心投入地去做，確實是做不成。
　　對於擺在面前的工作，不輕視它也不畏懼它，正如毛主席教導我們的那樣，戰略上藐視敵人，戰術上重視敵人，我們可以無往而不勝。
　　即使有一些事情，最終我們沒有成功，但也不妨試一試。試過了不成功，心裡也踏實。至少我們增加了一種人生經驗。

　　如今，無論是社會、企業還是個人都十分重視開發人的潛能。心理學的研究已經證實，我們能做的比我們已經做出的要大得多，好得多。最樂觀的學者認為人類的潛能已利用的大約5%，最悲觀的學者則認為只有1%。其實，開發潛能的第一要義就是克服畏難情緒。如果說，我們個人智慧主要受先天因素決定的話，那麼，個體智慧發揮得如何主要是由後天因素決定的、是由個人的非智力因素決定的。

讓畏難情緒見鬼去吧！我們能幹得更多，我們能幹得更好！我們幹得越好，心情愈是放鬆。

壓力到那裡去了？怎麼找不到它了？

●學會移情

這裡所說的移情可不是移情別戀喲。

在心理學中，移情是指感受他人的思想、情緒、能夠用創優的思想方法進行思考的能力。這一能力對我們適應生活、與人交往到及處理好工作關係十分重要。它不是生來就有的，需要經過生活的歷練和有意識的培養才能形成。原因有三：

其一，人生來具有＂自我中心＂傾向，常常以自己的態度、心境、價值觀、知識經驗、去看世界、看他人。

其二，生活中的每一個人大都喜歡對自我與他人的行為原因加以解釋與推測，即歸因。而這種解釋與推測又常常令人遺憾地出現差錯。

其三，人與人之間存在著差異。如性別差異、年齡差異、階層差異、個性差異、地位差異等等，這使得人們往往不是在同一層次上，以同一標準去看待問題。

怎樣才能提高移情能力呢？有這麼三條途徑：

1、設身處地

設身處於的內涵不言自明，但真正做到設身處地卻不容易。一則要有強烈的意向，始終不渝地以極大的耐心"投入"進去，唯此才能進入"角色"，真正站在別人的立場考慮問題。此外還要有一定的技能。由於理解他人的先決條件是對方向你敞開心扉，讓你得以窺探他內心世界的奧秘，而要做到這一點首先你得把心扉敞開來讓他覺得你是"自己人"，願意把心底的秘密亮給你，才能有後來的洞悉了他全部內心世界的"設身處地"。

2、注意回饋資訊

人是一個高度非線型的系統，世界上再也沒有什麼比人更複雜的存在物了。想通過一次性認知就能完全理解一個人是不切實際的空話。對某個人的理解需要經過若干次的修正才能得出近乎正確的認識。修正的依據是什麼？是來自各方面的回饋資訊。比如說，你向對方發出的語言資訊、非語言資訊（手勢、面部表情、聲調等等）、具體行為、以及理解對方的種種表示，對方有什麼樣的反應？是一笑了之，還是神情專注？是嗤之以鼻，還是頗受感動？對方認為你是坦誠的，還是油滑的？只有對這些資訊予以充分接收、分析、判斷、加工，繼而據此修正自己的行為表現，移情才有成功的可能性。

3、和別人同一立場看問題

曾聽過這麼一件事：

有兩位中學時代的女友，後來一個成了博士，一個在紗廠當擋車工。這位女工在結婚時想有模有樣地辦一下，前者感到不解，對她的好友說："這樣太俗氣，沒什麼意思。"她的女友嘆了口氣，說道："我和你不一樣，你這一輩子可以出國，可以做大報告、可以寫書，有的是出風頭的機會。而我，做擋車工，要是結婚不風光一下，這輩子大約沒有什麼出風頭的時候了……"

這段高論當否暫且不論，但可以看出一個問題，若不站在同一立場上，對他人的理解就很難做到。你小時候應該聽過"金銀盾"的故事吧？那兩個爭得面紅耳赤的人不就是所站的角度不同嗎？所以，當他人做出一個你似乎難以理解的舉動時，不要先埋怨、斥責或表現出過激行為，而是要站在對方的立場上，平心靜氣地想一想，他為什麼要這麼做？一定是有理由的，理由是什麼？

改變你的認知方式。我們對事物的看法決定了我們感受到的壓力。採用換位思考可以幫助我們更好地理解別人，如當你與上級溝通存在障礙時，可以設想一下如果你是上級會怎樣處理，這樣將有助於與上級更好地溝通。

●保持良好的心境

同樣的事物，同樣的情景，在不同的人腦海裡會引起不同的反應，在心靈深處蕩起不同的回音……

"暮春三月，江南草長。雜花生樹，群鶯亂飛"。詩人丘遲為我們展現的是一幅令人不酒而醉的春景圖！而李煜筆下的春天，卻是"流水落花春去也"，說不盡的淒淒慘慘切切。

一般說來，送別是件令人不愉快的事。唐詩人王維寫道："勸君更盡一杯酒，西出陽關無故人"，惜別之情溢於言表。但也有人豪邁地唱道："莫道前程無知己，天下何人不識君。"更有甚者，汪倫曾踏歌相送李白，李白寫詩讚曰："桃花潭水深千尺，不及汪倫送我情。"

親友團聚，總該是件高興的事吧，然而也不儘然。林黛玉見寶琴等眾姐妹來，雖高興，卻又黯然神傷，其理由是，眾人都有親戚來往，偏我沒有。

……

產生這種神奇複雜、截然相反的心理現象的心理機制就是心境。

心境是一種較持久的、微弱的、影響人的整個精神活動的情緒狀態。心境具有彌散性的感染性，它常常不是關於某一件事的特定的體驗，而是在一定時期使人的一切活動都染上同樣情緒色彩的心理現象。

心境可分為積極的心境和消極的心境。當人們處於積極進取的心境控制之下時，會表現得"無往而不樂"。在他的眼裡似乎群山起舞，百川歌唱，一切都是令人愉快的，即使那兒有點不順，別人冒犯了他也毫不介意。反之，當處於消極悲觀的心境控制之下時，則表現得"無往而不悲"。時常見花落淚，望月長嘆，別人的微笑也會被視之為惡意的嘲諷，一言以蔽之，仿佛這個世界上沒有什麼順心的事。像前面所說的"賞春"、"送別"等幾個例子中所表現出的相反的情緒反應，正是他們處於不同心境影響之緣故。

心境對一個人的影響不可低估。例如，憂鬱的心境會導致生理上和心理上一系列的病變。具體表現為：無病也會因此而生病，有病則可能加深、加重。中國古代醫學中，就有"因鬱而致病"之說憂鬱的心境還會使厭世輕生的心情發展起來，進而磨滅人的信念與理想，摧殘人的鬥志，使你一天天消沉下去。憤懣的心境可能使人容易暴躁、激怒、失去自製。懼怕的心境可使人膽小退縮、過於心悸、無根據地懷疑一切。而積極、愉快的心境對一個人的身心健康，工作學習的順利、事業的成功大有幫助。對於正確看待壓力、緩解壓力、化壓力為動力也大為有益。

所以，我們要特別注意適時調整自己的心境，使之處於一個良好的狀態，至少說，不因自身心境的原因而徒增那些本來並不存在的壓力。

●積極迎接改變

"天不變道亦不變"。這種陳腐的觀念如今很少有人還在理論上堅持，但在實際生活中，無意識中這麼想、這麼做的人還是有的。

有些人認為自己是能夠接受改變的，但同時認為這世界變化也太快了點，真讓人有點受不了。

還有人認為，變是可以變的，但要往對自己有利的方面變，而不要往對自己不利的方向變。

其實，所有這些期待都屬於一廂情願。世界肯定要變，這不以人的意志為轉移；變得對某個個體來說是有利還是有弊？哪可說不準，可能有利，也可能有弊，更可能是利弊兼而有之。

總之，這個世界無時無刻不在變化之中，雖然我們行事要有計劃，但計畫常常不如變化。當變化實際發生了之後，怎麼辦？我們只能適應變化，而不能恪守原先的計畫。

我們正處一個社會變遷的時代；我們正處於一個科技、經濟、社會高速發展的時期。就拿我們這代人來說吧，在我們年輕的時候，最大膽的人也無法想像出，我們會有一套很不錯的公寓，會「出有車，食有魚。」最大膽的人也無法想像出，這在我們這一代人當中，會有人成為千萬富翁、億萬富翁；也有人會下崗、會失業。

接受也罷，不接受也罷，如今這一切都是現實，都是事實。

怎麼辦？

與其罵娘，不如去積極迎接改變。因為罵娘不能解決問題啊，罵娘以後，該變的還是變了，只能讓自己空悲切！

其實，變化對任何人來說，都有積極面，也都有消極面，我們要做的，我們能做的，是尋求變化中對自己積極、有利的方面，並使之最大化。避開其消極面，至少讓它的負面影響最小化。這樣，變化對於我們來說就是一件好事、幸事。

不得不承認，尋求穩定的傾向是人類的本性，因為穩定的、可預期的世界可以給人帶來安全感。但變化是這個世界運行的常態，它不以人的意志為轉移。在這種情況下，既然變化無可避免，與其消極抵抗，不如積極迎接改變，從變化中分得一杯羹。

請看一例。

K 本是美國一家主要電信公司某部門的第二把交椅，他的上司升遷了，K 滿心以為自己可以獲得提升，但公司從外面招聘了人坐上前上司的位置。

K 消極抗拒，處處不合作，把部門的運作弄僵。結果這個新來的上司雖然賞識 K 的才能，並且有意把該部門的新計畫交由 K 負責，但由於 K 和其他同事的合作關係已被破壞，最終公司只好裁掉 K。

　　就說 K 君的事吧。自己預期中的升遷沒有實現，這個變化是讓人不好受。但如果你還珍惜這份工作；如果你還想在公司有升遷的機會；如果你覺得自己的能力是足以勝任更高一級的職位，不如與新上司積極配合，給公司高層領導一個感覺，我是一個既有能力又大度的人，一心為公司出力而不計個人榮辱。我想，只要你的老闆不是鐵石心腸，遲早會被你所感動，沒準還能把你提拔到更高的崗位。拒不接受變化的後果是什麼？捲舖蓋走人，還給你的上司、同事留下一個很不好的印象。這是跟誰過不去呢？

專欄

《河邊的蘋果》

一位老和尚，他身邊聚攏著一幫虔誠的弟子。這一天，他囑咐弟子每人去南山打一擔柴回來。弟子們匆匆行至離山不遠的河邊，人人目瞪口呆。只見洪水從山上奔瀉而下，無論如何也休想渡河打柴了。無功而返，弟子們都有些垂頭喪氣。唯獨一個小和尚與師傅坦然相對。師傅問其故，小和尚從懷中掏出一個蘋果，遞給師傅說，過不了河，打不了柴，見河邊有棵蘋果樹，我就順手把樹上唯一的一個蘋果摘來了。後來，這位小和尚成了師傅的衣缽傳人。

《求人不如求己》

一個人遇到了難事，便去寺廟裡求觀音。走進廟裡，才發現觀音的像前也有一個人在拜，那個人長得和觀音一模一樣，絲毫不差。
這人問："你怎麼這麼像觀音？"
那人答道："我正是觀音。"
這人又問："那你為何還拜自己？"
"因為我知道求人不如求自己。"

四、減壓良方：善於應對工作

●設計好職業生涯規劃

在計劃經濟時代，有一個詞的使用頻率極高，那就是"分配"。一切生活必須品的供應是分配，每個人的工作也是由國家來分配。記得我們當年大學畢業時，不叫找工作，而叫分配工作。當時的流行語是：一顆紅心，多種準備，黨叫幹啥就幹啥！在那個年代裡，你無需設計自己的職業生涯規劃，也輪不到你來操這個心。

如今是一個充滿選擇的時代！雖然國家不包分配給人們帶來了就業的壓力，但自由地選擇自己的職業實為對人性的極大尊重。當然，人們也要為之付出沉重的代價－－無可避免的種種困惑與挫折。

無論從那個角度來說，設計好你的職業生涯規劃，是一個不得不應對的課題。因為，你不可能適合做所有的工作；也不可能所有的工作都適合你。陳景潤可以做一個大數學家，但他做不好一個中學數學教師。所以，我們首先要給自己作一個正確的職業定位。

許多人的壓力，特別是對工作不勝任的壓力，並不是自己缺乏能力，而是沒有找到自身能力與適宜工作的契合點。

中國人對職業生涯規劃的觀念太淡漠了，或者說太功利、太幼稚了，更極端地說，幾乎沒有。

有人說，我沒有什麼職業定位，更沒有什麼職業生涯規劃，什麼事掙錢多，什麼活工資高，什麼工作清閒而高雅，我就幹什麼。

於是在高考前，不停地有家長到處諮詢：“什麼專業好？”“什麼工作好？”很少有人問：“什麼職業最適合我的孩子？”

某個職業是掙錢多，但你不喜歡幹它，不擅長幹它，事實上你也幹不好它。你肯定不會愉快，你肯定會感到有巨大的壓力，也沒有一個傻瓜老闆會給一個幹不好活的人高額的工資。結果是雞飛蛋打，你什麼也得不到。

因此，做好自己的職業生涯規劃，幹自己最喜歡的事，幹自己最擅長的事，你會得到高額的報償，你也不會感受到巨大的壓力。

我們有必要作一番自我分析，也可請教職業諮詢專家，以確認：
我想幹什麼？
我能幹什麼？
我現在幹什麼？
我將來幹什麼？

找到自己最恰當的職業定位點，你面對工作可能會樂此不疲，幹起事來則是遊刃有餘；你會贏得尊重，你會獲得自尊；當然也能得到應得的高額報償，壓力在你面前只是一個接一個有趣的挑戰，而不是能夠壓垮你的負擔。

除了找瀏覽自己的職業定位點以外，還得認清職業生涯的分期，並弄清每一時期的特點重點、目標、任務。這樣不至於產生“錯位”，也就不至於產生那些原本不存在的壓力。

人力資源專家姚裕群先生對職業生涯分期及特點描述如次：

職業生涯分期包括：

職業準備期

這是一個人就業前從事專業、職業技能學習的時期，也是素質形成的主要時期，這個生涯的起點，許多人是盲目的，或者是由父母替代完成的。

職業選擇期

在這一時期，人要根據社會需要、個人的素質與意願，做出職業選擇。這是職業生涯的關鍵步驟，也是個人的職業素質與社會"見面"、碰撞和獲得承認的時期。如果這時的選擇行為失誤，會帶來生涯的不順利、前途不光明，或者因再次、多次選擇而浪費光陰，還可能與好機會"失之交臂"。

職業適應期

在這一時期，具備工作崗位的能力與素質要求的人，能夠順利適應某一職業，而素質較差、素質特點與工作崗位要求差距較大的人，還需要通過繼續教育、培訓來達到職業適應。實在難以達到職業適應的人，可能就會再次面臨其他類別的職業選擇。這裡所說的重新選擇，既包括橫向的，選擇其他職業，也包括縱向的，選擇更高的或更低的職位。

職業穩定期

這是人的職業生涯的主體，從時間上看也佔據著職業生涯的大部分時間。這一時期不僅是人的工作效率最高的時期，也是人們承擔家庭責任最重的時期。因此，大部分人在該時期往往穩定在特定職業、特定崗位上。在這一時期，如果從業者的素質能得到發揮與提高，潛能得以體現，穩紮穩打，就能逐步取得成果，獲得職業生涯的成功與成就。

在職業穩定期，經過長期從事某種職業活動，還能夠使自己的素質狀況有較大的提高，成為某一領域的行家、專家，得到晉升，獲得巨大貢獻的成就，達到事業的巔峰。

職業衰退期

這一時期從年齡上看多為進入到了老年期，由於生理的變化，職業能力發生的緩慢的、不可逆轉的減退，因而心理上趨向於求穩妥，其生涯一般是維持現狀。

職業退出期

這是由於年老或其他原因，結束職業生活歷程的短暫的過渡時期。

六個時期中主要的三個時期是職業適應期、職業穩定期和職業衰退期。這三個時期又分別稱之為早期職業生涯、中期職業生涯和晚期職業生涯。

在早期職業生涯中，所關心的問題是：
1、第一位是要得到工作；
2、學會如何處理和調整日常工作中所遇到的各種麻煩；
3、要為成功地完全所分派的任務而承擔責任；
4、要做出改變職業和調換工作單位的決定。

應開發的工作有：

1、瞭解和評價職業和工作單位的資訊；

2、瞭解工作與職位的任務、職責；

3、瞭解如何與上級、同事和其他人搞好關係，主要是工作關係。

4、開發某一方面或更多方面的專門知識。

在中期職業生涯中，所關心的問題是：

1、選擇專業和決定承擔義務的程度；

2、確定從事的專業並落實到工作單位；

3、確定職業生涯發展的行程和目標；

4、在幾種可供選擇的職業生涯方案中，進行選擇。

應開發的工作有：

1、開闢更寬的職業出路；

2、瞭解如何自我評價的資訊；

3、瞭解如何正確解決工作、家庭和其他利益之間的矛盾。

在晚期職業生涯中，所關心的問題是：

1、取得更大的責任或縮減在某一點上所承擔的責任；

2、培養關鍵性的下屬的接班人；

3、退休。

應開發的工作有：

1、擴大個人對工作的興趣，擴大所掌握技術的廣度；

2、瞭解工作和單位的其他綜合性成果；

3、瞭解合理安排生活之道，避免完全被工作控制。

順便說一下，30 歲左右被稱為 "職業錨"，即 30 歲前變換工作，尋找自己的 "生長點"。30 歲後儘量將工作方向穩定下來，是為創業階段，直至 40 歲。40 歲至 50 歲若從事頗具發展潛力的事業，則以守業為主。年過 50，可以考慮為退休作準備，培養一些興趣愛好。

現代管理學有一條黃金原則，那就是把最合適的人放在最合適的崗位上，不僅可以最大限度地發揮出他的聰明才智，而且個人也將最大程度地體驗到成就感與愉悅感。企業應該這麼想、這麼做；個人也應該這麼想、這麼做。

●提升工作能力

壓力感、疲憊感與一個人的能力有關，這是不言自明的事實。能力愈強，壓力感會愈小，反之亦然。對於一個會開汽車的人來說，開車是小事一樁。對於一個不會開車的人來說，讓他把車移動半步也是一件難事。所以，在許多情況下，壓力來自於對事物本身的不熟悉；對事物規律的不掌握；對事物發展前景的不確定。一旦 "懂了"、"會了"、"掌握了"、"可預見了"，壓力感就會小得多。

心理學家指出，一個真正活得踏實的人是獲得 "個人安全感" 的人。個人安全感的最主要的成份就是對自身工作的高度勝任。俗話說："藝高人膽大"。藝高人也自信、也充實。的確，當你對工作高度勝任之時，你的面前就不會有很大的壓力，即使有壓力也能坦然面對。一個第一次上課的新教師上課前肯定緊張不已，而一個專家型教師上課前則是談笑自若，區別就在於他們的工作能力不同，由此而派生的安全感也不同。

所以，我們要不斷給自己"充電"。

所以，我們要接受"終身教育"。

所以，我們要不斷反省自己的能力狀況，不斷地去改善它，使之日臻完美。

當我們工作能力強了以後，過去認為是壓力的情境，現在看來就不是壓力；別人看來是壓力的情境，我們也不認為是壓力。面對上司，那怕是不講理的上司，我們也能坦然面對，平等對話。因為我有本事，"此外不留爺，自有留爺處。"

還需說明的是，工作能力不是靜態的，這個世界變化太快，"知識爆炸"與"知識更新"的速度正以幾何級數增長。這就給人們提出一個新的人生課題：主動管理自己的事業。

有人說，能否保有現時的工作可能並非你自己所能控制，但能否使自己有市場價值絕對是你自己可左右的事。被動地讓市場決定你的前景，不如主動迎接挑戰，首先要做的便是管理自己的事業，定期檢討自己在公司和勞動力市場的位置、所擁有的技能是否在現時和將來為市場所需。

光靠吃才老本，可能有朝一日會後悔的喲。

另外，"能力"這個詞在生活中的使用頻率非常高，但人們在這個問題上還是有不少誤解的。在有些情況下，我們的壓力就來自於對能力概念的誤解，所以有必要作一番科學解釋。

根據心理學家的定義，能力是直接影響活動效率，使活動順利完成的個性心理特徵。對這一概念的正確理解應是：

能力是一種個性心理特徵。除重度弱智者外，人人都有能力，但其優勢點各不相同，人與人之間存在著巨大的個體差異。譬如：有人能歌善舞；有人擅長運動；有人長於宣傳；有人善於管理；有人記憶力特強；有人觀察力敏銳；有人思維縝密……即使就同一種能力而言，不同的人表現也不盡相同。以注意力為例：有人注意範圍廣；有人注意穩定性高，如此等等，不一而足。總之，能力在每一個人身上都是以相對穩定而獨特的方式表現出來的。

這給我們的啟示是：我們不能強求自己的能力與某個人一樣；我們也很難一定要形成某種想像中的特定的能力類型。重要的是根據自己的特點，打造獨特的能力結構。我們肯定不是無所不能；我們只需要在某一方面有所作為即可。所以，我們不必羨慕他人，更不必模仿他人，因自己在某一方面技不如人而感到重重壓力是完全沒有必要的，因為就是這個你所崇拜的人，也一定有不如你之處。肯定的，不會錯的！

能力總是與人的活動相聯繫。一個人從事某種活動必須要以一定的能力作為前提與條件；一個人的能力也只有在活動中才能形成與發展起來。例如：一個人從事教師工作，必須具備一定的觀察力、注意力記憶力、想像力、思維能力以及語言表達能力；而一個教師的言語表達能力與教學組織能力，也主要是在教學活動過程中培養與發展起來的。

這給我們的啟示是：我們應當選擇與自己的能力結構最相匹配的

工作作為我們的事業，這是走向成功的最佳路徑；另一方面，也不要以為能力就是天生的，不幹某項工作，不高度投入進去幹某項工作，能力也不可能從天而至。

　　能力不是完成活動的全部心理條件。能力直接影響著活動的效率，是完成活動的必備條件。沒有它是不行的，但僅有它也是不夠的。比如說，音樂家沒有較強的樂感、節奏感和曲調感，無法從事音樂活動，但有了這些能力，也不一定保證活動就能成功，還有一些非智力因素，如謙虛、驕傲、活潑、呆板、熱情、冷漠、堅持性、獨立性等等，也在一定程度上影響著活動的成功。

　　這給出我們的啟示是：從事某項工作，沒有過硬的能力是不行的，但活動最終沒能完成或完成得不理想，還可能是其它一些內部心理因素的原因。僅僅從能力角度去追究，有失公允。這就是今天人們特別重視非智力因素的原因所在。

●學會解決問題

　　工作中的壓力最主要的是來自於面臨問題無法解決，或者不能很好地解決。其實，我們所不能解決的問題可分為兩大類：一類是客觀上實在無法解決的，比如讓你製造永動機，要你徒步走到太空去。另一類是客觀上可能解決，因為我們的個人原因而沒有解決的。我們的問題大多數是屬於後一類。在那些個人原因中，有的是因為知識不夠；有的是因為能力不夠，如果是這些因素，我們只有去"充電"，或者換工作，幹我們能幹的事情去。還有一類因素是我們常常忽略的，但它的發生頻率卻絕對不低，那就是我們自身的心理因素。

有時，我們不能解決問題或不能很好地解決問題是由於我們的思維方式或個性的原因。下面我們介紹美國著名心理學家奧蘇貝爾的一項研究，在這項研究中，他描述了成功的解決問題的人具有的特徵，我們不妨將自己與之作一番對照，或許有益：

　　1、成功地解決問題的人較少錯亂，他們在選定“從某一點開始著手”方面比較果斷。在許多情況下，這只不過反映了他們對進行的方向更為注意和更能理解。

　　2、他們更加集中注意於要解決的問題，而不去注意某些與問題無關的方面。

　　3、他們能較好地把自己具有的有關知識用來解決當前的問題。他們能更清楚地看出自己的知識同當前問題的關聯以及是否合用，而且不太容易因措辭或所用記號的改變而感到迷茫。

　　4、他們顯示出一種更為積極努力的探索過程。他們的方法很少被動、膚淺和單憑印象的。他們很少機械地搬用先前的問題解決的傾向。

　　5、他們工作時很細心，所用的方法有系統。他們的努力不是無計畫和以猜想為特徵的。

　　6、他們往往能沿著一條推理的思路達到邏輯的結論。他們在操作中更有堅持性而不太分心。

　　7、他們對推理的價值持積極態度，很少聽天由命。

　　8、他們對自己解決問題的能力有更大的自信心。而且不太容易因問題複雜而洩氣。

　　9、他們解決問題的方法更為客觀而較少受個人好惡的影響，他們較少受個人情感因素和主觀因素的影響。

　　10、他們比較容易克服起干擾作用的定勢所引起的負遷移效應。

有時，我們不能解決問題或不能很好地解決問題是由於思路不清晰，亦即思維混亂。那麼，什麼樣才算是思路清晰呢？心理學家 R.J. 斯特伯格提出問題解決的七個步驟就是思路清晰的經典模式：

　　第一步：問題識別。問題識別是問題解決過程中最難的一步。這種困難有時表現為錯誤地識別問題的目標，有時表現為實現目標存在某種障礙，有時表現為問題解決時心不在焉。問題識別的最好的方法是將問題寫在紙上，並標出要解決的問題。

　　第二步：定義問題和表徵問題。一旦問題被識別以後，就需要定義問題和表徵問題。這是解決問題的關鍵步驟，因為不正確的定義和表徵問題將會造成解決問題上的麻煩。定義問題和表徵問題的根本就是限定問題。

　　第三步：形成策略。在有效地定義問題之後，下一步需要計畫問題解決的策略。問題解決的策略包括分析策略、綜合策略、發散策略、聚合策略。其中分析策略是將整個問題分解為各個部分；綜合策略是將問題是將問題的各要素整合起來；發散策略是從不同的角度想出解決問題的方法；聚合策略是將問題解決的多種可能性集中在一點上，找出最佳的解決方法。

　　第四步：組織資訊。一旦確定了問題解決的策略後，就應著手組織可利用的相關資訊，以使問題解決的策略發揮作用。當然，組織相關資訊的過程不可能一次完成，需要多次組織以形成最適合於問題解決策略的表徵。

　　第五步：分配資源。在問題解決過程中，每個人經常面臨的問題是資源不足。這主要表現在時間、經費、裝備、空間等方面。有些問題解決需要大量的時間和經費；有些問題的解決需要很大的空間和裝備。因此，必須明確資源如何分配才有利於問題解決。通常的做法是用一張紙，寫出自己已有的資源，並計畫如何分配。

第六步：監控問題解決過程。在問題解決過程中，有效的問題解決者不僅在解決問題後進行反思，而且更重要的是監控自己解決問題的每一步，以確保最快、最有效地達到問題的目標。如果一個人不能在問題解決開始時就監控的話，可能開始解決問題時就已經錯了而沒有及時發現，最後導致更大的損失。

第七步：評估問題解決。就像問題解決需要監控一樣，也需要對問題進行評估。通過評估，新問題才會識別，重新定義，選擇新的解決策略，分配認知資源。評估既可能標誌著問題解決的結束，也可能標誌著問題解決的開始。

有時，我們不能解決問題或不能很好地解決問題是由於一系列來自外部的或內部的種種因素的影響。我們需要認識這些因素，避免或者利用這些因素。

這些因素包括：

⑴問題呈現方式

問題呈現方式是人們面臨的刺激模式與其已有的知識結構所形成的差異。如果問題的呈現方式能直接提供適合於問題解決的線索，那就有利於找到解決問題的方向、途徑與方法。如果問題的呈現方式掩蔽或干擾了問題解決的線索，那就會增大問題解決的難度，甚至會誤入歧途。

我們可沒有少吃過這種現象的虧喲。

下麵請諸位做一道數學題：

某人花 50 元錢買了一匹馬，60 元錢賣出去了，又花了 70 元錢把這匹馬買回來，最後又把這匹馬賣出去，問此人在這筆生意中賺了多少錢？

也許你做對了，也許你做錯了。如果是做錯的話，與你的數學能力無關，只是因為出題者故意將問題呈現方式複雜化，而誘導你步入陷井。

我們在工作中可不要因之而受迷惑喲！

(2)知識經驗

任何問題的解決都離不開知識經驗的作用。在許多情況下，問題不能解決是由於知識經驗不夠的原因。對於新手來說，更是如此。

有這樣一道題目可以說明問題。

一隻熊從 P 點出發，向南走一公里，然後再轉向東走一公里，再轉向北走一公里，便回到它的出發點 P 點，問這只熊是什麼顏色？

乍看上去，這題目很荒唐，但如果有相關的知識，這會覺得這題目很有道理。而且會認定，P 點北極的頂點，這只熊是白色的。因為，地球是圓的，在北極的頂點上向南走一公里，轉向東走一公里，再左轉向北走一公里便可以回到原出發地。北極的熊是白色的，而南極的熊極不是。

由此可知知識經驗在解決問題中的重要性與必要性。

當然，還有與之相反的研究。有人認為，知識經驗過多既是一筆財富，也是一個包袱。有人問愛因斯坦何以能創造出"相對論"？愛因斯坦答道："因為我沒有受過嚴格的、系統的物理學訓練。"

⑶定勢作用

定勢，也稱心向，是指主體對一定活動的預先準備狀態。在問題解決過程中，如果以前曾以某種想法解決某類問題並多次獲得成功，則以後凡是遇到同類問題時，也會重複同樣的想法。這種思維的習慣性傾向也稱定勢。

定勢作用有時有利於問題的解決，在問題情境不變的情況下，它可以大大提高問題解決的速度。但也有可能導致人們思維的刻板化，機械地複演先前的成功之路，結果是：或者使思路兜圈子，或者是走入死胡同。

盧欽斯的實驗結果很好地說明了這一點。

在這個實驗中，他要求被試用三種容器量出所需的水量。1——5題都是用 D ＝ B-A-2C 的方法完成。但到了 6、7、8 題，可以使用更簡便的 D ＝ A － C 或 A ＋ C 的方法就可完成，但大多數被試仍置簡單的方式於不顧，繼續使用 D ＝ B-A-2C 的方式來完成。這就是定勢消極影響的典型例證。

⑷功能固著

功能固著是指個體在解決問題時往往只看到某種事物的通常功能，而看不到它其他方面可能有的動能。這是人們長期以來在日常生活中所形成的對某種事物的功能或用途的固定看法。例如，一般認為熱水瓶是用來盛開水的，襯衫是用來穿著的，而不易想到，在必要時可以把熱水瓶當儲油罐，把襯衫當畫布。在問題解決中，有時只有克服這種功能固著才能找到新的求解思路。

⑸醞釀效應

當一個人長期致力於某一問題解決而又百思不得其解的時候，可以對這個問題的思考暫時停下來去做別的事情，幾小時、幾天或幾周之後，可能會忽然想到解決的辦法，這就是醞釀效應。

⑹原型啟發

在問題解決過程中，原型啟發具有很大作用。所謂啟發，是指從其他事物上發現解決問題的途徑和方法。對解決問題起了啟發作用的事物叫原型。

原型啟發在創造性問題解決的過程中作用特別明顯。魯班從絲茅草割破手指中受到啟發，發明了鋸子；萊特兄弟從飛鳥和一架裝有螺旋槳的玩具中受到啟發，創造了飛機。科學上的許多創造發明都得益於原型啟發。

⑺動機強度

動機度與解決問題的效率之間有著複雜的關係。當動機強度過弱時，也就是說你主觀上不想做好這件事，或投入程度不高，自然是做不好這件事。隨著動機強度的提高，解決問題的效率也隨之而提高。

但我們需要注意的是，動機的強度並不是愈高愈好。請看耶克斯——多德森定律：

這一研究表明，在一般情況下，中等強度的動機最有益於提高解決問題的效率。

為什麼動機強度過高反而不利於問題的解決呢？原因是：動機強度過高會喚起過高的神經能量，干擾了正常的認知加工和手眼協調，從而導致解決問題效率的下降。並且，任務難度愈大，動機強度愈是要低一些才合適。

⑻問題表徵

表徵是問題解決的一個中心環節，它說明問題在頭腦裡是如何表現的。問題的表徵反映對問題的理解程度，它涉及到在問題情境中如何抽取有關資訊，包括目標是什麼？目標與當前狀態的關係？可能運用的運算元有哪些等等。問題表徵不同，就會產生不同的解決方案，它直接影響問題的解決。

有這樣一道題：

兩隻燒杯裝著不同的液體，燒杯 A 裝蒸餾水，燒杯 B 裝純桔子汁，用一隻匙子從 A 杯取一匙液體倒到 B 杯並充分攪拌，然後再從 B 杯取一匙液體放到 A 杯充分攪拌，現在兩杯都不純了，問 A 杯比 B 杯更純些呢？還是 B 杯比 A 杯更純些？還是兩杯一樣純呢？

許多人認為 A 杯不如 B 杯純。原因是他們只追蹤倒入每個燒杯的液體的不純度，即倒入燒杯 A 的不純，是混合液體。也有學生認為，A 比 B 純，是因為從 A 倒入 B 的全是 A，從 B 倒入 A 的含有一點 A，所以 A 的濃度比 B 高。這兩種錯誤都在於他們按每個燒杯加入的是什麼來表徵，而不是表徵最後保留的是什麼。如果用後一種表徵，那就會以不同的方式來考慮問題了。重要的是知道兩次有多少液體移動了，一些水倒到桔子汁裡，但不都留在那裡，有一小部分與桔子汁混在一起又返回 A，因此，最後 B 裡保留的水是一匙不到，因而第二匙倒入水裡的也只是不純的桔子汁，即最後 A 裡保留的桔子汁也是一匙不到。當然這種頓悟並不構成完整地證明兩個燒杯的純度完全相等，但它提出了證明的思路。

●扮演好你在工作中的角色

社會是一個大舞臺，每個人都在其中扮演一定的角色。角色扮演得成功與否，直接關係到一個人的生活品質，社會關係狀態以及自我的內心感受。從諸多實例中，我們發現，許多職場人士的壓力、尤其是工作壓力在很大程度上來自於工作中沒能正確扮演好自己的角色，即角色混亂。

王奉德先生在其所著《緩解生活壓力》一書中提出四種角色混亂現象：即角色負荷過重；角色功能不足；角色模糊；角色衝突。

角色負荷過重
當工作的要求太多時，工作者會感覺沒有能力去處理問題，如此一來就變成壓力。你可以想像在有限的時間內，必須做完很多事情時的急迫感覺。

在職場有些人身兼數職，且事無巨細都親力親為。我們就算他（她）是個能人吧，但一個人的精力總是有限的，每個人的時間更是恆定的，事務太多，又怎能不疲憊呢？如果某個人肩上所能承擔的擔子只能 120 斤，那我們只多就挑 120 斤好了。非得勉為其難硬撐著挑 200 斤的擔子，對組織、對事業、對個人都不利。

角色功能不足

當所受的訓練、教育、技術或經驗無法與完成工作所需的條件配合時，將會讓工作者感到吃力。當工作者的才能與組織的期待無法適當配合時，會產生不一致和不滿意的情況。

人們常說"懷才不遇"是人生的的悲哀，其實，"有遇無才"又何嘗不是一種痛苦的折磨？如果我們不能勝任某項工作，可以試著去提高自己這方面的適應性，如果努力後還是不能適應，就應該考慮去換一個更適合於自己的工作。不是每一個人都能適合每一項工作的，在這個問題上也不必非得和自己較勁。況且，這也不是什麼丟人的事，因為世界上沒有一個全能的人。與其勉力為之，不如另謀高就。否則你只能是終日倍受煎熬，何苦呢？

角色模糊

當對工作和工作場所的情況不清楚時，也會產生挫折和壓力。工作者應該知道工作晉升的標準，在組織中的優先順序和組織的期待等。

俗話說："初來乍到，摸不到鍋灶。"意思是對環境情況與要求不知曉時，人會處於一種恍惚的狀態。因之，當我們進入某個工作角色以後，一定要搞清楚我的工作是什麼？工作的要求是什麼？評價的標準是什麼？我對誰負責？把這些問題稿清楚了，就不會糊里糊塗地幹活；糊里糊塗地犯錯；糊里糊塗地蒙生壓力感與疲憊感。正規的公司在員工上崗前都發一本《崗位說明書》，讓你明白所要幹的一切，原因就在於此。

角色衝突

當兩個主管間的期待不相同時，工作者就面臨互相矛盾的要求。完成一方的期待，將得罪另一方，這是做與不做的兩難。像這種不知所措的環境，便是職業壓力的因素之一。

這種情況在機關裡特別多，比如說，主管領導與分管領導在某件事上的說法不一致，要求不同，這可難煞了具體辦事人員。這麼幹也不好，那麼幹也不好；伸頭是一刀，縮頭還是一刀，心理負擔由此而衍生。

我們認為，角色混亂還存在另外一些情況，如：

角色固著

我們每個人在每天當中，都要面臨多次角色轉換。因為我們在一天當中要扮演多種多樣的角色。我們每進入一種角色，就要按這一角色的行為規則辦事，如果我們以同一種角色的行為規則去應對不同的角色要求，就要產生角色混亂，就要出問題，就要感受到種種壓力。比如說，你當然不能以對待下級的態度對待上級；但你以對待上級的態度來對待下級也會把人搞得莫名其妙。在你作為消費者的時候和在你作為銷售者的時候，你的行為方式也應有本質的區別。有些人，工作開展得不好，壓力也大，原因就在於角色轉換存在障礙。

角色越位

角色越位就是幹了不該你幹的事，說了不該你說的話；而自己該幹的事，該說的話卻沒有幹，沒有說。古人云：不在其位，不謀其政。這話是極有道理的。某些傳統觀念導引下的單位領導，常喜歡表揚那些幹了份外事的員工，說他們關心集體。實際上，只要我們想像一下，如果大家都去做份外事，這個單位該出現一種什麼樣的混亂局面！所有員工將會面臨一種什麼樣的壓力。所以，我們堅決反對角色越位。

我們在一個特定的時間、一個特定的場合、面臨特定的工作物件與工作任務時，一定要把握自己的角色。自己該做的不去做，不對；不該做的去做了，也不對。該說的不去說，不對；不該說的說了，也不對。甚至於你的服飾打扮、舉止動作，都要符合你的身份、角色。有些人常哀嘆自己"吃力不討好"。在他們自己身上找原因的話，多為沒有把握好自己的角色。

如果你是婚禮上的伴娘，你就不能打扮得花枝招展，奪人眼球，因為你今天是配角，沒有你不行，但你引人注目了就不好。

雅典奧運會結束後，CCTV 辦了奧運冠軍與文藝界明星的連袂出場的晚會。那些明星們 10 個中 8 個沒有把握好自己的角色。他們沒有意識到，昨天與明天，你可能是臺上的主角，而今天，你是陪襯人。你唱得是好，演得是好，但全聽你唱，全看你演，要那些奧運冠軍幹嘛？你知道今天的主題是什麼嗎？結果是，他們表演得愈是賣力，觀眾就愈是噁心與反感。

生活中角色扮演也是一門藝術，是否把握得好，的確影響到你的生活品質。在不同的時間、地點、條件下，把自己的角色把握得恰到好處，你就會感到做起事來很順，與周邊的人際關係也很協調，有些壓力就不會找上門來，而是遠離你去。

●挖掘工作中的積極面

如果僅把工作作為謀生的手段，對之毫無興趣，體驗不到任何的樂趣與成就感，那是夠累的。我說的主要是心累。工作是繁重的，也是枯躁的，但也未必沒有一點樂趣。我們要努力去尋找這種樂趣，去體驗其中的快感。

這種樂趣到那裡去找？

其一，試圖創造性地進行工作。人本主義心理學的領軍人物馬斯洛把人類的需要分為五種（後來又發展為七種），即生理需要、安全需要、歸屬與愛的需要、尊重的需要、自我實現的需要。他認為人類最高層次的需要就是自我實現的需要。自我實現就是自己成為自己理想的人，把自己的潛能全部變成現實的需求。在自我實現之時，人會產生一個神秘的"高峰體驗"。在這樣的時刻，人有一種返歸自然或與自然合一的歡樂情緒。自我實現作為人的本性的實現是人與自然的合一，作為個人天賦的表現也是人與自然的合一。因此，自我實現者能更多地體驗到高峰時刻的出現。這可以是音樂家的一次成功譜曲和演出；也可以是工匠精湛手藝的完成；可以是某一哲學或科學真理的發現；也可以是家庭生活的和諧感受；可以是一次陶醉的文藝欣賞；也可以是對自然景色的迷戀。高峰體驗可以是極度的歡樂，也可以是寧靜而平和的喜悅。由此觀之，馬斯洛所說的自我實現及其高峰體驗，無不與創造性活動有著這樣那樣、或多或少的聯繫。如果我們以創造性性的態度去對待工作，在工作結果、工作過程中取得創造性的成就，我們不也就享嘗到這種由工作而帶來的自我實現的快感了嗎？

一個教師改變了一個差生；一個醫生挽救了一位生命垂危的病人；一個時裝設計師設計出一套流行的時裝；一位運動員走上了領獎臺……凡此種種，潛能得以張揚，價值得以體現，那歡欣；那樂趣；那快樂，是任何外部獎賞都不能替代的。

其二，從工作結果的社會意義中品味自我價值。這不是說教，也不是大道理。當人們體驗到自身行為的社會價值時，其愉悅之情無可替代。慈善家並非全然是在施捨，在施捨的過程中他們自己也得到了一種滿足。當我們意識到自身工作的社會意義時，我們會油然而一種自尊感、崇高感，我們會因自己因自身對社會作出了貢獻而自豪，而驕傲。

大資本家洛克菲勒有一封給兒子的信，讀來讓人感慨良多。

親愛的約翰：

有一則寓言很有意味，我感觸良多。那則寓言說：

在古老的歐洲，有一個人在他死的時候，發現自己來到一個美妙而又能享受一切的地方。他剛踏進那片樂土，就有個看似侍者模樣的人走過來問他：

"先生，您有什麼需要嗎？在這裡您可以擁有一切您想要的，所有的美味佳餚，所有可能的娛樂以及各式各樣的消遣，其中不乏妙齡美女，都可以讓您盡情享用。"

這個人聽了以後，感到有些驚奇，但非常高興，他暗自竊喜：這不正是我在人世間的夢想嘛？一整天他都在品嘗所有的佳餚美食，同時盡享美色的滋味。然而，有一天，他卻對這一切感到索然乏味了，於是他就對侍者說：「我對這一切感到很厭煩，我需要做一些事情。你可以給我找一份工作做嗎？」

他沒想到，他所得到的回答卻是搖頭：「很抱歉，我的先生，這是我們這裡惟一不能為您做的。這裡沒有工作可以給您。」

這個人非常沮喪，憤怒地揮動著手說：「這真是太糟糕了，那我乾脆就留在地獄好了。」

「您以為，您在什麼地方呢？」那位侍者溫和地說。

約翰，這則很富幽默感的寓言，似乎告訴我失去工作就等於失去快樂。但是令人遺憾的是，有些人卻要在失業之後，才能體會到這一點。這真不幸！

我可以很自豪地說，我從未嘗過失業的滋味，這並非我運氣，而在於我從不把工作視為毫無樂趣的苦役，卻能從工作中找到無限的快樂。

我初進商界時，時常聽說，一個人想爬到高峰需要很多犧牲。然而，歲月流逝，我開始瞭解到很多正爬向高峰的人，並不是在「付出代價」，他們努力工作是因為他們真正地喜愛工作。任何行業中往上爬的人都是完全投入正在做的事情，且專心致志。衷心喜愛從事的工作，自然也就成功了。

但有些人顯然不夠聰明，他們有野心，卻對工作過分挑剔，一直在尋找「完美的」雇主或工作。事實是，雇主需要準時工作、誠實而努力的雇員，他只將加薪與升遷的機會留給那些格外努力、格外忠心、格外熱心、花更多時間做事的雇員，因為他在經營生意，而不是在做慈善事業，他需要的是那些更有價值的人。

123

不管一個人的野心有多麼大，他至少要先起步，才能到達高峰。一旦起步，繼續前進就不太困難了。工作越是困難或不愉快，越要立刻去做，如果他等的時間越久，就變得越困難、可怕，這有點像打槍一樣，你瞄的時間越長，射擊的機會就越渺茫。

　　我永遠也忘不了我做的第一份工作——簿記員的經歷，那時我雖然每天天濛濛亮就得去上班，而辦公室裡點著的鯨油燈又很昏暗，但那份工作從未讓我感到枯燥乏味，反而很令我著迷和喜悅，連辦公室裡的一切繁文縟節都不能讓我對它失去熱心。而結果是雇主總在不斷地為我加薪。

　　收入只是你工作的副產品，做好你該做的事，出色地完成你該做的事，理想的薪金必然會來。而更為重要的是，我們勞苦的最高報酬，不在於我們所獲得的，而在於我們會因此成為什麼。那些頭腦活躍的人拼命勞作決不是只為了賺錢，使他們工作熱情得以持續下去的東西要比只知斂財的欲望更為高尚——他們是在從事一項迷人的事業。

　　老實說我是一個野心家，從小我就想成為巨富。對我來說，我受雇的休伊特——塔特爾公司是一個鍛煉我的能力、讓我一試身手的好地方。它代理各種商品銷售，擁有一座鐵礦，還經營著兩項讓它賴以生存的技術，那就是給美國經濟帶來革命性變化的鐵路與電報。它把我帶進了妙趣橫生、廣闊絢爛的商業世界，讓我學會了尊重數字與事實，讓我看到了運輸業的威力，更培養了我作為商人應具備的能力與素養。所有的這些都在我以後的經商中發揮了極大效能。我可以說，沒有在休伊特——塔特爾公司的歷練，在事業上我或許要走很多的彎路。

現在，每當想起休伊特——塔特爾公司，想起我當年的老雇主休伊特和塔特爾兩位先生時，我的內心就不禁湧起感恩之情，那段工作生涯是我一生奮鬥的開端，為我打下了奮起的基礎，我永遠對那三年半的經歷感激不盡。

　　工作是一種態度，它決定了我們快樂與否。同樣都是石匠，同樣在雕塑石像，如果你問他們：「你在這裡做什麼？」他們中的一個人可能就會說：「你看到了嘛，我正在鑿石頭，鑿完這個我就可以回家了。」這種人永遠視工作為懲罰，在他嘴裡最常吐出的一個字就是「累」。

　　另一個人可能會說：「你看到了嘛，我正在做雕像。這是一份很辛苦的工作，但是酬勞很高。畢竟我有太太和四個孩子，他們需要溫飽。」這種人永遠視工作為負擔，在他嘴裡經常吐出的一句話就是「養家糊口」。

　　第三個人可能會放下錘子，驕傲地指著石雕說：「你看到了嘛，我正在做一件藝術品。」這種人永遠以工作為榮、工作為樂，在他嘴裡最常吐出的一句話是「這個工作很有意義」。

　　天堂與地獄都由自己建造。如果你賦予工作意義，不論工作大小，你都會感到快樂，自我設定的成績不論高低，都會使人對工作產生樂趣。如果你不喜歡做的話，任何簡單的事都會變得困難、無趣，當你叫喊著這個工作很累人時，即使你不賣力氣，你也會感到精疲力竭，反之就大不相同。事情就是這樣。

約翰，如果你視工作為一種樂趣，人生就是天堂；如果你視工作為一種義務，人生就是地獄。檢視一下你的工作態度，那會讓我們都感覺愉快。

愛你的父親

●學會分解、傳遞壓力

社會進步的典型特徵之一就是分工越來越細，文藝復興時期那種百科全書式的人物在當今之世已不可能再出現了，那種靠單打獨鬥而包打天下的現象也不會再複演了。如今，你要取得成功，要依靠團隊而不是個人。

應對壓力，也應如此。

天大的事一人扛，是過去的英雄形象，但卻不是職場所應效法的榜樣。要學會把壓力分解、傳遞到你所在的團隊的其他人身上。這不是推倭，也許別人正想有一個發揮自身潛能的機會呢？長期以往，什麼事都是你一人做，一人擔，別人也只好袖手旁觀了。沒瀏覽還在背後罵你呢？可能的話把工作分攤或委派以減小工作強度。別認為你是唯一能夠做好這項工作的人，這樣可能會給自己帶來更多的工作，你的工作強度就大大增加了。

在中國人心目中，諸葛亮是智慧的化身。但"智者千慮，必有一失"。諸葛亮一生最大的失誤來自於他的那句名言："鞠躬盡瘁，死而後已"。為了報答劉備的知遇之恩，也因為害怕因一失足而後憾，他把什麼事情都攬在自己手上做。在蜀營中，士兵因犯錯而打二十軍棍時，他就要親自訊問，結果搞得自己身心疲憊。司馬懿與諸葛亮打仗是屢戰屢敗，尤其是"空城計"把他搞得很沒面子，但司馬懿也贏過一陣。

諸葛亮六出祁山，北伐中原，想與魏軍決戰。但司馬懿始終穩守營壘，諸葛亮幾次三番向他挑戰都沒有用，雙方在五丈原相持了一百多天。

要使魏軍出來打，只有想法子激怒司馬懿。諸葛亮利用當時輕視婦女的風俗，派人給司馬懿送去一套婦女的服飾，意思就是這樣膽小怕戰，還是回去做個"閨房小姐"吧。

魏軍將士看到主將受到嘲弄，氣惱得嚷著要與蜀軍拼。司馬懿知道這是諸葛亮的激將法，並不發火，他安慰將士說："好，我向皇上上個奏章，請求瀏覽許我們跟蜀軍決戰一場。"

過了幾天，魏明帝派了一個大臣趕赴魏營，傳達命令，不許出戰。

蜀軍將士聽到消息，感到失望。只有諸葛亮懂得司馬懿的用意，說："司馬懿上奏章請求打仗，這是做給將士看的。要不然，大將軍率領軍隊在外，哪有千里迢迢去請戰的道理。"

諸葛亮料到司馬懿的心理，司馬懿也在探聽諸葛亮的情況。有一次，諸葛亮派使者到魏營去挑戰，司馬懿挺有禮貌地接待使者，跟使者聊天，說："你們丞相公事一定很忙吧。近來身體可好？胃口怎麼樣？"

使者覺得司馬懿問的都是些客套話，也就老實回答說："丞相的確很忙，軍營裡大小事情都要親自抓，他起得很早，睡得很晚，只是近來胃口不好，吃得很少。"

使者走了以後，司馬懿就跟左右的將士說："你們看，諸葛亮吃得少，事務又那麼繁重，能支撐得長久嗎？"

不出司馬懿所料，諸葛亮由於過度疲勞，終於在軍營中病倒了。最後死在了五丈原。

這是一個智者的悲劇故事。

更為嚴重的後果是，由於諸葛亮生前把一切都大包大攬，他的手下沒有鍛煉能力、展現才華的機會。在諸葛亮死後，蜀中無人，迅速走向滅亡。

可見，信任下屬、同事，適當放權是避免“積慮成疾”的良方。
這下你知道什麼叫“吃力不討好”了吧！”
你肯定不願意做扮演一個“吃力不討好”角色吧！

●搞好工作中的人際關係

控制論的發明者維納等人發現有兩種遊戲可以作為建立自動控制模式的依據，一種是“總和零遊戲”，另一種是“總和非零遊戲”。在總和非零遊戲中，有贏家，也有輸家，有人贏多少，也就有人輸多少，他們的輸贏之和為零。在總和非零遊戲中，參加的雙方，要嘛都是贏家，要嘛都是輸家，也就是說，合作得好，大家都是贏家；合作得不好，大家都是輸家。那些成熟的人在保持自身高度獨立性的同時，不但不排斥、不拒絕與他人合作，而且還會積極尋求、認真負責地與他人合作。通過合作，謀求自身更多的生存機會，更大的發展可能。

總之，對他人的態度：合作、分享、互愛、互相尊重的態度可以讓你獲得他人的贊許，關心、支援、幫助和愛，自我中心、缺乏交往技術將導致社會適應及人際關係上的重大壓力。

這裡先簡要介紹一下有關人際關係建立與維護的原則與技術。

原則之一："投桃報李"

根據社會心理學家的研究，人與人之間的一個最基本的關係準則就是"投桃報李"。用心理學專業術語來說就是"交互原則"。你給別人好處，別人也給你好處；你對別人充滿深情，別人也會對你懷有厚意，你對別人耍花招，別人同樣也會還以顏色。概言之，人與人之間的關係說到底還是一種交換。你有什麼樣的投入，就有什麼樣的回報，當然，由於人類社會的高度複雜性，這種投入與回報有多種變式。即情感的投入，可能得到物質的回報，或者物質的投入得到情感的回報，現時的投入可能得不到即刻的回報，但終將得到回報；同樣，你所種下的罪孽，也一定在劫難逃，他人也一定要討還血債，與你算清帳目。

也許有人會說，你把話說得太勢利了吧？人間就沒有真情在嗎？

答曰：有！但還是遵循"投桃報李"的原則。

人類最親密的關係之一是愛情關係，愛情的基礎是什麼？大部分人的答案是"愛"，彼此之間深沉熾熱的愛。不過，心理學家的回答可不是如此，他們說，愛情的基礎建築在"投桃報李"的原則上，即有給予，有投入，也要有索取，有回報。如果你冷靜地想一想，有哪一對幸福的情人或夫妻不是相互給予，又相互有所得呢？倘若一方完全就是給予——全方位的給予，而毫無所得，他們的親密關係要想長期維持恐怕是一件相當困難的事情，當然，我們要對這種給予與索取在更為廣泛的意義上去理解。它可以是雙方在物質上的相互給予；也可以是一方在物質上的給予，另一方在情感上的給予；還可以是雙方在情感上的相互給予，總之，它的形態是多種多樣了。

所以，我們在與他人打交道時，不要害怕自己投入多了，吃虧了，事實上，你的投入一定會得到報償，可能還會是數倍的報償，受益於別人之後，也要知恩圖報，別暗打小算盤。否則，遲早有一天要吃虧後悔的。

　　投桃報李的原則既適用於相互關係的良性迴圈狀態，也適用於相互關係的惡性循環狀態。也就是說，當你對別人玩弄陰謀詭計，施惡於人時，儘管別人對你無奈，或被你欺騙了過去，但總有一天他們會發現，總有一天要對你實施這樣那樣的報復，你不可能有那麼好的運氣能夠逃過這種報復的。

　　原則之二："勿以善小而不為，勿以惡小而為之"
　　"勿以善小而不為，勿以惡小而為之。"這是三國時期的劉備臨終前對他兒子說的話，我們不能僅把這話看成是劉備在對他的兒子進行一般的道德教育，而應看成是他一生統禦之術的結晶。眾所周知，劉備智不如諸葛亮，力不如關張趙馬黃，但這些人都為他所用。如果說他有什麼特長的話，就是德與信普天下皆知，有一個較為高大的形象，為塑造這個形象，為維持這具表像，他一生小心翼翼，不敢稍有造次，正因為如此，他才在群雄競起之世，登上帝王寶座。

　　請看外國的一位推銷能手吉拉德提出的"吉拉德250人法則"。

　　我初做汽車推銷員後不久，為參加朋友母親的喪事，來到天主教的葬儀場。大家或許知道，天主教的葬儀場會分送印有故人的名字，並附有照片的卡片。那天，ˇ 我突然有一種疑問，於是去問葬儀社的職員：
　　"如何決定要印幾張卡片呢？"

"憑弔人的平均人數是 250 人。"

過了不久，經營新教葬儀店的人向我買車，我辦完賣車手續後又問他，參中憑弔的平均人數大約有幾個？

大約有 250 人。他如此回答。

某天，我和妻子參加朋友的結婚彌撒。我問酒店的經營者；參加結婚彌撒的人數大約有多少？

新娘及新郎方面大約各有 250 人。

綜上述之結果，一個人一生中有往來的人大約是 250 人。

250 人？平時不常出門的人，也會認識那麼多人嗎？實際上 250 只是一個平均數字而已，大部份人都認識 250 人以上。我一星期中若會晤 50 人，其中有 2 人不滿意我的態度，年終時，便有 5000 人不滿意我的態度。我從事汽車推銷工作已有 14 年，假如一星期有 2 人不滿意我的態度。將會有 7 萬人說，不要到吉拉德處買車。7 萬人是一個十分龐大的數字，足夠排滿一個大體育場。

因此，我將這個計算規律命名為；吉拉德 250 人法則，從中我們可以學到很重要的東西。

假如有顧客到店裡來看車子，卻讓你愛理不理的態度氣走了這些顧客回到公司，同事們問他，有什麼不愉快的事嗎？

還不是被汽車推銷員吉拉德氣回來了！

如果他的同事中有想買車的人，他便會告訴那個同事；買車千萬別到吉拉德處買，他的態度很惡劣。

到店裡來的人，究竟是官員，廠長，主任，董事長？或此人出去後要赴某宴會？或是建築師，牙醫師……？雖然你不清楚這些人的身份，但這些人平日接觸廣泛，；因而吉拉德的壞名聲迅速傳遍千里。

因此，你絕不能使跟你會談的其中一人不滿意地離開，否則後果不堪設想。若得罪一個，那麼你的壞名聲便會很快傳入 250 人的耳中。

原則之三：重視交往的數量與品質

常識告訴我們，頻繁的交往（即交往達到一定的數量，）是形成親密關係的首要條件，儘管交往的頻度並不與關係的親密度完全呈正比，因此，欲達到“人和”的最佳境界，必須時刻注意與外界的交往。那種只要埋頭苦幹就能取得成功的年代已經過去，始終保持較高的與外界交往的頻度已成為現代人重要的，必不可少的活動內容之一。這種高頻度的交往不是一時一事的權宜之計，不是“陰天下雨”之際才需要的一把“傘”，而是在任何時候，任何情況下都有需要去做，且都有需要做好的一項工作。

品質是產品的生命，同樣也是交往的生命，固然交往的數量是形成親密關係的必要條件，但它還不是充分必要條件，事實上，沒有品質光有數量的交往是無用的，甚至可能得到適得其反的效果。

技術之一：第一印象

第一印象系指交往雙方初次見面時所留下的印象，主要是對對方的言談，舉止，表情，姿態，身材，年齡，服裝等方面的印象。這些印象雖然很膚淺，但由於心理定勢的作用，卻能在人際交往中產生重用的作用。如果一個人在初次見面後給對方留下了良好的第一印象，就會影響人們對他日後一系列行為的解釋，反之亦然，有鑑於此，第一印象往往成為人們以後交往的依據，成為促進或阻礙交往的重要心理因素。在建立人際關係的過程中，先入為主而產生的良好第一印象，會以定勢效應作用於主體，將有利於人際交往的進行。

國外心理學家曾做過一個實驗，給兩組大學生看同一個人的同一張照片。在看照片之前，對一組試者說，照片上的人是一個屢教不改的罪犯，對另一組被試者說，照片上的人是一位著名學者，然後要求這兩組被試者分別從這個人的外貌來說明他的性格特徵。結果，這兩組被試者對同一張照片作出了截然不同的解釋。第一組說：深陷的眼窩包藏險惡；高聳的額頭隱含著不悔改的頑抗決心。第二組說，深沉的目光顯示了思想的深邃，高聳的額頭表明了他在科學道路的探索上無堅不摧的堅強意念。

　　由上述實驗可知，第一印象對人際交往的影響是多麼重大。

　　戴爾・卡內基在他的《怎樣贏得朋友和影響他人》一書中提出了建立良好第一印象的六條途徑，很有參考價值：

　　（1）真誠地對別人感興趣；

　　（2）微笑；

　　（3）多提別人的名字；

　　（4）做一個耐心的聽眾，鼓勵別人談他自己；

　　（5）談符合別人興趣的話題；

　　（6）以真誠的方式讓別人感到他很重要。

　　技術之二：主動交往

　　人際交往的成功與人的主動性程度有很大的關係。很多人之所以對自己的人際交往總是沒有信心，是因為他們在交往中總是採取消極的、被動的退縮方式，總是期待別人先行與自己交往，只做交往的回應者，而不是做交往的始動者。假設人人都期待著別人先與自己交往，人與人之間就不可能發生交往。成功的交往告訴我們，只要勇於邁出主動與別人交往的第一步，以下的交往似乎就會變得順理成章。

技術之三：掌握交往中的語言藝術

語言是人際交往的主要工具，是資訊溝通的主要手段，資訊溝通的數量與品質直接影響到人們相互的關係。就品質而言，它與語言藝術息息相關，是否嫻熟地掌握語言藝術，對雙方之間的關係的深度與親密度有著重大的影響。有這樣一段相聲，雖然是經過了極大的藝術誇張，但講來仍然發人深省。

某君請 4 位朋友到家裡吃飯，到了約定的時間，還有一位朋友未到。此君著急了，劈頭來了一句，"該來的不來。"有個朋友多心了，大約我就是那個不該來的人吧，於是拔腿就走。主人見走了一人，更為著急，又來了一句"不該走的走了。"另一位朋友又難受了，不該走的走了，恐怕我就是那該走而不走的吧。一氣之下，也走掉了。剩下的一位朋友頗有雅量，他勸主人，你這麼說很不合適。誰知主人又冷冷地來了一句"我又不是說的他們。"最後的這位朋友也被氣跑了。

一笑之餘，我們想到什麼呢？我們想到，同一種意思，由不同的方式表達，會收到迥然不同的效果。上例中，不可否認這位主人的一片誠意，但他的表達方式卻得到相反的結果。由此得出一個結論，語言的運用是否得當，是影響人際交往品質的最重要因素之一。

具體說來，交往中語言藝術的主要注意點有：

語言要明確、簡潔；

語言要具有可信性；

語言要與自己的角色身份相吻合；

語言要具有打動人心的感染力；

語言要富於技巧性。

技術之四：把握恰當的空間距離

經驗告訴我們，彼此在心理距離上接近的人，他們在空間距離方面也表現得比較接近。朋友比陌生人站得近，彼此有好感的人比彼此反感的人要站得近，情人就要靠在一起了。如果雙方的關係親密度與彼此的空間距離不成比例，那麼雙方都會感到不適，感到氛圍不對勁，儘管這是難以名狀的。

為什麼與你所反感的人站得近了些就會感到彆扭，感到不快？一個陌生人站得比我們認為的合適距離近了些，我們就會產生消極反應？社會心理學家認為，每個人都會有自己特定的個體空間範圍，它不容別人侵佔，否則就會產生不快，這種與他人保持一定距離的個體空間，是獲得心理安寧的重要因素。個體空間沒有一個固定的範圍，它隨著當時的具體情境與人的情緒而變化，更為重要的是隨雙方的交往而變化。

一般說來，雙方若關係親密，而你保持空間距離過遠，就會給人一種拒人千里之外，不願與之繼續交往下去的感覺；若雙方初次見面，你與對方的空間距離過近，對方將會感到一種無形的壓力，就會逃避。有些社會心理學家把人際交往中的空間距離分為親密區、個人區、社會區和公眾區。以美國為例，中產階級人士處於親密區時，互相之間的距離為 1.5 英尺；朋友之間非正式接觸時，喜歡保持 1.5~4 英尺的距離，這種空間距離即屬個人區，熟人之間交際時一般處於社會區最為合適，即互相之間相隔 4~12 英尺，互相之間的距離超過 12 英尺就是處在公眾區了，公眾區的交際是正式的公開講話。

美國社會心理學家弗德曼指出，來自不同文化背景、具有不同偏好的人，可能不瞭解彼此之間的行為。例如，一個美國人和一個巴基斯坦人在互相接近談話時，便會發生問題。美國人喜歡站到大約3、4步遠的地方，而巴基斯坦人則普遍喜歡站得近些，很明顯，他們二者無法兩全，如果他們不瞭解文化差異，就可能在屋子裡轉圈。巴基斯坦人感到遠距離不舒服，想湊近點；美國人感到近距離不舒服，想後退些。這樣，巴基斯坦人往前湊近點的行為就會進行下去，直到美國人或是被擠到一個牆角，或是逃之夭夭。假如真是這樣，巴基斯坦人就可能會感到美國人冷漠而不友好，美國人則認為巴基斯坦人過於親近，過於熱情。

技術之五：避免爭論

人們之間有爭論是再正常不過的事情。但爭論通常是以不愉快的結果而告終。事實證明，不論誰贏誰輸都不會很舒服。贏者雖一時獲得一種勝利後的心理滿足，但很快會被人際關係惡化的陰影所籠罩。輸者的心理挫折感自然更加強烈。往往會演化為直接或間接的人身攻擊，這對於人際關係非常有害。爭論的結果大多是兩敗俱傷。所以我們主張：要討論，不要爭論。

技術之六：不要直接批評、責怪和抱怨別人

直接批評、責怪和抱怨別人，會使他人的自尊心和自我價值感受到很大的損害，尤其是一時感到面子上過不去而十分難堪。此時，別人就會為尊嚴而戰，很可能會出現一些不理智的行為與語言。其實，只要稍稍改變一下方法，變直接批評、責怪和抱怨為間接的暗示與提醒，效果會好得多。這就是所謂"壞話好說"的藝術。

技術之七：勇於承認自己的錯誤

勇於承認自己的錯誤是人際關係的潤滑劑。當人際關係出現障礙的時候，承認自己的錯誤是最明智的選擇。雖然承認自己的錯誤是一

種自我否定。但另一方面也能油然而生一種道德滿足感。另外，承認自己的錯誤是責任感的表現，對他人也具有心理感召力量，在這種情境下人際關係的僵局會被打破。更重要的是，給出對方一個下臺階的機會。

技術之八：學會批評

不到萬不得已的時候，不要批評別人，特別是不要自作聰明地批評別人。當然，有時批評是不可避免的，尤其是上級對下級，但這時要注意批評的藝術。

卡內基總結的批評藝術值得借鑒：

（1）批評從稱讚和誠摯感謝入手；

（2）批評前先提到自己的錯誤；

（3）用暗示的方式提醒他人注意自己的錯誤；

（4）領導者應以啟發而不是命令來提醒別人的錯誤；

（5）給別人保留面子。

技術之九：妥善解決衝突

人們在交往中，尤其是在工作性交往中，發生衝突都是不可避免的，對這一點，我們都不要抱有什麼天真的幻想。我們所要做的和我們所能做的就是如何妥善地解決衝突，從而有利於工作並保護人際關係。

這裡有個解決衝突的科學程式，供參考。

第一步：承認與接受。即衝突雙方都承認衝突存在的客觀現實，並都意識到衝突對雙方沒有好處。

第二步：描述。即詳盡地描述不同意見，雙方可用各種方式展示各自的觀點與立場。

第三步：提出解決方案。

第四步：估價。即雙方對各個方案作一個全面的估價，並最後達成一致意見。

第五步：選擇。以在衝突中沒有輸家，雙方都是贏家為原則，用雙方都能接受的方式來解決衝突。

第六步：行動。即雙方都有義務，有責任執行已選定的方案。

第七步：評定。即在行動後雙方都心平氣和地檢驗、評估其執行情況。

若能嚴格地按照上面所說的步驟解決衝突，結果必然是"渡盡劫波情意在，相逢一笑泯恩仇。"

辦公室人際關係有三大類型：與上司的關係；與同事的關係；與下屬的關係。我們分別談談三種相處之道。

與上司相處之道

辦公室裡有多種人際關係，大家普遍感到最難相處的是與上司的關係，在人際關係方面的主要壓力源也是來自於上司。所以，這裡想談談與上司的相處之道。

其一，敢於、善於向上司說出自己的內心真實感受。

有事要敢於說出來，否則最大的受害者就是你。法國小說《項鍊》中主人公的悲劇在於她沒有對她的朋友說出事情的真相。白白誤了自己 20 年的美好時光。

如果工作負擔過重；如果工作條件不好；如果工作內容不是自己最喜歡、最擅長的；如果與同事的協調有問題，就應該坦然向上司說出來。說了不一定能解決，但至少有解決的可能性。儒家文化信奉一個"忍"字，但現代社會的生存法則卻對之不屑一顧。

除了要敢於說出自己的感受，還需善於向上司說出自己的內心真實感受。同樣的意思以不同的方式表達，結果可能大不相同。教師在上課的時候講了一段以後，常會問學生："大家聽懂了嗎？"通常沒人應答，無論是聽的學生還是沒有聽懂的學生。聽懂的認為無需回答這一問題，聽不懂的也因自身的面子問題而拒絕回答。如果教師這麼問："剛才講的這一段內容，我說清楚了嗎？"這時就有人回答了，那兒還不清楚。說不清楚的，事實上就是沒聽懂的。

"聽不懂"責任在學生；"沒講清楚"責任在教師。誰也不願意把責任往自己身上攬。

這就是說話的藝術。

我們在說話時需要藝術，與上司說話更需要藝術。

有兩句話，中國人聽得順耳，說得順口，那就是："良藥苦口利於病，忠言逆耳利於行。"其實這兩句話並不對。西方人聽到這兩句中國格言直感到納悶，如果是良藥何必苦口，甜一點不更好嗎？忠言又何必逆耳，讓人聽得舒服豈不更妙？

其二，理解上司。

有時我們覺得上司很難說話，甚至有點不可理喻。其實，有時是角色不同而帶來的思考問題的角度不同造成的。比如說，你自認為自己提出一個絕佳的行銷方案，按此行事贏得市場如探囊取物。可上司就是不同意。且不說你的方案是否真的很好，即使是很好，可上司考慮的可能是他的經費預算已經不多，實施你的方案的費用從何而來是他最關心的問題。有的上司可能會對你明說經費有問題；也有一些上司就是不肯說出真實情況。

其三，搞好關係，但要有距離。

與上司當然要搞好關係，要不然你吃虧的事多著了。但也不要搞得太打熱乎。先前有多好，將來就可能有多壞。這是亙古不變的真理。知道上司的一些隱私也不是什麼好事情。看過《經樓夢》的人都知道，賈雨村剛當官時，手下一個小當差的曾好心好意告訴他"護官符"，就因為他倆是貧賤之交，賈雨村總覺得心裡不踏實，怕這小子洩漏出他當年的隱私，最終找了個理由，辦他個罪，把他遠遠地發配了，心裡才安穩。

女員工可能還有一個苦衷就是來自上司的性騷擾。這也是常引發女員工心理壓力的一個重要原因。有了這種事，講也有壓力；不講也有壓力，當事人處於痛苦的兩難抉擇之中。來自男性上司的性騷擾，這是一個世界性的現象，想徹底根除很難。但大多數人想要避免它也不是不可能。從女性自身的因素講，就是不要給對方任何錯誤的資訊。如果你發出的資訊帶有曖昧色彩，對方就可能想入非非，進而誘發騷擾行為；如果你發出的資訊很明確——我們有很好的同事關係，朋友關係，但不可能有男女關係，除非對方是色情狂，一般是不會來騷擾你的。再有一點就是在辦公室裡衣著要端莊。有一個性騷擾者被拿獲後狡辯道：她穿得太暴露，我以為她是在勾引我。誰也不會相信他的狡辯，但畢竟還是提醒女同胞們，還是穿得端莊些好，少麻煩。

總之，與老闆建立有效的、支持性的關係，理解老闆的問題並讓老闆也理解你的問題，瞭解自己和老闆在工作中的權利和義務。這樣一來，來自於工作中的壓力尤其是那種人為造成的壓力就會小了許多。

與同事相處之道

每天和我們在一起時間的人可能還不是家人，而是同事。因此，與同事建立有益的、愉快的合作的關係至關重要。儘管同事之間存在著不可避免的競爭，但這並不排斥合作。有競爭、有合作；有衝突、有和解，這是當今國際關係的基本格局，也是人與人之間相互關係的基本格局。

與同事關係緊張，是一件比較可怕的事情。

首先，同事是我們每天肯定要見到的人，不管你是想見還是不想見。如果有這麼一個人，對之非常厭惡，卻又不得不朝夕相處，這不只是對心情的摧殘。其次，既然是同事，工作中就一定要有相互配合的事情，關係緊張，不僅不會配合，還要相互拆臺，這就平添了諸多工作壓力。心累，每每與人際關係緊張有著千絲萬縷的聯繫。

所以，我們要小心翼翼地處理好與同事的關係。

有關與同事相處之道，試提出如下建議：

在工作中，別人需要配合時，主動積極地與之配合。這不僅是職業道德的基本要求，也為日後有求於他人之時留條後路。如前所述：投之以桃，報之以李。相反，如果在別人有求於自己時不予配合，則是：你給我一刀，我給你一槍。

充分認識到同事之間競爭的不可避免性。但要把這種競爭引導為良性競爭而不是惡性競爭，兩敗俱傷是最不可取的結局。

不要期待在自己的同事交什麼鐵桿朋友，利益可能會使人們反目，不管先前的友誼有多深。要交朋友到外面去找，別在同事圈裡沒事找事。

與下屬相處之道

為將者，需三軍用命，方能克敵致勝，功成名就。這是古人就已經明白的道理。有人眼中只有"上"而沒有"下"，我們只能說他是個大笨蛋，更無需從道德層面去評價他了。沒有下屬的鼎力相助，你的成功又從何說起？

與下屬相處之道，有以下幾條：

尊重他人的人格，不管發生了什麼事情；不管在什麼樣的情況之下，如果你也想獲得他人的尊重與支持的話。你要永遠記住：下屬不是家奴，所有的人在人格上都是平等的，不著重他人的人格，會把簡單的事情搞得複雜化。

做一切事情都按規則辦事，尤其是在福利、待遇的問題上。規則不一定完善，不一定完全合理，但以同一標準執行，員工中的怨氣就會少許多，你的壓力也會小許多。

在工作時間之內，在工作範圍之內，你的角色是領導；如果不在這時間、範圍之內，你的角色是朋友，是兄弟。

●做時間的主人

請謹記：你是時間的主人，要由你來安排做事的時間，而不是由事情來占滿你的時間。

這不是文字遊戲，而是工作的主動者與被動者的區別。

如果是由你來安排做事的時間，那麼你是工作的主動者，一切由你支配、掌控，雖然你可能很忙，但你就不會感到很累，不會感受到那麼大的壓力。

　　如果是由事情來占滿你的時間，那麼你是工作的被動者，你會感到疲於奔命，常常不知所措，巨大的壓力自然撲面而來。

　　現在請你思考一個問題：

　　一個中學生熬夜做作業，幹了一個通宵，一個科學家熬夜搞研究，幹了一個通宵。他們倆熬夜對身體的危害是一樣大？還是對中學生的危害大？或者對科學家的危害大？

　　正確答案是：中學生熬夜做作業比科學家熬夜搞研究對身體的危害要大得多。原因是，中學生是被動地完成老師佈置的作業；科學家是主動地進行自己的研究。前者不能把握自己；後者能夠把握自己。他們所消耗的神經能量不同。

　　我們要學主動把握自己的科學家；不要做被動應付作業的中學生。而這一切決定者在很大程度上就是你。

　　不可否認，工作壓力每每與時間的緊迫感相伴相生。職場人士總是感到事情堆積如山，時間不夠用。這一問題具有廣泛的普遍性。相應的對策就是時間管理。時間管理不是指加班或擠時間，而是由你自己主動地、有序地、合理地安排時間。譬如，根據事情的輕重緩急來安排解決時序；有些工作做在事件發生之前，而不是事後去救火。

　　試一試吧，變換一下你的工作模式，儘管還是在做事，但你的心情會不同，感受會不同，工作的效率與滿意度也會不同。

英國學者托尼・巴蒂森在《活力男士・疏解心理壓力》一書中提出的時間管理策略很有參考價值，謹錄於次：

創造性地使用時間

△目標要定得切合實際，辦得到。不要明知自己只能做多少工作，卻還要同意做多得多的工作。

△將要做的事逐條寫下，以示你的思路清楚。

△不要興奮得不知所措，應該先決定好你需要做什麼，然後再開始做。

△應該為不同的事情準備好大塊時間，不要一件事只做了一部分，又跳出去做其他事情。

△如果有可能，將工作授命他人去做。

△採取一種團隊分工方式，讓家裡或工作中的每一個人都起一份作用。如果每一個人都能從結果中受益，例如計畫安排全家度假，這類事情特別需要做。

△對於沒有刺激的、被迫進行的活動，如修剪草坪或等候公共汽車，可以邊做邊思考別的事情。

△盡可能採用你想到的節約時間的技巧。

△自己給自己定速，即保持穩定的工作節奏，為公共汽車晚點或會議拖延留出充足的時間。

△回顧一下上班通行或交通堵塞耗費你多少時間，能不能與老闆商量換個上班時間。

△開會要事前做好準備，以便按議事日程進行。

△將必須打的電話集中起來打，並限定時間。

△休息一下，如把腳擱在寫字臺上，喝杯咖啡，繞寫字樓散散步，或與搭檔聊聊天。即使是短短10分鐘休息，也能夠起寶貴的提神作用。

144

△不要把過多的球拋在空中，它們只會掉下來。

一旦你重新安排了你的時間表，為自己留出了時間，此間最關重要就是你必須利用這個時間休息和放鬆，否則就會完全喪失效益。你可以自己向自己許諾一些報酬，作為建設性地運用時間的鼓勵。如："我既然騰出上午大掃除，那麼我就可以在下午看書。"如果工作和休閒分配得好，你就能處於疲勞點上的健康一側。

開出每天要做的事情的清單

將每天要做的事情逐條寫出，只有當你用它提高你的組織安排能力時才有效，否則它也會成為一件日常瑣事。

△按照重要性排列，並使用 A、B、C 編碼。例如 A1、A2、A3。

△每天一有新的要做的事情出現就添加進去，做完一件就勾掉一件。

△每天定期檢查你的清單，如有必要，重新按照重要性編碼。A項的事情永遠是至關重要的，B 項的事情是變遷中的，但永遠不應該是長期的任務；C 項的事情不緊急，但也代表了必須要做的事情。如果你的 C 列上的某人打電話給你，那就好了！你可以抓住這個機會，不要另外再費工夫就將事情順便處理掉。

做或不做

你在檢查你的要做事情清單時會發現，有些事情往往會有一種常規形式，即老是一個樣子，或經常出現，或時隱時現，這樣的事情需要注意。

　　△如果這些事情老是一個樣子，為什麼會被你記錄下來？你要麼把事情做妥，如果事情不重要，就把它刪除掉。

　　△如果這些事情經常出現，你可以考慮將它們授權他人去做。

　　△如果事情時隱時現而又沒有去做，那麼問題在那裡？你是否在迴避問題。

●有靜有動

　　金領、白領都被稱之為坐辦公室的人。“靜”是他們的基本活動形態。眾所周知，單一活動形態是不行的，有靜還要有動。在辦公室裡，工作一個小時，就該稍事休息，至少讓眼睛休息一會，可以在走廊上溜達溜達；可以站起來看看辦公室的植物，如此等等。總之，不要從上班一直坐到下班。下班回家最好能走上一段路，不要出了辦公室就上車。

　　還有一種辦法就是暫時“逃出辦公室”。

　　順便說一下，不能把“逃”與弱者、懦夫相提並論。

　　有人說：強者有三種表現形態：一是力能取勝者，如森林中的獅子、老虎。二是智者，以智取勝，征服世界。三是捷者，跑得快，便有生存的機會。在辦公室裡感到壓力大的時候，可以到戶外走走，呼吸一點新鮮空氣，換換腦筋，沒瀏覽會有新的思路，使問題迎刃而解。至少可使自己的心情有個放鬆。

一位白領如是說：

不想接聽電話，不想開會。下午兩點，我再一次從辦公室逃離出來。我要忙裡偷閒地放鬆一下自己，調適一下自己。我去了離辦公室兩站車程遠的咖啡館，卻只要了一壺冰茶，那種沁人心脾的涼意浸透我的全身；在輕音樂的環繞下，隨意翻翻當前最流行的時尚雜誌。這種環境沒有曖昧，身在其中，感受到的是踏實，心靈就會得到小小的休憩。我心無旁騖，我到這裡來，就是為了遠離工作與生活，那些雜七雜八的事不屬於這裡，不屬於此時的我。

逃離熟悉的辦公室，獨自上街"吃吃喝喝"，已經成為最適合我的解壓方式。在家和辦公室兩點一線之外找一處讓心靈短暫出逃的第三地，虛度一下光陰，是為了更專注地感受生活。

●短暫休息

如果你被緊張的工作壓得喘不過氣來，可以考慮放慢一下工作速度，最好立即把工作放一下，輕鬆休息一下。這可不是消極怠工喲，事實上，人的精力是一個常數，短暫休息一下，你可能做得更好。尤其是對著電腦螢幕工作一整天對視力有害無益，每隔十分鐘把眼睛轉移到別的地方看看，可以讓眼睛稍作休息。再回頭工作的時間，你的精力可能更集中、更旺盛、效率也更高。

一天當中多進行幾次短暫的休息，呼吸一下新鮮空氣，放鬆大腦，防止壓力情緒的形成。千萬不要放任壓力情緒的發展，不能使這種情緒在一天工作結束時升級為壓倒你的壓力，時不時地做深呼吸以緩釋一下壓力。

當發現自己以平和的心態解決了棘手的問題之後，給自己獎賞額外的閒置時間，比如告訴秘書半小時之內不要讓電話或未約定的訪客打擾你。

有些企業會安排工間操的時間，或者在工作時間中安排一次喝咖啡，這類似於學生的課間休息。這種安排，有合理的科學依據，你不應該放棄它，更不應該把它視為一種浪費。這時，你就應該放下手頭的工作，輕鬆一下。對你本人、對工作都有好處。

管理者更不應該表揚那種在這一時間依然堅持工作的人，最多只能表揚他的動機，但不應讚賞這種行為。

不會休息的人就不會工作。這是一條至理名言。

●營造愜意的工作環境

在辦公室內你是否感到透不過氣來？你是不是有嚴重的工作倦怠症？我們一天在辦公室內最少八小時，有時壓力真會累壞人，令工作效率下降。只有一個舒適健康的工作環境，才能讓人盡展所能，啟發新靈感，同事間也能和睦共處。營造一個愜意的環境，並不需要勞師動眾，也不用花上大量金錢。簡單如天然香薰、小擺設，甚至是一些小運動，都能紓緩壓力和情緒，甚至能排憂解困，為工作帶來點點樂趣，讓辦公室洋溢生氣，幫你創造一個健康無壓力的工作環境，讓你的同事也如沐春風。

在你的桌子附近放一盆多葉植物，植物會在白天釋放出氧氣，也是天然的空氣清新機。

我拖著疲憊的身軀，趴在辦公桌上。此刻的我難受極了。新年的第一天我依然一個人，還要處理那麼多的信件。想想別人都在這一天出去購物遊玩，自己還有那麼多的事要做。雖然不用去辦公室，但這和正常的上班有什麼區別！越想越來氣，可是為了生活又沒有辦法。老闆已經在我面前警告過好幾次公司要裁員。真是壓力越來越大。

我窩了一肚子氣正無處發洩時，一不留神看到我的窗臺上有一盆綠色的植物。我一直沒有注意過它，是一周前朋友送的，叫什麼名字來著，現在怎麼也想不起來了。它那嫩綠的葉讓人一看就知道不是很名貴的品種，不然我一周對它不管不問，它怎麼還會活得這樣好？

我突然間對這盆植物來了興趣，開始想像關於它的經歷：它以前生活在一個美麗的大自然裡，那裡有它的姐妹，還有很多別的稀奇的植物，到處充滿著香味。還有許多可愛的小動物……

我就這樣憑空想像著。

一個多小時很快過去了。我像從夢裡突然醒來，心裡也輕鬆了許多。剛剛還抱怨這個那個，還感到壓力把我壓得憋不過氣來的感覺，一下子都不見了蹤影。我再看看面前的植物，不禁笑了起來。

●把工作與休息明確分開

有人在形容德國人刻板時說了這麼一件事：一個德國工人工作時幹活十分賣力，一刻不停，快下班時在擰一顆螺絲，幹到一半的時候，下班鈴響了，這個工人沒把這顆螺絲擰到底就走人了。

看起來有點可笑，甚至覺得這人有點迂腐。但我們若從另一個層面去理解他的行為，則是此人把工作與休息明確分開了。是好事，不是壞事。

一位白領說，自己邀幾個朋友聚聚想散散心，酒席上一落座還沒說上幾句話，就有人抱怨自己平時工作不順心，一下引起大家共鳴，紛紛說起不順心的事。結果這場聚會"變臉"成牢騷會，原本挺愉快的心情一下子變得沉重起來。

而另一位白領坦白道，有三天的休息，原本可以享受一番，可老是想到公司裡那密密麻麻的報表，恐懼感就產生。

休息日本來是讓你放鬆的，公司本來也是這麼想的，可你偏偏不這麼做，這怪誰呢？當然是怪你自己。

我們的主張中，工作時好好工作，休息時好好休息，把工作"忘記"，雖然是暫時的忘記。工作是生活的一部分，而不是全部。工作時工作；生活時生活；學習時學習；娛樂時娛樂。總之，一定要有個界限。如果無時無刻不在想工作、幹工作，工作壓力就來了。這對你個人不利，對工作也不利。

學生下課時還捧本書，是最聰明的學生嗎？不是，肯定不是。
有一位朋友的做法值得效法。
我喜歡賺錢，也喜歡競爭，但最終要把握一條，工作是為了生活。如果工作和生活發生衝突，何不暫時把工作忘記？想法簡單了，心情就自然開朗了。
一旦工作壓力承受不了的時候，我就請假休息。動手裝飾自己的時尚小屋啊；做頓晚飯請朋友們來會餐；邀幾個朋友上街去逛逛；或者參加社區的太極拳訓練班、老媽媽秧歌隊，我經常這樣放鬆自己，享受每一天。

畫畫一直是我的愛好，前不久，我參加了一個為期兩個月的油畫學習班。那裡各種年齡的人都有，而且目的各不相同，但她們都很忙，壓力也很大，然而每個人都興致勃勃，精神狀態很好。同事說，我最大的變化就是不再輕易發怒，也不再輕易說"永遠"了。我的體會是讓情緒從緊張的工作中跳出來。

專欄

《風暴之夜你能否安眠》

從前有一位農場主，在大西洋岸邊耕種一塊土地。他總是不斷的張貼雇傭人手的廣告，可還是很少有人願意到他的農場工作，因為大西洋上的風暴總是摧毀沿岸的建築和莊稼。直到有一天，一個又矮又瘦的中年男人找到農場主應聘。

"你會是一個好幫手嗎？"農場主問他。"這麼說吧，即使是颶風來了，我都可以睡著。"應徵者得意地回答。

雖然這聽上去有點狂妄，農場主心裡也有點懷疑，但是農場主還是雇用了這個人，因為他太需要人手了。

新來的長工把農場打理得井井有條，每天從早忙到晚，農場主十分滿意。不久後的一天晚上，狂風大作。農場主跳下床，抓起一盞提燈，急急忙忙地跑到隔壁長工睡覺的地方，使勁搖晃睡夢中的長工，大叫到："快起來，暴風雨就要來了！在它捲走一切之前把東西都栓好！"

長工在床上不緊不慢地翻了個身，夢囈一樣地說："不，先生。我告訴過你，當暴風雨來的時候，我也能睡著。"農場主被他的回答氣壞了，真想當場就把他解雇了。

農場主強壓著火氣，趕忙跑到外面，一個人為即將到來的暴風雨做準備。不過令他吃驚的是，他發現所有的乾草堆都已被蓋上了焦油防水布，牛在棚裡，雞在籠中，所有房間門窗緊閉，每件東西都被栓的結結實實，沒有什麼能被風吹走。農場主這時才明白長工的話是什麼意思。

這個長工之所以能夠睡的著，是因為他已經為農場平安度過風暴做好了準備。如果你在精神、心理、身體等方面做好了準備，那麼就沒有什麼東西可以令你害怕了。當風暴吹過你的生活的時候，你能睡的著嗎？

劉俊成編譯（施平摘自美國"童子軍"網）

《認準北斗星》

比賽爾是西撒哈拉沙漠中的一顆明珠，每一年有數萬名的遊客到這裡來。可是，在肯萊文未發現它之前，這裡還是一個封閉的地方。這兒的人們沒有一個人走出過大漠。據說不是他們不願意離開這裡，而是嘗試了很多次都沒有走出去。

為什麼走不出去呢？肯萊文非常納悶，最後他只得雇一個比賽爾人，讓他帶路，看看到底是為什麼？他們帶了半個月的水，牽了兩峰駱駝，肯萊文收起了指南針等現代的設備，只柱了一根拐杖跟在後面。

十多天過去了，他們走了大約八百多裡路，第十一天的早晨，他們果然又回到了比賽爾。這一次肯萊文明白了，比賽爾人之所以走不出大漠，是因為他們根本不認識北斗星。

在一望無際的沙漠裡，一個人如果憑著感覺走，他會走出大小不一的圓圈。比賽爾方圓上千里沒有任何的參照物，若不認識北斗星有沒有指南針，想走出沙漠，確實是不可能的。

肯萊文在離開比賽爾之前，帶了上次和他合作的青年，他告訴這位漢子，只要你白天休息，夜晚朝著那顆星的方向走，就能走出沙漠。那位青年照著去做，三天之後，果然來到了沙漠的邊緣。這位青年成為了沙漠的開拓者，他的銅像被樹立在小城的中央。銅像的底座上刻著一行字：新生活是從選定方向開始的。

五、減壓良方：盡情享受生活

人活著必須要工作。

只有工作才能為社會創造財富；

只有工作才能獲取謀生手段；

只有在工作中，人才能磨練自己，發展自己。

但工作不是生活的全部。

生活不是為了工作，而工作是為了生活。如果僅為工作而生活，那我們人就成了異化的物件。

正確的人生態度應是：工作時工作，生活時生活。並以享受生活而非拼命工作作為人生的目標。

需要強調的是：如果把享受生活看作是對工作的一種消極態度那就大錯特錯了。抱著享受生活的態度，不僅可以提高自己的生活品質，對工作可能也是一個有益的促進。

中國人，尤其是中國的足球迷，一定不會忘記一個人，那就是前中國隊主教練米盧。是他，把中國隊第一次帶進了世界盃（第二次什麼時候能進，誰也不敢妄加猜測）。其實，他在技戰術上並沒有讓中國足球隊有本質的飛躍，但他卻讓中國隊的隊員們在賽場上充分發揮出自己的能力，並在十強賽中幾近戰無不勝。

秘訣在那裡呢？

原先的中國隊出征前每每又是動員，又是宣誓，大有“風蕭蕭兮易水寒，壯士一去兮不復返”之勢。結果搞得隊員還沒上場，壓力已使精神近乎崩潰，到了場上形同夢遊，一次、一次、又一次讓國人失望，讓球迷心寒。可米盧卻告訴隊員們，足球本來就是一種遊戲，我們應該用享受生活的態度去踢球。包括他的訓練，也是嘻嘻哈哈，連他的紅顏知己李響也不解地問米盧：“正式訓練何時開始？”其實，這就是米盧的訓練模式、足球理念：享受生活，放鬆心態，本質上是對工作的一種促進。

由此看來，享受生活可以減壓，也可以提高工作效率與效益，一石二鳥、一箭雙雕，我們有什麼理由不這麼做？

當然，工作與生活還是有著重大區別的，我們不能把它們混為一談。這裡想強調的是目前有一種現象，在金領、白領中有相當一批人，是以工作替代了生活。這就成了人生的悲哀了。

至少，我們要做到：工作像螞蟻，生活像蝴蝶。

這是一篇發表於網上的文章題目。作者寫道：

不論是工作像螞蟻，或者生活像蝴蝶，都是我個人的寫照。工作時全力以赴，毫不保留，從不問會得到什麼回饋。因為從工作中，我已經從過程中得到無數的經驗與樂趣。而螞蟻正是最好的形容：一點一滴，步步為營，聚沙成塔，最後成就一點點成果，人不就是如此。如果你覺得成就小，如果你覺得工作苦，你還會像螞蟻一般工作嗎？

或者說，有人甚至會覺得像螞蟻一樣工作，是多麼悲哀啊，沒有自我，在團隊中像一顆螺絲釘，又那麼微小而脆弱，多可悲啊。可是我從來就是如此：每一個人在工作上，就像螞蟻一樣微小，只能全力以赴，至於要有什麼回報，只能靠老天爺賞飯吃。這是謙卑的宿命，這也是無悔的執著。

至於生活像蝴蝶，這更是我個人的寫照，看什麼事都是快樂，什麼事都是樂觀的，充滿變化，鮮花滿途，等待我這只蝴蝶不斷地探視、發現、採擷。我不會因為工作沉重，意外打擊而懷憂喪志，因為生活總要過下去，高興如此，痛苦亦然，為什麼不用愉快、樂觀的心情，看待生活的每一段過程呢？快樂是生活的本質，探索也是樂趣的泉源，而蝴蝶正是生活的寫照。

這種人生態度，多麼積極！多麼健康！此人在生活中一定是個贏家。不管他的地位如何？收入如何？學識如何？他都是個贏家。

●不妨去休閒

一天，或是一周勤奮而緊張的工作結束以後，不妨去休閒一番，放鬆放鬆自己。別把自己搞得像什麼要人似的，一刻不得輕鬆；一時不能空閒。要說工作上的事情，一天幹 24 小時也有事做。但下班了就是下班了，休息了就是休息了。囚犯一天還放兩次風呢，我們憑什麼就得一天幹到晚？即使很忙，也要學會忙裡偷閒，偷著去休閒。

這裡，我們介紹幾種休閒方式及其減壓效果。

休閒方式之一——泡澡
泡澡可讓人全身放鬆，增加血液迴圈，進而精神振奮、精力旺盛。

原因是，由於長期生活在工作壓力之中，人的神經末梢處於緊張狀態，經常會有頭昏腦脹的情況出現。這個時候，適量運動後，洗個熱水澡，會使血液流通全身，神經倍感鬆弛。

注意：要泡。沖澡、洗澡只是打掃衛生。在熱水中泡個 20 分鐘可使肌肉得到完全的放鬆。水的熱量還能擴張你的血管、讓你的血壓下降。如再使用一些精油或芳香類的產品，放鬆的效果會更好。

可以是到外面的休閒中心去泡澡，也可以在自己家裡泡澡。在家裡放鬆的效果略差些，但如果放點音樂，再在浴缸裡撒點花，甚至來杯紅酒，那氣氛，那環境，也是挺不錯的。可別洗冷水澡，那得不到最佳放鬆效果。

休閒方式之二——按摩
泡澡之餘還可以做個按摩。

做個按摩，是種很好的放鬆手法。它可以減緩壓力，放鬆焦慮的心情，減慢心跳的速度。

一個好的按摩師不會與你說話，但卻能讓你身心得到完全的放鬆。

按摩時若有點輕音樂就更好了。

按摩不只是指全身按摩，來個足底按摩、修指甲或美容，都有異曲同工之效。

說到按摩，我們會自然聯想起 SPA 這個時髦玩藝。

巴里島或歐洲 SPA 最正宗，國內也有 SPA 了。走進 SPA 的理療間，聞著芳香油精散發的味道，先來一杯熱飲，讓身體溫暖起來，把老化的皮膚角質交給牛奶、燕麥和海鹽，在寬大的按摩浴缸中放鬆每一根神經，把壓力和污垢一併趕出體外，是一種不錯的減壓方式，根據年齡、膚質和體質量身訂做一套適合自己的 SPA，每週一次拿出 2 個小時，就能有成效。

如經濟能力許可，可以試試。

休閒方式之三——泡吧（咖啡館、茶樓）

如今的酒吧、咖啡館、茶樓可謂在全國各地都是紅紅火火，老闆們都賺得盆滿缽滿。說句大不敬的話，我覺得真正懂酒、懂茶、懂咖啡，識得其中三昧的人恐怕不是很多。酒吧、咖啡館、茶樓的功能實質上已經異化，大部分人是把它作為一個聚會的場所，放鬆與宣洩的樂土。

這沒有什麼不好的，也許酒吧、咖啡館、茶樓本來就應具有這個功能。

在酒吧裡，那些既新奇有趣，又可讓人親自動手的特色吧就讓人特別心動。剛開始有陶吧、布吧，現在又有印染吧、親自一吹的玻璃吧……把整個小型啤酒廠搬進酒吧，讓顧客親自參與並享受每一杯鮮釀啤酒的製造過程的啤酒吧把每一個走入這裡的客人帶進了一個新奇的世界。

在咖啡館和茶樓中，或三五好友、或一人獨飲，悠閒地談天說地，分外舒適。咖啡館和茶樓或高檔或獨特的裝修，既讓人品嘗到高品質的咖啡與茶的文化，又滿足了人的視覺、聽覺、嗅覺，讓人在現代而又有些古典的浪漫氣息中度過悠閒的時光。

那充滿小資情調的感覺，最能讓金領、白領怦然心動。

到咖啡館、茶樓去，最好是三五好友同去，與談天說地之中，放鬆神經、打開心扉、天南海北無所不談，喜悅憂傷共同分享，其釋放神經能量的功能，實在不可低估。

如果你沒有去過，不妨一試。

●打扮自己

打扮自己，不僅與形象有關，也與心情有關。

想像一下，當我們衣衫不整、蓬頭垢面之時，我們會心情好嗎？當我們穿得整整齊齊、清清爽爽之時，是否精神也為之一振？

金領、白領，要注意自己的修飾打扮，尤其是是自己心情不好的時候，不妨刻意打扮一下自己，對著鏡子看一看自己的"光輝形象"。沒準你就能平添幾分自信，平添幾分與世抗爭、與事抗爭的勇氣與力量。

女性金領、白領這麼做作用會更大。

這種減壓方式的另一種變式就是穿件舊衣服。

有人建議：在工作壓力大的時候，回到家中，穿上一條喜愛的舊褲子，再來件寬鬆的上衣，會給人一種如釋重負之感。理由是，穿了很久的衣服會使人回憶起某一特定時空的感受，情緒也將為之高漲。

還有一種選擇就是去理髮。

在情緒不佳的時候，去理個發也是個不錯的主意。在洗頭、梳理和吹風、燙髮的過程中，人們會感到精神振奮、心情舒暢，同時心律變緩，血壓下降。

理完發後，對著鏡子看一看自己煥然一新的形象，你會有一種頓釋前嫌的感覺，雖然不能說壓力就此消失，但你的好心情至少會持續一段時間。

●度假

現在機關事業單位都有公休假，企業也建立起了年假制度。

常言道，存在的就是合理的。既然是設置假期，假期就是它的功能與作用。

有一項研究發現，那些長達兩年都沒有度過假的人更容易得與壓力有關的各種身心疾病。每四個月度一次假是一個比較好的選擇。

機器需要年檢與大修，人怎麼能沒有呢？所以，當我們有假期時，就要去用，這與虛度光陰全然不是一回事。

度假的好處就是，徹底離開工作環境，將一切煩事俗務都放下。

度假的好處就是，有一個比較完整的與家人團聚的時間，對於鞏固大後方，對於放鬆身心都有很好的幫助。

度假的好處還有，就是讓你遠離你所做的事情，反觀它們，從而較為清晰地看到他們的價值和意義。也就是說，你是誰，什麼角色，你想幹什麼？你能幹什麼？這個拷問，彷彿一次剪除雜草的工作，讓物種以自己的特色和優勢全力成長。

如果度假對你來說是一份奢侈的話，那郊遊一定是現實可取的。像春季踏青；夏季露營；秋季於落葉中散步；冬季於飛雪中尋梅，耗時不多，花錢不多，情趣多多、收穫不菲。對此，我們找不到什麼拒絕、為難的理由，我們完全可以這麼做！

著名作家林語堂，在海外居住了 30 多年，得空很會盡情玩樂。他規定自己每年"出產"一部作品。"新產品"一出來，他就放自己一個月或兩個月的假，開始出外旅行。他是一個喜歡旅行也懂得在旅行中找樂趣的人。他總說一個人有嚴肅的一面，也有輕鬆悠閒的一面，這樣才能使心靈得到調劑。

因此，他有時把整個假期消磨在世界著名的賭城裡。他好輪盤賭，但不著迷。賭徒的一些毛病，他似乎也免不了，譬如贏了錢捨不得走，把錢袋裡的錢輸光了才安心回去。他的優點是：賭得有分寸，也絕不因賭而誤事，帶去的錢輸光了，他坦然離去，回家工作。因為，他的錢買到了他的"樂"。

　　林語堂說：賭絕不是什麼好事，但我並不反對，我只反對賭得流連忘返，賭得忘了工作。他不打麻將，也不玩橋牌，原因是它們太費腦筋，而工作已經消耗了不少腦筋了。

●購物

　　女性大多都喜歡逛商店、購物，尤其是經濟條件較好的白領女性在心情不好的時候，更多地會選擇去瘋狂購物。為什麼購物具有釋放心情的功效呢？有這麼一種解釋：可能是購物時眼花繚亂的商品不斷吸引了你的注意力，讓你心無旁鶩，從而暫別煩惱；可能是恰好買到了中意的東西，很開心彌補內心的缺憾；也可能是大量的錢財被自己一次性消耗而產生快感。

　　但也有人對購物減壓提出置疑，他們說：有些女性喜歡用瘋狂購物來達到放鬆的目的。也許是源於女人的天性，當我們看到一件心愛裙子的時候，我們就會忘記那些該死的最後期限或煩人的夫妻矛盾。儘管女人們可以用開玩笑的語氣彼此討論誰是真正的購物狂人，但"購物處方"本身並不那麼有趣。購物帶來的愉悅程度越高，回家以後那種興奮消退得也就越快，浪費金錢的罪惡感也就越深。這種後悔和不安會帶來更多的壓力。最可怕的是，當我們對自己身上的重重壓力不明就裡的時候，我們已經再一次沖進購物中心。這種惡性循環不但無法根除壓力的根源，反而會給我們帶來一身債務。

對於這個問題，我們的觀點是：

購物對緩解壓力還是有幫助的，只要不是大大超越個人經濟能力的瘋狂購物行為，我們應更多地看到它的正面作用。理由是：

其一，在購物時，我們完成了一次角色轉換，那就是從工作中服務於他人的角色轉換為"上帝"，我們的尊嚴感在商店裡會得到極大的滿足。

其二，如前所述，購物時，尤其是女性購物時，大多高度專注，對工作中的事可以做到寵辱皆忘，有利於心態的調整。

其三，在買到一件滿意的商品時，特別是女性買到一件滿意的衣服時，很有點成就感，甚至對自身形象直至整個自我的肯定。

其四，按照佛洛德的說法，做出一些非理性的行為，也是對自身心理能量的一種釋放。

●做愛

在中國的傳統觀念中，做愛除了能繁衍後代還算是積了點德以外，幾乎都是罪惡。所以，在公開場合，人們對"做愛"這個詞都是羞於啟齒。其實，做愛這個現象除了每天在全世界都將發生無數次，是客觀現實以外，它還是有不少好處的。

有一位叫策策的網友在網上提交了他的心得：做愛十大好處：

1、性愛可摧毀壓力，舒緩緊張

在進行性愛的過程之中，人體荷爾蒙的釋放使我們無法感到壓力。這個反應甚至可以維持數小時之久，直至荷爾蒙的水準回復整個身體系統的正常水準之中。

2、性愛可以幫助你入睡

性愛時身體上的努力和情緒上的高漲會是完美的引擎，引你駛入夢鄉。肌肉在興奮時緊張，並在事後回復鬆弛，這個過程很明顯地有助於休息和睡眠。

3、性愛可以保持青春

英國藥物研究中心的醫生兼輔導專家約翰說：假如你不使用你的性器官，那麼它會傾向於退化。性生活可提高陰道的潤滑程度，並且滋潤陰道。

4、性可以提高自信心

你有定期的性生活，表現出你和你的伴侶愛著對方。性愛時易於達到高潮會覺得自己更有吸引力，提高你的自信心。

5、性愛能夠改變你的外觀

性愛時的刺激和運動會導致腎上腺素產生。這些荷爾蒙能夠提高皮膚的透明度，使它看起來明亮透徹一些，人亦漂亮一些。

6、性愛使你和你的伴侶更親密，包括情緒上和肉體上

當你和你的伴侶的關係傾向好的發展時，你倆的性生活也會傾向更好。你們可以通過性來向對方作好的溝通，從而更顯恩愛。

7、性愛可舒緩經痛

做愛時所釋放的荷爾蒙能鬆弛引起經痛的拉力。

8、性愛可以幫助延壽

有證據顯示婚姻美滿的較單身和離婚的更長壽，當中與美滿婚姻與性生活有莫大的關係。不論生理上和心理上，作愛有益健康。

9、性愛對心和血液循環系統有裨益

性愛可提高你的心跳率和血壓。假如你有激烈的運動，可對心血管系統達到良好的運動量。史密夫博士表示，偶爾加速你的心跳率不會有任何害處，這是舒展你的心血管系統的另一種方法。

10、性愛燃燒卡路里，有助保持苗條

據調查顯示，一個熱烈的接吻燃燒十二卡路里，而十分鐘的愛撫亦可燃燒五十卡路里。既使最遲緩的做愛，亦可每小時燃燒二百卡路里，相應，假如在這過程中你非常之熱烈和興奮的話，燃燒五六百卡路里是可想而知的。

從他所列舉的這十大好處中，十之六七都是對減緩人的壓力有幫助的。所以我們認為，做愛只要有度，對減壓是有幫助的。

研究表明，性行為可以使身心得到很好的釋放，促進睡眠並提高其品質。一次高品質的性生活，可以有效緩解壓力。性愛是一種娛樂活動，確保性愛在浪漫情調中達到預期的指數，兩個人都緩解了壓力，應該算是一份意外收穫。

做愛的原則應該是興之所至，不能把它當成責任、當成任務、當成程式，如果是那樣的話，做愛不僅不能緩解壓力，可能還會成為一個新的壓力源。

●適度的睡眠

美國加利福尼亞大學的科學家在《自然》雜誌上發表報告說，在動物界，小虎鯨和寬吻海豚可以在出生後一整月不睡覺，而它們的媽媽為了看護在這期間也不合眼。

那麼，我們人類是否有朝一日也能如這些動物一樣，不用睡覺也精力充沛呢？

答案卻是令人失望的。科學界的結論是：沒有動物是可以不睡覺的，睡眠對一切動物都是很需要的，不過因生存條件、環境的優劣和新陳代謝的不同，決定了各種動物的睡眠方式、睡眠地點和睡眠時間的不同。小虎鯨和海豚出生時不睡覺也是為了適應生存環境，避免在睡覺的時候受到傷害而形成的特殊生活習性。甚至大雁在長途飛渡大洋時，暫時滑翔期間的休息也是不可缺少的。很多候鳥在遷徙的時候由於要"趕路"，雖然睡眠時間減少了，但是它們中途也要停下來休息打個盹。

看來，我們就別打以放棄睡眠來增加活動時間的主意了。

長期通宵達旦地工作，很容易使身體產生疲勞感，只有讓身體有張有弛、勞逸結合的工作，才能持之以恆，才能可持續發展。有人曾做過這樣一個實驗：兩隻同樣健壯的狗，一隻讓睡不讓吃，堅持了30多天；另一隻既不讓吃又不讓睡，僅10就死了，可見睡眠是多麼重要。

所以，睡覺是養生的頭等大事，對於金領、白領來說，合理的睡眠與休息也是大腦有效工作的重要保證。要保證自己足夠的睡眠時間。

不同年齡的人對睡眠時間的要求是不同的；不同的個體對睡眠時間的要求也有很大的差異。每個人可以根據自己的生理心理特點決定自己的睡眠時間。

但有兩點是幾乎所有的人共同需要的。

一是挑選合適的時間。比如晚上 11 點到深夜 3 點之間，睡眠品質最好。我們最好安排這段時間休息。

二是要學會主動休息。同樣是休息，卻有主動與被動之分。疲勞是會積累的，當你感覺疲勞時，其實你的疲勞已經積累得相當深了，這樣很容易造成身體透支。這時再去休息，就是被動休息。主動休息就是在還沒有感到疲勞的時候，休息就已經發生了。應當說，主動休息更具有科學性。

主動休息的方式有多種多樣，午睡是一種不錯的主動休息方式。據稱有的 IT 公司專門給員工配一張席子，當員工感覺到疲倦的時候就躺一下。當然，主動休息還可以是忙裡偷閒，比如上班覺得累時，走出寫字樓買瓶飲料喝喝；或者是做做簡易休息操、工間操。總的說來，主動休息就是用一種主動的心態去應付疲勞。

不是在疲倦襲來之後，而是在它到來之前，你已經進行過必要的休息了。

在二次世界大戰期間，邱吉爾已經近 70 歲了，卻能每天工作 16 個小時，一年一年在指揮作戰，實在是一件很了不起的事情。

他的秘訣在那裡？

他每天早晨在床上工作到 11 點，看報告、口述命令、打電話，甚至於在床上舉行很重要的會議。吃過午飯以後，再上床去睡一個小時。到了晚上，在 8 點鐘吃晚飯以前，他要再上床睡兩個小時。他並不是要消除疲勞，因為他根本不必去消除，他事先就防止了。因為他經常休息，所以可以很有精神地一直工作到半夜以後。

●講究營養學

中國人吃東西只講究味道，不太注重營養，這是個缺陷。

我們應當既重視味道，也要重視營養。從保護身體的角度看，後者可能更重要。

營養學的概念在中國人頭腦中還沒有真正建立起來，但必須建立起來。

很多人每天攝入的食物總量超過了身體的需要，但還是沒有達到身體所需的營養標準，原因就在於營養不均衡。在人體每天攝入的營養中，蛋白質、維生素 A、維生素 E、維生素 C 具有增強免疫功能的作用。含蛋白質較豐富的食物包括瘦肉、魚蝦類、奶類、蛋類和豆類；含維生素 A 豐富的食物有動物肝臟、蛋黃、魚肝油、禽蛋等；維生素 C 的主要來源是新鮮蔬菜和水果，如柿子、番茄、菜花、柑橘、山楂、獼猴桃等；含維生素 E 豐富的食物有植物油、堅果、豆類等。在日常飲食中，應注意均衡攝取這些營養。如果一日三餐的膳食供給滿足不了肌體的營養需要，可以有針對性地補充一些維生素片和其他保健產品。

有些食物還可以幫助人們緩解壓力。譬如：含有 DHA 的魚油食品，如鮭魚等；含有硒元素的食品，如大蒜等；含有維生素 B 的食品，如穀物等。

在呂叔春編著的《如何減輕壓力》一書中，對飲食問題提出以下建議：

公認的影響情緒的四大食品：

1、鹽

每人每天只需一克鹽，但由於我們往往吃了含鹽較多的食品，以致無形中攝入不定期量的鹽分。食用太多的鹽將會導致高血壓、中風或心臟病。

2、糖

高糖分雖然可以使人在短時間內擁有充沛的精力，但長期下來，高糖分會使體重增加擴造成蛀牙。此外，高糖分也會使腎上腺過度分泌，而降低身體抵抗力，造成情緒不安、易怒等症狀。

3、酒

短期內，酒可以使人放鬆，但長期過量飲用會導致食欲不振、緊張、頭痛、影響和破壞肝、膽功能。

4、咖啡因

咖啡、可樂均含咖啡因，會刺激腎上腺素使血壓增高、刺激心臟及產生壓力反應。

此外，速食、冷凍食品均含有高單位脂肪及鹽分，應儘量避免或少量食用。

要知道，我們的身體精神狀態與飲食有著密切的關係。所以，當我們受到壓力時，應特別注意飲食。健康的飲食總能進一步減輕我們隨的壓力。緩解壓力，讓我們從改掉不良飲食習慣做起。

1、減少飲用含咖啡因的飲料。如：咖啡、可樂等。

2、多食用含纖維較多食物。

3、減少糖份的攝取。

4、多吃新鮮水果和蔬菜。

5、多吃未經處理的綠色食品。

6、服用維他命與礦物質，以補充營養。

7、以豐富的早餐為一天的開始。

8、飲食中不可缺乏蛋白質、糖類、脂肪。

9、維持標準體重。

10、避免經常食用下列食品：零食、煎炸食品、煙酒、糖果、蛋糕、果醬。

格羅佩爾博士在《反對節食》一書中提出一套完整的營養計畫，頗具參考價值。

1、定時定量。定時定量的飲食有益生理節奏的調整，也便於壓力的恢復。

2、少量多餐。白天少量多餐（大約兩小時吃一次）可提高代謝率，穩定情緒，保持能量充沛。

3、早餐不可少。為了維持血糖平穩，早餐一定要吃。份量不必多，但營養要夠。

4、不可吃得太飽，太飽一定會懶得動，工作效率必不佳。少吃多餐可使胃縮小，從而不至於吃得太多。

5、不偏食。儘量各類食品都吃。老吃同樣的東西極可能導致營養不良。

6、不要節食。這種飲食方法是為達到某種目的而暫時行之，一旦轉回平常的飲食，節食的效果往往又會消失。所以飲食習慣應當恆常。

7、同時攝取蛋白質和碳水化合物。這種方法可增進注意力。

8、減少脂肪攝取量。營養專家幾乎一致認為，攝取太多油脂有害健康，也影響工作表現。每天攝取的總熱量中，油脂應低於 20%，一克油脂的熱量，是一克碳水化合物或蛋白質的兩倍。調理好的食物往往看不出油脂的含量，購買之前應細看說明。

9、避免用油煎炸食物，不妨改用烤焙。

10、儘量選用未加工食品，即使是添加營養素的強化食品，也不能彌補加工造成的營養流失。

11、在需要發揮工作能力的前後，請不要攝取酒精和咖啡因。極少量的酒精便於工作足以破壞判斷力和注意力。咖啡因雖能提神，卻也會使人興奮、急躁不安，遇到壓力沉重時，酒精和咖啡因可能引起的不良後果很難預料。

12、避免食用單糖。單糖容易使血糖驟升，增加胰島素分泌，結果導致精神不濟，注意力無法集中。

13、多吃高纖維食物。高纖維食物可有效降低直腸癌的發病率，對控制血糖也有利。像水果、糙米和全麥食物等都含有豐富的纖維。

14、一天喝 8 杯水，多數企業人士每天的飲水量都不足。

15、補充維生素和礦物質。無論你多注意飲食，難免還是會缺乏某些維生素或礦物質，不妨每天服用多種維生素和礦物質以補充營養。

16、每天只攝取少量的鹽，高血壓者尤其要注意。

17、減少膽固醇的攝取量，以防冠狀動脈疾病。

我們應該找個營養師，根據自己的身體狀況、工作特點，開一張適合自己的食譜。從而使自己的飲食有個正確的導向。

●參與體育活動

"生命在於運動"，沒有人對這句話有半點懷疑。

就對身體而言，體育鍛煉的好處是：

其一，體育鍛煉可以增加肺活量，改善呼吸功能。在安靜狀態下，只需 10% 的肺泡呼吸；而在運動時，氧氣的需要量增加，大部分肺泡必須積極工作起來，吸進更多的氧氣。一般人的肺活量在 3500 毫升，運動員可達 5500 毫升，愛運動的人比不愛運動的人多 1000 毫升。由於改善了呼吸功能，就能保證大腦細胞的充足供氧，增加血液中的含氧量。

其二，體育鍛煉能增強心臟的肌肉和功能，使心臟收縮有力，心臟輸出血量增加，從而使大腦供血量增加。此外，體育運動時血液迴圈速度加快，改善大腦的血液迴圈，增加大腦小動脈的血流量，改善腦血管彈性。

其三，在體育運動中，腦細胞的活動有所轉換，管體育活動的腦細胞興奮，而管思考的腦細胞得到休息，有助於消除大腦的疲勞，體育活動實際上是一種積極的休息。

就對心理與減緩壓力而言，體育運動的好處是：

其一，忘記煩惱。不管你的運動水準如何，只要你投入進去，必將進入寵辱皆忘的境界。你能一邊打球，一邊煩惱嗎？不可能，想做也做不到。

其二，愉悅心情。體育運動，特別是帶有娛樂性的體育運動，會讓我們變得很開心，比如說，一場籃球，會讓我們的心情得到一次放飛。這種體驗，只要從事過體育運動的人都會有過。

其三，提高抗壓能力。一位資深健身教練說：健身並不一定能減輕人們的壓力，但一定能夠提高人們的抗壓能力。有研究發現，在經過約 30 分鐘的自行車運動後，被測試者的壓力水準下降了 25%。

其四，參加體育鍛煉除了本身能夠運動骨骼與肌肉之外，最大的好處就是能夠使人從工作中脫離出來，將注意力得以轉移。

當然，進行體育運動也要講究科學，要考慮鍛煉的強度，不要在疲勞情況下進行大強度運動，否則有害而無利。要考慮項目的特性，看它是否具有長期堅持下去的可能性，自身的條件是否具備。要考慮自身年齡與體質特點，看看是否符合自己的實際情況。

下面推薦幾類運動項目，供參考：

慢跑快走

這對中、老年人比較適合。它簡便易行，幾乎沒有條件的要求。慢跑、快走還對保持骨骼健康很有幫助，經常慢跑、快走，腿骨的密度平均要提高 5%，每月 9 次以上，骨密度最大，即使每月只有一次，骨密度也有變化。有專家還驗證，慢跑和快走能提高"性"趣。同時，慢跑快走也是一種緩解壓力的好辦法。

球類運動

球類運動，如籃球、足球、排球、乒乓球、羽毛球等都是很不錯的運動項目。撇開其鍛煉身體的功能不說，它們至少還具備兩大優點：一是它具有很好的娛樂性，玩起來很有趣；二是它必然是多人遊戲，很利於人際溝通與培養團隊精神。如果由公司組織一個團隊，還能提高凝聚力，促進相互溝通，融洽人際關係。

極限運動

這個專案適合於年輕人，適合於那種工作挑戰性特別強的人。攀岩、蹦極、登山探險……這些極限運動能充分地表現自我、挑戰自我，其中，征服恐懼是一種最大的收穫。每當到達頂點，那種超越自我的快感是一種難以忘懷的樂趣，遊戲後獲得的那本勇敢者的證明書也是對自己的一種證明。從事過這種運動的人，在生活中、在工作中，遇到困難的時候、遇到壓力的時候，會有一種“曾經滄海難為水，除卻巫山不是雲”的感受。

最後要說的是，專家建議：無論你選擇什麼形式的體育鍛煉，尤其是在運動量不大的情況下，最重要的是避免傷病。下面有幾條安全鍛煉要點：

開始運動前需要熱身大約 5 分鐘，方法有原地輕快步行或跑步和伸展四肢；未經熱身，肌肉容易拉傷。

運動量不要過大，應該逐漸增加；你的目標應該是感覺發熱，脈搏加快，而不是筋疲力盡、上氣不接下氣。

如果你感覺過度疲勞和疼痛，就停止運動；你的運動是取樂，不是高強度訓練。

　　如果你運動量較大，運動之後感覺身體不適，就應去看醫生。

●欣賞音樂

　　欣賞音樂，不僅體現一種修養，滿足一種情趣，而且它還具有減壓功能。

　　音樂具有心理治療與物理治療兩種功能。節奏感強，音調激越高昂的樂曲，可增強信心，振奮精神。節奏蘇緩、單調和諧的樂曲，可使呼吸平穩、心跳規律、血壓下降，有助於調整植物神經系統的功能，起到鎮靜安神的作用。

　　當然，也不是所有的音樂都具有減壓的作用。英國科學家發表的一項研究報告顯示，速度舒緩的音樂能夠對緊張的情緒起到放鬆的作用。測試證明，慢節奏、比較安靜的音樂可以使人的呼吸器官放慢進氣和呼氣速度。當人的呼吸速度變慢時，人的血壓通常也會下降，而且還有助於肺部更加有利。在這項研究中，研究人員邀請了 12 位元音樂人和 12 位元未受過專業音樂教育的一般人參加生理反應實驗。研究人員選用了不同風格和節奏的音樂，其中包括節奏十分舒緩的印度古典樂曲、節奏舒緩的貝多芬的第九交響曲、節奏較快的維瓦爾第的古典音樂、電子合成音樂和安東·韋貝爾節奏緩慢但變化較多的音樂。研究人員要求每個受試者第一次試聽時按不同順序將所選的音樂片段聽兩分鐘，然後每隔兩分鐘，再聽四分鐘同樣的音樂。測試結果顯示，節奏較快且旋律結構比較簡單的音樂會加快人的呼吸速度，並使血壓上升，心跳加快。當音樂停止後，心跳、血壓以及呼吸速度都會開始下降，有時甚至會降到比原起點還要低。而舒緩的音樂能夠使心跳速度變慢。其中，印度古典樂曲讓心跳速度變慢的效果最明顯。研究人員還表示，壓力和緊張的情緒都會對人的心血管系統產生負面影響。而音樂不僅能夠減輕人的緊張情緒，同時也能增加心血管疾病的治療效果。此外，音樂還能說明神經系統受損的患者在康復治療過程中改善其運動功能。

目前，國內市場上已有專門的音樂減壓光碟出售，不妨買兩盤回來聽聽。對於那些需要減緩壓力而又喜愛音樂的人士也說，可能更為適合，因為它可到了一石二鳥之效。

●養寵物

20世紀50年代到70年代，人們認為養寵物是資產階級思想的表現；如今，也有許多人認為養寵物是閒得沒事幹，總之，"開券有益，戲無益。"

這種觀念有失偏頗。養寵物固然是閒情逸志，但閒情逸志並非無益。其它的益處這裡就不說了，它在緩解人們的壓力方面就有不錯的功效。一項心理學實驗顯示，當精神緊張的人在觀賞自養的金魚或熱帶魚在魚缸中姿勢優雅地翩翩起舞時，往往會無意識地進入"寵辱皆忘"的境界，心中的壓力也大為減輕。

養寵物的另一項減壓功能是轉移注意。與寵物戲耍之時，每每精神專注，心情愉悅，世間的事都拋在一邊，忘情地與寵物玩耍，壓力便於不知不覺之中開溜了。

順便說一句，養寵物能夠減壓的前提條件是你喜歡養寵物，並且是養你最喜愛的、在特定時刻能讓你全身心投入的寵物。否則，就成了鸚鵡學舌、東施效顰了。

●適度上網

許多都市男女迷上了"網"，足不出戶也可以一覽天下事。儘管網上的病毒多得讓人擔心，網上購物不敢過份盼望，但網上聊天卻總讓人覺得網上世界很精彩，一來二去就可以結識不少網友，還可以來一段令人癡迷的網戀。

那天我一件工作沒做好，被領導批評了，心情很差，下班在路燈初亮的大街上遊蕩。路過一家網吧時，無聊而又沮喪的我走了進去。有上網聊天的，有看新聞的，有發帖子灌水的，然而更多的人在打一種遊戲，端著槍，在槍林彈雨中衝鋒陷陣，而且是團隊作戰。我看了一陣後，就要了一台電腦，在網管的指導下玩了起來。

當我從網吧出來時，已經是深夜了，我突然發現不愉快的情緒已煙消雲散了。從此，我和CS遊戲交上了朋友，在我壓力大時，在我身心疲憊時，在我人際關係緊張時，在我和女朋友吵架時，我總會來見我的這個叫CS的朋友。一場遊戲下來，心情立即就好了。我也漸漸地在附近網吧成了CS高手。

不過，用這一招減壓可得當心囉。它是能讓人放鬆；讓人減壓。但前提條件是不能陷進去。陷進去，就不是減壓了，說得嚴重些，就是墮落了。

已經有人提出，網路是繼毒品以後的又一大社會公害。此言並非危言聳聽，是有一定道理的。如今已有許多人，主要是年青人和孩子終日沉溺於網吧，沉湎於那虛擬世界而不能自拔，結果是耽誤了大好時光。這一點，切切要當回事。

拿出你的自制力吧，凡事不要過分。

●形成良好的生活習慣與態度

良好的生活習慣與態度會使你頭腦清醒、心情舒暢、壓力頓減。不要忽視那些小事、小節。比如說，每天下班生前整理好你的辦公桌，定期清理你電腦中的檔和電子郵件。如果你滿桌狼藉，堆滿了報告、檔、資料、信件，所有這些就可能讓你產生混亂、緊張和煩惱的情緒。在家中也是如此，一個從容的早晨，一頓可口的早餐也許就會影響到你一天的心境與工作效率。

美國著名職業心理學家約翰‧羅賓斯在其名著《顛覆壓力》一書中指出，形成良好的生活習慣與態度，使身體避免過早磨損，承受壓力的能力就會高得多。為此他提出了 30 條建議，頗具參考價值，僅錄於次：

1、早上早起 30 分鐘，使頭腦清醒過來，因為剛起床即衝進盥洗間，趕忙穿衣奔出門口，對身體絕無利益，從容的開始，一切都像掌握在手中般悠閒。

2、沒有把握的事最好不要做，一旦失敗，挫折加上悔恨，是一個不易對付的壓力。

3、除了關乎道德和生命，不要說謊，以免因害怕露出破綻而存在壓力。

4、謹慎計畫每一個行動與說話，都不會傷害別人的自尊心，不做犯罪的事，可減少擔憂和不安。

5、作定時身體檢查，可避免許多突如其來的疾病。

6、隨身帶備耳機的隨身聽或書籍，以備在等候公共汽車或其他事時，不因久候而感到苦惱不安。

7、晚上臨睡前，準備好翌日要穿的衣服和物件，以免因忘記帶東西而狼狽。

8、配有備用鑰匙，放在親友家中，以備萬一遺失了鑰匙，不會感到狼狽和氣惱。

9、少用含咖啡因的刺激品，太鹹或油膩的食物儘量減少，可減輕內臟機能的負擔。

10、不要亂放東西，對每一件東西的位置都記清楚，以免急用時引起慌亂。

11、常自省己過，不要連自己也瞞騙。

12、不要將痛苦化大，例如不願出差，但事實既定，悶悶不樂只會加重壓力。

13、先把不喜歡的事情做妥，完成以後就會感到鬆一口氣。

14、不要記著昨天的不幸，只珍惜眼前的一切。

15、不要將工作排得太密，應抽一些閒置時間，以便減輕壓力。

16、多與樂天的朋友交談，少與多愁善感、無中生有的人談論人生。

17、每天一定要做一點自己喜歡的事情，例如打電話給朋友、看書、看錄影帶等。總之，一定要有一點真正屬於自己的時間。

18、不要強迫腦子記太多事情，用筆記記下可免混淆。

19、早餐無論份量多少，也得進食，丫餐亦是。

20、穿得整齊清潔的不落伍，予人較佳的印象。

21、不要馬虎淋浴，來個熱水澡可鬆馳神經。

22、不要買用不著的東西，也不要抱“人有我有”的心態，否則永遠都不會滿足。

23、不要害怕與陌生人接觸，對方同樣地有不安的感覺。

24、對於不喜歡及不切實際的應酬，一概拒絕，別勉強自己做太多額外的事。

25、不要自視過高，也不要看輕自己，應清楚自己的能力有多少。

26、儘量在同一時間只做一件事。

27、只想著順利的事，例如"某天剛剛趕上公共汽車"，不記"某天誤碼了班次"。

28、今天可以完成的事，決不留到明天。

29、預備兩個鬧鐘，以免因忘了換電池而太晚起床。

30、嘗試新鮮的活動，不要固執地在某項運動上。

專欄

《都市女紅》

生活中總需要有一些角落提供避風的港灣。針和線仿佛為 ADA 創造了一方與世隔絕的小小天地，讓他暫時遠離現實，只享受獨屬於自己的成就感與快樂。

在都市的喧嘩中，女紅能使人感覺到時光近乎停滯，並有一種與世無爭的平和與自足的成就感。很多人的 ADA 一樣通過這種田園牧歌式的恬靜來調節自己的心情。

國貿商廈的地下層有一家繡品店開設了刺繡培訓班，教授蘇繡技法，課程分基礎、初級和中級，每一階段的學費高達 2000 至 3000 元不等。儘管如此，來報名參加的人仍然絡繹不絕。據店裡的老師介紹，報名者主要是白領和家境富裕的全職主婦，他們大都是為了體驗古典的情懷，修身養性而來。他們不定期來繡品店學習基本針法，回去後必須每天至少練習兩小時才能最終掌握。一針一線的世界，女紅讓時間變得綿長而悠然。繡一塊十幾釐米見方的繡品，初學者往往要花上好幾個月，那些細密繁複的針方極考驗人的耐心，對於家庭主婦，這是消磨時光最優雅的途徑；對於年輕女白領，這是減壓良方。

戴婧婷《中國新聞週刊》256 期

《漫步森林》

接近森林，喜愛大自然，是人類回歸自然的天性。讓我們漫步於森林中，沉浸在廣闊的綠色林海裡，享受樹林散發的天然芳香，傾聽水聲鳥語、松濤蟲鳴，使我們的視、聽、嗅、觸覺及心靈達到徹底的洗滌，心緒恢復原來的步調，病痛頓除，身心舒爽。森林浴廣受人們喜愛的原因也正在於此。

森林浴，就是進入森林，遊山玩水，靜思養神，全身沐浴森林的精氣和香氣，洗淨都市塵囂，頓覺身心舒暢，充滿活力。對於不宜激烈運動的老人或婦孺，森林浴更是寓健身於遊樂的活動。森林環境的特徵，除能調節氣溫、濕度外，還可影響風速與降雨量，也就是可創造當地風調雨順的氣候，讓人備感舒適。一個地區如果大量砍伐森林，會造成其周邊一帶氣候的極值差距變大，目前一些大都市都有這樣的現象；相反，如果擁有茂密的森林，則當地氣候就會很溫和。

當我們走進森林，會情不自禁地深吸一口新鮮又芳香的空氣，頓覺神清氣爽。森林裡的空氣為什麼特別新鮮？除了林木茂盛，能生產氧氣淨化空氣外，芬多精也是功臣之一。當我們走入森林，會覺得這裡的空氣的確與都市不一樣。在森林區內，除了各種枝葉繁茂的植物能過濾塵埃淨化空氣外，還含有裨益人體的芬多精成分，可使人頓覺清新而充滿活力。森林植物的葉、乾花等會散發一種叫做芬多精的揮發性物質，用以殺死空氣中的細菌、微菌及防止害蟲、雜草等外來生物侵害樹體。芬多精亦可控制人類病原菌。各種植物所散發的芬多精，彌漫在林內，形成森林的精氣，使漫步森林內的人們，自然神經受到刺激，安定心情，由內分泌旺盛而調整感覺系統，可使頭腦清醒，運動能力提高。這種森林精氣對於人類的效益，就是一般所謂的森林浴芬多精效果。我們於林間步行，儘量出汗，至稍有疲勞感最好。在森林內的步行運動比起平地熱量消耗大，疲勞度卻較輕，而且也能快速消除疲旁，這是由於山林中氣候宜人，地形富有變化，景色賞心悅目，且遠離塵囂，於是使你舒暢爽快。在林間步行有點累時，宜停下來向著巨樹做深呼吸，來調整吐納，放鬆身心，並增加吸取芬多精與陰離子的頻率與深度。在森林浴的最後過程，是讓心緒徹底放鬆，心境澄明。當我們置身於幽林深處，面對接連天際的壯麗森林，或仰望千年巨木，自然產生敬畏、神秘、喜悅等情感，此為人與大自然的無聲對談。這時候自然而然的靜思最能舒鬆身心，而且可以充實性靈，強化生存意志。

歐洲自古以來孕育出許多舉世聞名的哲人、詩人、音樂家、藝術家，分析起來，這與他們的生活早已和森林結合在一起有關。森林可陶冶人們的性靈，激發思考靈感，對啟發人們的知性、感性助益頗大。所以懂得享受森林浴的人，走一趟山嶺森林，或遐思，或靜靜體驗大自然的奧妙，不但肢體運動了，心裡的啟示也豐盈了，那種喜悅和暢快的感受，不曾享受森林浴的人是無法領會到的。

太平洋時尚女性
編輯：俞花華夏心理網

六、減壓良方：消彌不良心態

不管是心理多麼健康的人；不管是情緒多麼高昂的人；也不管是意志多麼堅強的人，在其生命的某個時刻，都會有不良心態的出現，這是必然的，毫無疑問的。

在心理學家看來，當那些刺激強度較大的、足以造成種種不良心態產生的生活事件出現之時，沒有相對應的反應到是一件不正常的事。可能是由於智力不夠（白癡從無憂愁）；也可能是心理上真的有問題了。無論是誰，都有脆弱的一面，都有脆弱的一刻。假如有一天，我們發現自己有了這樣那樣的不良心態，不要緊張，更不要慌張，應當把它視為一種在人生漫長的歷程之中必然會發生的常態現象。如今，人們對自身的心理健康問題格外重視了，這是好事。但相關的科學知識卻沒有跟上來，常常會出現一些誤解。有時，問題本身並不嚴重，麻煩的到是這些誤解所造成的各種狀況。

當然，常態現象並非良好現象，常態現象如得不到重視，得不到正確的應對，也可能轉化為病態現象。心理學的研究成果已經表明。人的心理健康狀況是一個連續體，正常與病態之間沒有一個分明的界限。此外，即使是非病態的不良心態，也會給生活帶來這樣那樣的煩惱。

下面，我們將列舉蒙受沉重壓力的人們可能出現的形形色色的不良心態，並給出種種正確的解決方案。

●消沉

消沉是指一種以持續的心境低落為特徵的情緒失調狀態。

消沉的人不是抑鬱的人，他們的情緒曾經高漲過，鬥志曾經昂揚過，只是在遇到重大挫折，承受巨大壓力之後才表現得消沉。有一部紅色經典故事片《大浪淘沙》，幾個熱血青年在大革命失敗以後，各自走上了不同的道路。其中就有變得極為消沉的，而想當初，他們是何等地熱情！何等地激進！

消沉實際上是被挫折擊倒，被壓力打垮後的情緒反應。在這裡，他們已經承認自己是失敗者了，對於種種主觀的與客觀的壓力情境，已表示無力抗爭了。雖然他們自己嘴上說的是另外一套，諸如"達則兼濟天下，窮則獨善其身"，循隱山林，乃高人所為；追名逐利，是小人之舉；看破紅塵，是精神的昇華……總之，用許多自我安慰的話，來自己騙自己。

萬念俱灰、沮喪頹喪、渾渾噩噩、萎靡不振是他們常見的表現形態。結果是，他們沒有成為高人，卻成了逐漸被社會淘汰的人；他們也並非不想東山再起，只是沒有這種勇氣，久而久之，也沒了這種能力；他們在心底暗自羨慕著那些成功者，卻又不敢也不好意思在嘴上說出來，真是痛苦得很！

對策：
其一，認識到這是一種無用也無益的情緒。它除了使你心理上倍受煎熬和讓你的境況越來越差之外，再也沒有別的什麼可能性了。唯一的選擇是從這種狀況中走出來，並且愈早愈好。再有一點要說的是，現代社會根本沒有什麼山林可供你循隱，你現在想弄個農村戶口還真不容易。況且走到那兒都有競爭。

其二，不要自己騙自己。騙別人還可以理解，到了騙自己的時候，尤其是長期騙自己，這人基本上就沒救了。消沉無非是想逃，可你捫心自問，你逃得了嗎？既然逃不了，不如去積極抗爭。

其三，要有堅定的理想、信念與抱負。失去了這些，也就失去了生活的支柱與奮鬥的動力。人一定要有所寄託，有寄託才有生活目標。有了生活目標就有了抗爭的勇氣。

其四，分析導致自己消沉的原因。消沉的原因無非是失敗與壓力。好的，退一步說，我們就承認這一次我輸了，在壓力面前我扛不過去了，但我又何必消沉，難道我次次會輸嗎？難道我次次在壓力面前都扛不過去嗎？不會的，只要我們努力，只要我們找對努力的方向，我們肯定有贏的那一天。而消沉了，到是一切全完了。古人言："沒有場外的舉人"。意思是說，你都沒有去考試，那裡來的中舉的可能性？

在井岡山時期，林彪以及相當一部分人對革命的前途感到渺茫，有明顯的消沉情緒。毛澤東同志寫了著名的《星星之火，可以燎原》一文，善意地批評了那些意志消沉的同志，文章結尾的那一段話，堪稱千古經典，這裡借用之，贈予那些處於消沉中的金領、白領。

所謂革命高潮快要到來的"快要"二字作何解釋，這點是許多同志的共同的問題。馬克思主義者不是算命先生，未來的發展和變化，只應該也只能說出個大的方向，不應該也不可能機械地規定時日。但我所說的中國革命高潮快要到來，決不是如有些人所謂"有到來之可能"那樣完全沒有行動意義的、可望而不可即的一種空的東西。它是站在海岸遙望海中已經看得見桅杆尖頭了的一隻航船,它是立於高山之巔遠看東方已見光芒四射噴薄欲出的一輪朝日,它是躁動於母腹中的快要成熟了的一個嬰兒。

●焦慮

在心理學中,焦慮是一個不夠明確的概念。最早對焦慮作出解釋的是著名精神分析大師佛洛德,他開始的解釋是,焦慮是性釋放不完全的結果,不久又把焦慮歸結為受阻礙的性釋放的興奮所引起的緊張狀態。後來,他又發現這種解釋有不盡人意之處,於是又提出了新的看法,即焦慮是一種自我機能,它是人們警惕將要到來的危險,並對之做出的相適應的反應。

在後繼學者對焦慮的研究中,提出了對焦慮的操作性定義:即認為焦慮是一種實際類似擔憂的反應,或者說,是對當前或預計到的對自尊心有潛在威脅的任何情境具有一種擔憂的反應傾向。這裡必須把焦慮與各種擔憂反應區分開來,確切地說,焦慮指的是對自尊心的威脅,而擔憂通常是指對身體健康的威脅。例如,當一個人在黑夜裡行走看到猛獸時,這個人會感到十分擔憂,而當一個人體驗到或預料到失敗而喪失自尊心時,則會感到焦慮。

根據心理學家的研究,焦慮就其性質而言,可分為正常焦慮與過敏性焦慮。凡是由客觀情境引起的正常人的焦慮稱為正常焦慮。比如說,當某個學生面臨著關鍵性的考試,考試的成績與他的升學就業密切相關時,對於那些不大有把握的學生來說,就會產生焦慮,這種焦慮就屬於正常焦慮。過敏性焦慮指的是對自尊心的威脅不是直接來自於客觀情境，而是來自已經受到嚴重傷害的自尊心本身。一個神經過敏的人，經常會處於一種比較高度的覺醒與緊張狀態，往往對一般的中等困難的任務作出過敏性的反應。

由於焦慮是對自尊心的一種威脅，它可以成為人們行為的一種內驅力，激起個體改變自身現狀和緊迫感，從而進一步謀求達到某個行為目標。但焦慮有時也會傷害人們的自尊心，破壞人們的情緒，使人們的行為遇到那些不必要的內部困難與阻礙。因此，焦慮與人們行為之間的關係是非常複雜的，它究竟是對人們的行為起促進作用還是阻礙作用，要視許多因素而決定。

在這些因素中，最主要的兩個因素就是焦慮的水準與能力的狀況。

讓我們首先來看焦慮的水準。

心理學家曾把具有不同焦慮水準的人分為三組：即高焦慮者、中等焦慮者、低焦慮者。考察他們的行為效率，結果發現：高焦慮者，由於其焦慮水準過高，造成了個體的過度緊張，甚至引發個體的恐慌，這使得他們的注意力為激動不安的情緒所左右，認知活動不能正常進行，常常出現一些機械、重複、混亂的動作，在這種情況下行為的效率必然下降。但焦慮水準如果過低，人們的心理負擔過小，不能喚起行為所需要的足夠的熱情，其行為也必然是低效的。一般說來，中等強度的焦慮水準，能使人們維持一定的緊張度，並以此作為注意的基礎，使個體的注意力能專注於當前的活動，從而促進行為效率的提高。

再來看能力水準的影響。

心理學家的研究發現，並不是在任何情況下，對任何人來說，都是以中等強度的焦慮水準最為適宜，最能對行為的效率起到促進作用。

這裡面還有一個很重要的因素——能力水準在起作用，能力水準對焦慮與行為效率的影響是這樣的：

對於低能力的人來說，焦慮對行為效率有著較大的破壞作用；對於高能力的人來說，焦慮水準對其能力則有著很大的促進作用。在將能力因素考慮進去以後，焦慮與行為效率的關係就呈以下四種形態。

低能力與低焦慮水準相匹配，行為必然是低效的。

低能力與高焦慮水準相匹配，一則行為是低效的，二來個體在心理上的壓力將更為加重，並很可能演化為過敏性焦慮。

高能力與低焦慮水準相匹配，個體可能很容易體驗到一種滿足感，但其行為結果將不可能達到應有的高度，換言之，他們將自己埋沒自己的才華。

高能力與高焦慮水準相匹配，將能最大限度地發揮出他的聰明才智，把自己的潛能充分挖掘出來，大凡那些取得重大成就的人，多為這種焦慮與高能力相匹配的心理模式。

從以上闡述可知，有些焦慮完全是正常的，我們不要一發現自己焦慮就緊張起來。相反，在有些情況下，該焦慮而不焦慮到是不正常的事。再則，每個人的能力水準不同，焦慮對他的影響不一。同樣的焦慮水準，對一個人來說可能是壞事；對另一個人來說可能是好事。

我們所要對付的，是那種過敏性焦慮。有過敏性焦慮的人，總是擔心事情會出現最壞的結局，時刻期待著不幸的到來。他們的注意力不是集中於解決問題，而是擔憂已經受到傷害的自尊心再次受到傷害。例如，考試之前他不是忙複習，而是終日在擔心、在想像考不及格怎麼辦？

對策：

其一，增強自我效能感。過敏性焦慮的人，最關鍵的表現就是對自己的能力及其成就行為缺乏信心，而如果自我效能感得以增加則焦慮程度自然就會下降。增強自我效能感的最好方式就是多增加成功的體驗。我們可以把工作分為若干個子目標，每個子目標的實現難度都不大，這樣我們可以多多體驗成功，從而促進自我效能感的增長。

其二，降低期望水準。如果一個人的期望水準過高，那麼他體驗到的只能是一次又一次失敗。有個師範院校的學生對我說，他希望自己第一次上講臺，能像系裡一位老師一樣口若懸河、出口成章；像另一位老師一樣氣定神閒，揮灑自如。我說，這絕對不可能！如果你把第一次講課定位於這樣的水準，結果只能是失敗。這樣的焦慮，可以說是自找的。

其三，避免自尊心過強。我們是要聽別人的評價，尤其是負面的評價，但對這種評價切切不要過於敏感。別人說我們要聽，但"聽"不意味著"信"。更不要"迷信"。至於對別人的評價耿耿於懷，就更沒有必要了。

●抑鬱

抑鬱是指在引起抑鬱的情境得以改善之後，個體仍表現為沮喪、灰心、無望，對周圍事物和活動缺乏興趣，同時伴有自卑與自罪感，甚至有自殺企圖。

應當說，每個人都有過沮喪、灰心、無望的時候，但不是每個人曾患上過抑鬱症。有時候抑鬱是源於完全可以理解的原因：心愛的人去世、失業，或婚姻破裂。但大多數人都能漸漸適應過來。抑鬱症與一般的精神不振的區別在於持續時間的長短和情況嚴重的程度上的差異。

美國心理健康研究所指出，嚴重抑鬱的典型症狀包括：

睡眠習性明顯改變；

沒有胃口，或體重下降，或兩者同時出現，又或吃的太多，體重增加；

持續的憂愁、焦慮或"空虛"感；

感到無望悲觀；

感到愧疚、無用、無助；

疲勞或精力減退；

想及或談及死亡、自殺，或表白了自殺意圖，甚至已有行動。

作家威廉．斯蒂倫曾對"種種可怕的抑鬱形態"作過深刻的描述，其中有自艾自怨，自覺無用等感受，覺得"滿腹憂傷而毫無人生情趣，甚至感到恐懼和精神錯亂，特別是有一種令人窒息的焦慮感"；隨後，智力受損的症狀也開始出現，如"思維混亂，注意力渙散、健忘"等；以後，看問題的眼光也"完全扭曲"，有一種"頭腦被難以名狀的毒潮所吞沒的感覺，而這種毒潮把人生的歡樂抹殺得一乾二淨"。與此同時，生理的反應也出現了，如失眠、感覺如行屍走肉、"麻木不仁、無精打采、氣息奄奄"。更進一步，則感到生活全無樂趣，"吃飯如同嚼蠟，其他感官享受也索然無趣"。最後，任何人生希望都消失得無影無蹤，而"恐懼又無孔不入"，使人絕望地感受到似乎唯有自殺才能脫離者無邊苦海。

抑鬱現象非常普遍，但並不可怕。只要及早地予以科學地應對，會很快好起來的，那怕是已到達抑鬱症的程度。但如果只是消極應對，那情況可能會愈來愈嚴重。

美國心理健康研究所做了一次全美調查，發現只有 1/3 的抑鬱病人曾經求診。可是，一旦獲得治療，有八、九成的病人可因新藥物和療法而病況緩解，而且只要周圍的人及早注意到問題，而病人也立即開始治療，甚至可以不再復發。這種情況若不醫治，便會經常復發，而每復發一次，再次復發的機會也隨之增加。第一次發作未治的人，有半數會第二次發作；三次發作後，有 90% 的可能第四次發作，因此及早治療非常重要。

對策：

其一，轉移注意，盡可能別總是想著讓你鬱悶的事，也別老想著你正有抑鬱表現或抑鬱症。想點別的，好嗎？

有學者認為，抑鬱情緒持續或緩解與否？關鍵因素之一就是人們對其的思索是否適可而止。如果抑鬱者憂心忡忡，多半會使抑鬱更加嚴重，持續的時間更長。抑鬱症患者焦慮的事情不少，但都與抑鬱症本身有關，如我們感到心力交瘁、精力不濟、缺乏動力、工作效率差等。一般來說，對這種情況他們很少採取實際行動加以改善。美國斯坦福大學心理學家霍克斯瑪曾對抑鬱症患者思索的問題進行過研究。她舉例說，這些人常常會“讓自己離群索居，感受自己心情有多麼沮喪，擔心由於自己情緒低落，配偶會不會理睬自己，害怕不斷受一個個不眠之夜的煎熬”等等。

其二，採用認知療法。

有研究發現，對於輕度抑鬱症，有助於改變抑鬱症患者思維定勢的認知心理療法，其療效並不比藥物差，而且更有利於防止輕度抑鬱症再度發生。對治療輕度抑鬱症來說，有兩種認知技巧尤為有效，一是學會在冥思苦想中對擔憂的問題質疑，想想這樣看問題是否正確，是否還有更多積極選擇；二是有意識地安排一些愉快且能轉移憂思的活動。

其三，去享受生活。

有人提出，緩解抑鬱症的常用方法是通過享受生活讓自己振奮愉快。心情抑鬱時，人們常通過洗個熱水澡，吃點美味佳餚，聽聽音樂或做愛等來減輕其鬱悶情緒。婦女心情不佳時，通常的緩解辦法是上街給自己買點小玩意兒或吃點東西。婦女到商店裡，即使不買東西，僅僅隨處逛逛心裡也會舒暢。

其四，給自己一個成功體驗。

還有一種方法是設法取得一個小小的成功，如處理好家裡某件拖延已久的雜事，或做做早就打算要搞的清潔衛生。同樣，改善自我形象也有助於解悶消愁，哪怕是穿著得體整潔也好。

其五，做義工去。

緩解抑鬱症的另一個有效方法是助人。抑鬱症患者情緒低落的原因就在於沉溺於自己的苦悶中。如果移情於他人的痛苦，熱心幫助他人，就能把自己從抑鬱情緒的桎梏中解救出來。泰斯的研究發現，投身於志願者助人活動是改變心境的最佳辦法。然而，這也是人們最少採用的辦法之一。

其六，服藥。

如果以上方法都還不行，最後的選擇應該是服藥。請注意，我們認為服藥是最後的選擇，而不是最初的選擇。服藥對抑鬱症的治療是有效果的。據醫生說，病況嚴重的人吃過抗抑鬱藥，有些會在 4 至 6 個星期內好轉。我們還是認為，在服藥的同時，以上方法仍需採用。這是心病，心病還需心藥醫。

●冷漠

冷漠是指個體對壓力或挫折情境表現出漠不關心或無動於衷的態度。就是我們平時所說的"哀莫大於心死"。這是一種比攻擊更為複雜的心理反應，看起來，當事人十分冷靜以至冷靜得過分，但實際上他們的內心世界非常痛苦。冷漠主要表現為對人懷有戒心甚至敵對情緒，既不與他人交流思想感情，又對他人的不幸冷眼旁觀、無動於衷，顯得毫無同情心。

造成冷漠的主要原因有：

第一，個體本身長期的處在一種壓力狀態中，並頻繁的遭受挫折，感到壓力或挫折情境已經達到了自己無法改變的地步。有過抗爭的經歷，但是收效甚微。只能以"死豬不怕開水燙"的心態，任其自然發展。

在第二次世界大戰時被關在納粹集中營的人，起初他們企圖改善營中的生活，願意擔負各種事務甚至共謀反抗與逃脫。但在遭遇一連串的挫折，逃亡不成功，而且遭到嚴厲的處罰後，他們漸漸地瞭解到，他們對於這個境遇完全是無能為力的。由此便產生了極端的冷漠，對什麼都不再關心了。甚至在戰爭結束，盟軍到來的時候，他們也是茫然不知所措，不敢相信和平真的來臨，他們已重獲自由。

第二，受到別人欺騙、暗算等心靈創傷或因種種原因受人漠視、輕視甚至歧視所致。他們在人際交往中帶上灰色眼鏡看待人生，以敵對的態度看待他人，對待他人。在他們的眼裡，世界是灰暗的，人性是邪惡的，生活是痛苦的。久而久之，逐漸失去了應有的熱情和同情心，變得冷漠直至冷酷。

第三，進入新環境的一種自我心理防衛。

這在大學生群體中比較普遍。來自五湖四海的人聚到了一起，每個人家庭成長過程（包含各種身心創傷）不同，自然呈現出各異的處世性格，在與同學交往的過程中，一些人因為不愉快的經驗而導致害怕失敗或者自卑。於是，不接觸、不反應的"冷漠"，就成了最佳的自我防衛機制之一，以避免"自暴其短"。

冷漠是引起人際關係不良的主要原因之一，試想，一個熱情開朗的人，一個冷若冰霜的人，你會選擇和誰做朋友呢？

有這樣一個心理學實驗：美國心理學家為從動物實驗中獲得有關愛的人類行為線索，為幼猴設計了五種人造母猴，觀察"母親"的拒絕會在幼猴的身上引起怎樣的反應：第一種偶爾用壓縮空氣吹幼猴；第二種會猛烈晃動，致使幼猴無法爬到母親身上；第三種裝有彈簧，能將幼猴彈開；而第四種"母親"的身上居然佈滿了鐵釘。但這四種"母親"都未能將幼猴從它的"母親"身邊趕開，惟獨第五種體內灌有冰水的母猴使幼猴躲在牆角，並永久地拒絕了母親。

對策：

其一，就要找出導致自己冷漠的直接事件和心理原因。只有找到了原因才能夠對症下藥。

其二，學會傾訴。多和別人交流，特別是自己最親近的人交流，溝通，點燃自己生命的熱情。

其三，讓自己變得專注。

當你有所追求的時候，你就會充滿動力和熱情，開始不再無動於衷。現在，就為你自己下一個決定，選擇專注地做一件事情，或者是一個生活目標，或者是開始一個愛好，儘量選擇那些較容易的、比較能使你產生自信和快樂的事情，慢慢地讓自己的生活充滿積極的情緒。

其四，學會關愛別人。

冷漠的人總是把注意力關注在一些挫敗的情感體驗中，很少去關愛別人。應該嘗試讓自己心中有愛，例如：在公共汽車上為有需要的人讓座，打電話真誠地問候一些很久沒有聯繫的朋友，傾聽別人的心聲，並且想想自己可以為別人做什麼。

發起於澳大利亞的"抱抱團"也正是說明了關愛別人對於克服冷漠的重要性。

一個澳洲小夥子舉著寫有"自由擁抱"的牌子，在悉尼的大街上試圖與陌生人擁抱。一開始並沒有人理會他，可慢慢地，路人被他的誠意所感動，主動走上前來擁抱他。很快，"抱抱團"成了風行世界的活動，短短2個月內，30多個國家的街頭都出現了這道獨特的風景。

當你去愛別人的時候，別人也會回報給你愛，點燃你心中的溫情，使你覺得生活充滿陽光和希望。冷漠除了讓你失去更多快樂之外，別無任何益處。而改變冷漠的方法就是重新擁有愛和關懷。關懷你自己和別人，關心你身邊的事情，冰雪會在溫暖的情感下融化。

其五，在思想觀念上，不能把冷漠看成是超脫。

其六，學會熱愛生活，堅信生活是美好的，我們既然來到這個世界，就應該享受這個世界上一切美好的東西。

其七，多與人，至少與自己最親近的人溝通、交流，點燃自己生命的熱情。

其八，從小處做起，從容易的事做起，多多獲得成功體驗。

●走神

走神是指心理活動能夠有選擇地指向於一定事物，卻難以穩定地集中於該事物的一種注意失調現象。它與注意渙散的最大的不同點在於：它不是在任何活動中都表現出來，而只是要特定的活動中，尤其是在對自己具有重要意義的活動有所表現。比如說，看電影、看電視不走神，與他人聊天也不走神，但在自己工作的時候、開會的時候卻會走神。有位老兄，在公司開會的時候，別人問他一件工作上的事，別人說了半天，他也沒明白，不是理解力有問題，而是他根本就沒聽清楚，他走神了。究其原因，不是他對工作不負責任，而是過重的壓力使得他一提到工作就神情恍惚。

對策：

有關對付走神的策略，傅安球先生提出如下方法：

其一，既要明確容易誘發走神的特定活動的重要意義，也不要患得患失，束縛自己，以避免不必要的自我緊張。

其二，要防止過度身心疲勞，按時作業、按時活動、按時睡眠，尤其是在從事對自己有重要意義的活動的前夕，更要充分休息，不打疲勞仗。

其三，當走神發生時，可通過深呼吸並在深呼吸的同時心中默數呼氣的次數（不數吸氣的次數）來調整身心，放鬆精神。

其四，在平時，凡事要養成認真、仔細、謹慎的習慣。

●孤獨

孤獨是一種以孤單、寂寞，遠離人群為特徵的消極心態。

在現代社會中，孤獨是一種社會病。著名未來學家阿爾溫·托夫勒在《第三次浪潮》一書中寫道："蒙受孤單的苦楚，當然很難說是始自今天，但是現在孤獨是如此的普遍，竟然荒謬地變成人皆有之的經驗了。"他還指出，孤獨是一種世界性現象，孤獨感像一場瘟疫蔓延開了。他形象地說道："從洛杉磯到列寧格勒，十幾歲的青少年，不愉快的配偶，單身的父母，普通的職工，以及上了年紀的人，都抱怨社會孤立了他們，父母親認為子女忙得沒有時間來看望他們，甚至沒有時間打一個電話。在酒吧間和自動洗衣店中，寂寞的異鄉客傾訴心裡話，一位社會學家稱之為'淒然寡歡，心亂如麻'。那些獨身俱樂部和唱片夜總會，成了絕望的離異者的肉慾市場。"

孤獨產生於以下幾種原因：
處於一種陌生、封閉、孤立與不和諧的環境之中；
生活模式突然發生變化，如失業、退休；
事業遇挫，人際關係緊張；
為追求個性而必須付出的代價；
巨大的壓力使自己處於封閉、半封閉狀態；
……
對於人類而言，孤獨是一種"酷刑"。

西方科學家做了這樣一個實驗：他們讓受試者裸體進入水溫與體溫相同的水池中，頭上戴上面罩，隔絕聲光，僅容呼吸，使之處於與世界幾乎完全隔離的狀態。結果 8 小時後受試者出現精神異常。

日本廣島大麗杉本助男教授曾採用密室法，系統觀察了受試者在孤獨的、低刺激環境下心理狀態的變化。實驗方法是把受試者連續三天單獨關在一間密室裡。實驗第一天結束時，受試者一般都已回憶到很久以前的事了，包括幼年時代的事情。到第二天，那些回憶和思考便不能繼續下去了，往往被中途打斷。這時受試者就得衝動起來，在屋裡徘徊不止，時而大聲叫喊，時而用手敲打牆壁，而且越來越嚴重，同時聽到周圍根本不存在的聲音，還懷疑別人在他的食物中放了毒藥。

寂寞有損於健康，反之，與他人建立密切的情感聯繫則有益於健康。過去 20 年來，人們在這方面進行了若干研究，研究物件多達 35000 餘人。研究結果顯示，精神孤獨者患病或死亡的概率是其他人的兩倍。這裡的精神孤獨是指無人可傾訴心聲或無親近的人。在 1987 年的《科學》雜誌上有一篇報導，認為精神孤獨"導致的死亡與吸煙、高血壓、高膽固醇、肥胖症及缺乏體育鍛煉一樣多"。吸煙作為危險因素，可使死亡人數增加 1.6 倍，而精神孤獨可增加死亡人數 2.0 倍，對健康的危害更大。

精神孤獨對男性的影響甚於女性。孤獨男性死亡的概率是有親密社會關係男性的 2～3 倍；孤獨女性的死亡概率為有親密社會關係女性的 1.5 倍。精神孤獨對男女兩性影響的差異，可能與女性的社交關係更富情感色彩有關。只要有一兩個至愛親朋，女性就足以自慰；而對男性來講，這卻是杯水車薪。

1993 年，瑞典發表了一項有關情感支持的研究報告。這大概稱得上是最具有說服力的一份材料。研究物件是居住瑞典哥德堡市、1933 年出生的 752 名男性居民，研究方法是為這些人提供免費醫療檢查。這項研究持續了 7 年，在此期間，有 41 人死亡。

研究結果顯示，那些從一開始就報告說自己生活在強烈的情感壓力之下的男人，其死亡率要高出生活平靜者 3 倍。導致壓力的原因主要是經濟窘迫、工作無保障或失業、陷入訴訟或離婚等。如果在研究開始前一年就已有 3 種或更多壓力纏身，則該男人在隨後 7 年裡死去的可能性較高。一次預測死亡比高血壓、高血脂及高膽固醇等指標更準確。

孤獨有四種形態：

境遇型孤獨——到了陌生環境不能很快適應，又不去主動適應，只希望回到原先的熟悉環境中去。

封閉型孤獨——一種虛幻的受迫害感籠罩心靈世界，試圖把自己關閉在狹小的個人天地。

行為方式型孤獨——他們也渴望交往，但其行為方式使他們很能理解別人，別人也很難理解他們。

自傲型孤獨——這種人的特點是孤芳自賞、自命清高、自以為是，他們不願與他人為伍，每天只是顧影自憐、自我欣賞。

對策：

其一，增加交往面與交往頻度。

其二，建立外鬆內緊的"心理防衛圈"。金領、白領又想要個性，又怕孤獨。怎麼辦？有一個可行的選擇就是建立外鬆內緊的"心理防衛圈"。外鬆，使人們可以建立廣泛的關係，有效地排遣令人難耐的孤獨；內緊，可以維護自己的獨立性與個性，使自己不被群體所"淹沒"而喪失自我。

其三，幹事業是排遣孤獨的又一良策。我們的孤獨可能是因工作壓力所致，但這不能構成不幹事業的理由，相反，我們更要好好幹事業。工作的過程會給我們帶來諸多交往的機會，可以消彌誤解；可以增進友誼。而事業有成會給我們帶來更大的交往空間與機遇。所以，即使孤獨因工作而起，還需逆風而上。

其四，增加自我開放度。我們不必整天把自己裝扮成一副正人君子的模樣。在適當的時候，適當的情境中，我們可以向他人吐露心聲，可以暴露自己的缺點與不足，可以表現出自己個性中的弱點。讓別人所看到的自己，不是一具由道德和規範組合而成的木偶，而是一個活生生的、有血有肉的人。

●怯場

根據傅安球先生在《實用心理異常診斷矯治手冊》中描述：怯場是指臨場時過於緊張、致使思維、記憶、動作的準確性降低，行為紊亂的情緒失調。通常情況下，每個人都有過明顯的怯場體驗。如第一次登臺表演，第一次與戀人約會、第一次面臨重大考試等。這種由"第一次引起的怯場，通常會隨第二次、第三次……的逐步適應而逐漸減弱直至最終消失。但如果每逢臨場過於緊張的情緒始終難以消失，即怯場成了經常性的習慣表現，有些人甚至愈演愈烈，同時還會伴有心悸、頭昏等生理症狀，這就成了典型的心理問題了。

作為心理問題的怯場，輕者僅表現為心理失調，包括感受性降低，視聽發生困難，甚至產生錯覺；注意力難以集中，心猿意馬；熟記的內容不能順利回憶；思維遲鈍、混亂，不能正常地進行分析、歸納、判斷、推理和論證；動作笨拙，即使是熟練的動作也會出錯等。所有這些心理失調現象在離開現場後都會迅速消失。重者還同時伴有生理失調，例如心悸、胸悶、頭昏、耳鳴、出汗、顫抖、無力、發冷、尿頻、尿急等，這些生理症狀同樣也會在離開現場後消失。

可見，怯場是一種境遇性的消極心態。它的發生一般是由於下述原因：

第一次體驗的活動；
對自身具有重大意義的活動；
曾經失敗過的，特別是數次失敗過的活動；
自己對結果期望值比較高的活動；
自己在知識、能力、經驗方面不是很充分的活動。

對策：
其一，對怯場有個正確的認識，它幾乎是所有人都體驗過的經驗。
紅極一時，盡人皆知的美國著名影星夢露，在成名前的幾年，也有機會參加影片的拍攝，但總是不能嶄露頭角。每當念臺詞時或面對攝影機時，總有一種不可名狀的恐懼感。無法達到自然灑脫的狀態。雖然她相貌極有魅力、素質又很好，但怯場的表現始終無法克服。後來，一位催眠師給她做了八次催眠治療，驅除了自卑感，恢復了自信心，怯場的表現則如灰飛煙滅，一位充滿自由感的巨星在銀壇上空閃爍。

世界級的大明星夢露尚且會怯場，我們有點怯場表現那也就太正常了。所以，偶有怯場表現，大可一笑了之，不要太在意。

其二，對自己的要求不要太高，特別是剛從事某一活動的時候。要多鼓勵自己、表揚自己，對自己要有信心。

其三，對於嚴重的而又不可避開的怯場情景，可採用系統脫敏法，小步子前進，逐漸戰勝怯場。

●強迫

強迫是指經常地、不由自主地出現某種思想、觀念功或動作。當事人自知這種思想、觀念或動作不正確或沒有必要，但又無法控制它們的出現。

強迫包括強迫性觀念與強迫性行為。強迫性觀念包括：強迫性懷疑；強迫性回憶、強迫性擔心等。強迫性行為包括：強迫性性意向（一種止不住要做某件事的衝動）；強迫性動作（如洗手）；強迫性儀式動作等等。

強迫觀念可使人的頭腦中總是充滿瑣碎的思想（比如數自己的心率），以避免威脅性的觀念與記憶。它會一直保留在頭腦中，無法消除，有強迫觀念的人不能自由地思考其他任何問題。強迫行為則往往是一種有罪或害怕被懲罰的表現，是受自身的強迫而去實施的實際行為。總括地說，強迫的特徵是自我的意識不能左右自身的思維，毫無理由地反覆重演某一行為。在日常生活中，人們經常想起某件事或某個觀念，重複某種行為，只要程度上不過分，只能算是有強迫表現，而不是強迫症。當然，要在這二者之間作出明確區分是困難的。

關於強迫產生的原因，一般認為外因是個人生活中的壓力性事件；內因是個人的某些性格特徵，二者相互作用導致強迫的發生。容易產生強迫的性格特徵是：膽小怕事；優柔寡斷；遇事過於細緻、謹慎；好勝心強；有完美情結；刻板；井井有條內心脆弱、急躁、自制能力差或具有偏執性人格等等。這樣的性格特徵，如遇上工作、生活責任加重、環境壓力大、競爭激烈、淘汰率高、人際關係緊張，就有可能誘發強迫。

對策：

其一，如果強迫行為只是輕微的或暫時性的，當事人不覺痛苦，也不影響正常生活和工作，就不算病態，也不需要治療。而如果強迫行為每天出現數次，且干擾了正常工作和生活就可能是患了強迫症，需要治療了。

其二，當自己的觀念與行為中出現了強迫的苗頭時，既不要驚慌失措，也要引起足夠的警覺。要提醒自己，這不是好現象。或者要著手調整自己的性格特徵；或者要對環境壓力作出應對措施，總之，任其發展下去是不行的。

●壓抑

壓抑，又稱潛抑。是指個體將不為社會所接受的本能衝動、欲望、情感、過失、痛苦經驗不知不覺地從意識層面排除，或壓抑到潛意識中，使之不侵犯自我或使自我避免痛苦。但是，這些受到壓抑的觀念、衝突、經驗進入潛意識後，並沒有消失，而是演變為各種"情結"。這些情結，我們意識不到，但卻不時地騷擾人們的正常生活，成為困擾人們的心理疾病。有時，這些情緒會在意識看管薄弱的時候，以失言、做夢、筆誤的方式表現出來。

容易產生壓抑現象的人多為性格內向，沉默寡言、交友不多。他們在遇到壓力情境時常常不是用宣洩、傾訴而是用深埋心底的方式來處理自己的情緒。換言之，想以內部消化的方式來解決問題。當然，問題是得不到解決，至少是得不到很好解決的。

對策：

其一，當自己有痛苦、有想法、有衝突的時候，一定要尋求合適的場合、合適的物件表述出來，可以找自己的親友，再不行就去找心理諮詢師。請放心，他們的職業道德中的第一條就是為你保密，更不會取笑你。

其二，經常找個合適的場所釋放一下自己。可以去看足球賽，在球場上大喊大叫一番；去拳擊俱樂部與人打鬥一場；一次痛快淋漓的性生活等等，都是釋放自己的好方法。

其三，如果這些你還難以做到，用記日記的方式把一切都傾訴出來也行。

●投射

投射作用是指將自己內心存在的某些不被社會所接受的欲望、衝動或思想觀念，轉移到別人身上，說自己沒有而別人有這種欲望、衝動或思想觀念，以此來逃避自己心理上的不安。"以小人之心度君子之腹"便是典型表現。

這種消極心態常由單位裡複雜的人際關係所引起；引起以後又進一步破壞人際關係。

我們大家都清楚，在工作中，很大一部分壓力是來自於人際關係的不和諧。當兩個人發生衝突以後，人們通常都把對方的行為理解為是蓄意的、惡意的。職場中的人常嘆曰"江湖險惡，人心險惡。"其實，有時情況並不是我們想像中的那麼壞。人際衝突中有相當一部分是因為誤會引起的。但是，如果我們自己心中有鬼，心理陰暗，凡事往壞處想，做人往惡處做，卻認為別人是如此，似乎自己得了心理的平衡，但事情會愈搞愈糟，關係會愈來愈壞，你的壓力也會愈來愈大。

對策：

其一，建立一個基本的判斷：這個世界上有好人，也有壞人，但好人總比壞人多。不可能你所遇到的全是壞人，如果你是這麼認為的話，那只能說明你就是壞人。

其二，不要把別人的所言所行，都往"惡"的方向、"壞"的方向去理解，別人沒有那麼壞，至少說沒必要那麼壞。其實你這麼理解是反映了自身的心態。

其三，請警惕！如果你有這種消極心態，不僅會增加虛幻的壓力，而且會導致一系列的心理與生理病變。

請儘早改變這種心態，相信："人之初，性本善。"

●推諉

推諉就是在自己受挫時，將自己的受挫原因完全歸之於外部世界、歸之於他人，以擺脫自身心靈上的內疚。項羽兵敗垓下，自刎烏江，到了這個時候了，他還是沒有真正認識到自己失敗的原因所在，卻還自我安慰："天亡我，非戰之罪也！"

人們在壓力狀態下，特別是在因壓力而失敗之後，推諉是一種非常常見的心理防衛機制或曰心態表現。生意沒談成，說客戶太刁難；機器修不好，說工具不齊全；職務沒有晉升，說領導偏心眼；該做好的事沒做好，說天意如此，如此等等，不一而足。

推諉從本質上說還是一種歸因錯誤，即他們把失敗的原因統統歸之於外部的、不可控的因素，而自己主觀上沒有任何責任。試圖以這種方式保證自己的心理平衡。顯然，總是這麼想、這麼做，很不利於個人的提高，也不利於在工作中取得較好的績效。

對策：
其一，監控自己，當發現自己總是做不好事，又總是覺得自己沒責任的時候，就要注意是否產生了推諉現象了。

其二，要正確歸因，一件事做不好，自己肯定不會一點責任沒有。

例如，學生考試成績不好，有些老師會把學生臭罵一頓。可是，你想過沒有，學生考不好，難道你老師沒有責任嗎？難道你不需要從你的教學中去找原因嗎？

其三，看看與自己相同情況的人做得如何？如果別人做得很成功，我們就不能向外部環境推諉了。

●幻想

幻想是與個人願望相聯繫的並指向未來的想像。幻想有兩種形式，一是理想；一是空想。以客觀現實的發展規律為依據，並指向行動，經過努力可以實現的幻想就是理想。完全脫離現實，毫無實現可能的幻想就是空想。這裡所說的幻想，就是指的後一種形態。它是個體在受到挫折後把自己置於一種遠離現實的想像境界，以非現實的虛構方式來應對挫折、取得滿足。這種空想常導致白日夢。

著名作家張天翼有篇小說《包氏父子》，主人公包國維是個窮人家孩子，偏與一幫紈絝子弟在一起鬼混，又常被他們看不起。於是，一個人在家裡做起白日夢。他想到自己在籃球場上大出風頭，班上本來對他愛理不理的女同學都圍上來向他獻殷勤，全城的大姑娘、小媳婦都把他的照片掛在帳子裡……

想著想著，心裡好生得意，醒來以後，卻是更為悲涼。
這種情況是小資常見病，在白領階層中多見。尤其是在壓力大、挫折多的時候容易發生。

對策：

其一，這種空想，偶有所為，屬正常。對化解心理壓力，也有一定好處。但長期以往，就會成為病態。

其二，告誡自己一定要分清現實世界與虛幻世界。絕不能以虛幻世界替代現實世界。

其三，總是不能擺脫這種心理狀態，就要去找心理醫生了。

●退行

對於正常人而言，在不同的年齡階段，應該表現出與這一年齡階段相符合的行為特徵。一個 5 歲的兒童，應該表現出幼兒的行為特徵，一個 30 歲的成年人，應該表現出成年人的行為特徵。而退行則是指個體在遇到重大壓力情境或挫折時，退回到較低的心理發展水準，出現與自身年齡極不相稱的幼稚行為。如有些成人在遇到壓力或受到挫折後蒙頭大睡、裝病不起、嚎啕大哭，都是退行行為的表現。他們想用較原始而幼稚的方法應對困難，或是利用自己的退行來獲得別人的同情與照顧，以避開現實情境的問題與痛苦，嚴重的精神分裂症患者甚至可以退行到"子宮內生活"的狀態。處於這種狀態的患者嚴重脫離現實，蜷曲為胎內嬰兒姿勢，與外界斷絕一切接觸。

顯然，退行是以不負責任的方式對壓力情境。雖然可以得到暫時的解脫，但事情卻沒有因此而了結。這種不成熟行為只會把現實的困難與問題搞得愈來愈複雜。

對策：

其一，在工作中遇到問題時，應當冷靜下來，認真分析為什麼會出現這樣的問題，以及解決問題的方法。而一味的退縮只能使原來的優勢蕩然無存，而問題會越來越多。

其二，退行的人常有過分自責的特點，每每把失敗的責任都歸咎在自己的身上，又無力承受，只能選擇退行（可以不負責任）來面對壓力情境。鑒於此，我們在遇到壓力以及由壓力導致的挫折時，不要都以為是自己的錯，有些是客觀因素所致；有些是其他人做得不好，不是我們的責任。我們只能承擔自己該承擔的責任，改進我們自己可以改進的工作。這樣一來，你就會輕鬆許多。

●固執

說起固執，不得不先談談另一個心理學概念——堅持性。個體在行動中能夠持之以恆，堅持到底，稱為意志的堅持性。具有堅持性的個體，不會因成功而驕傲，也不會因失敗而氣餒。始終能夠以充沛的精力和堅韌的毅力工作、學習、生活，榮辱在所不計，毀譽無動於衷，沉默而頑強地走自己的路。

電影《一個都不能少》中魏敏芝的形象就很讓人感動。當山村姑娘魏敏芝勉為其難地當上代課老師時，她牢記老教師的“一個都不能少”的囑託，嚴嚴實實地看管著一群與她年齡相仿的孩子們，恪盡著她的職責。當一個男孩因家境貧困而進城去打工時，魏敏芝心裡想的仍是要千方百計地找他回來。尤為感人的一幕是，在好心人指點她到電視臺登“尋人啟事”，而她又身無分文，她得知只有找台長才能解決問題時，她站在電視臺門口，對著每一個出入的戴眼鏡的男子問：

你是台長嗎？"場景幾乎是同一種窘迫的躲避的姿勢，但她仍鍥而不捨地追問著，用著同一種探究的然而也是固執的神情，終於，台長走出了他的辦公室，走向了這個固執的女孩，終於，在電視上出現了魏敏芝那急切的呼喚："你在哪裡？你回來呀！……"終於那男孩回到了學校，更大的寬慰是，來自社會的關懷也因此進入了那個從不被人知的山村小學校。

這就不是固執，而是一種可貴的堅持精神。不過，不能把所有喜歡"一條道跑到黑"的人都看著是具有堅持精神的人。如果事實證明這根本是一條走不通的道；如果你的觀念或行為已被證實是錯誤的、荒謬的而死不改悔，那就叫"不見棺材不掉淚"。我們崇尚堅持性，反對固執。

固執的引發常與不恰當的自我保護有關。自己無法客觀地認清事物或情境，但又不肯聆聽老師、同學、家人、朋友的勸說，因為那使他們感到自尊心受損，或者根本不能接受與自己思路相左的觀念。他們常常身陷困境而不能自拔、執迷不悟，還要找出很多幼稚的理由來欺騙自己，從而受盡許多毫無意義的、甚至是虛幻的折磨。

有個瞎子，在經過一條乾涸了的小溪，不慎失足掉落橋下，所幸他兩手及時抓著橋旁的橫木，大喊救命。路人告訴他不要怕，儘管放手，底下便是地面。瞎子不信，抓著橫木，仍然大哭大喊，直到力氣用盡，失手掉在地面，這時他才相信明眼人說的話，橋下的確沒有水，可是自己卻無端受了多少的驚嚇和辛苦。

固執不僅禍害自己，還會泱及無辜。固執的人常與他人搞不好人際關係。由於固執不能用理智來評價自身，也就不能客觀公正地去評價別人，不能贏得別人的理解和信任。也由於總是把自己的觀點強加於人，勢必會造成別人的心理反感，從而使交往在無形中產生一種“心理對抗”。還由於固執難免不與人發生爭執，影響與人的思想交流和融洽相處。總之，過於固執就無法與人溝通，會使你處於孤立無援、舉目無友的境地，最終導致懷疑自己的能力，動搖甚至喪失自信。

固執發展到極端狀態就是一種偏執型人格障礙，其主要特點是敏感多疑、好嫉妒、自我評價過高、不接受批評、易衝動和詭辯、缺乏幽默感。

固執主要由以下兩個原因造成：

首先，自尊心過強是導致固執形成的基礎。自尊作為人的一種精神需要，是可以理解的。但有些人的自尊心只能用執拗、頂撞、攻擊、無理等方式來滿足，就會使固執在這種滿足中得到發展。

其次，浮誇、傲慢、懶惰、墨守陳規也是構成固執的要素。這種人常表現為情緒不穩定，社會適應性較差，對周圍環境或人漠不關心，易與人發生摩擦，處理不好人際關係。同時自己內心苦悶，又不能耐心地聽別人講話，因而使自己心底的鬱悶無處排解。愈是獨處，愈容易鑽牛角尖，一步一步地陷於固執的泥潭之中。

對策：
其一，從書籍中獲得撫慰。經常閱讀偉大人物的傳記，能使固執的人得到心靈上的慰籍。豐富的知識使人聰慧、使人思路開闊、使人不拘泥於教條和陳規陋習。

其二，克服虛榮心。人無完人，都會有缺點和錯誤，用不著掩飾。要以真誠的態度來對待生活，追求美好的東西，不要刻意掩飾自己和趕時髦。更不要誇誇其談、不懂裝懂。

其三，克制自己的抵觸情緒，減少無禮的言語和行為。對自己的錯誤，要善於運用幽默，主動認錯，自我解嘲地找個臺階下，不要頑固地堅持自己的錯誤觀點。

其四，接受新事物的興趣。固執常常和思維狹窄、不喜歡接受新東西、對未曾經歷過的東西擔心相聯繫。為此，要養成渴求新知識，樂於接觸新人、新事，並從中學習其新鮮和精華之處的習慣。

●逃避

"影子真討厭！"小貓湯姆和托比都這樣想，"我們一定要擺脫它。"然而，無論走到哪裡，湯姆和托比發現，只要一出現陽光，它們就會看到令它們生厭的自己的影子。不過，湯姆和托比最後終於都找到了各自的解決辦法。湯姆的方法是，永遠閉著眼睛。托比的辦法則是，永遠待在其他東西的陰影裡。

湯姆和托比的解決問題的辦法代表了逃避的兩種基本方式：一是徹底扭曲自己的體驗，對生命中所有重要的負性事實都視而不見；二是乾脆投靠痛苦，把自己的所有事情都搞得非常糟糕，既然一切都那麼糟糕，那個讓自己最傷心的原初事件就不是那麼讓人心疼了。

表面上看，似乎把影子擺脫了，而實際上則給自己帶來了更大的麻煩和不便。由此可見，作為心理自我防禦機制之一的逃避心理，雖然可以作為解決問題的一個辦法，但它不是唯一的辦法，更不是可取的方法。

在許多情況下，人無法做到真正的逃避，逃避更無法真正地解決問題。有些事情，雖然很痛苦，但現實註定你是逃不掉，你只能去勇敢地面對它、化解它、超越它，最後和它達成和諧。例如，在大學裡，你不喜歡高等數學，對之深惡痛絕，直面痛苦的人會從痛苦中得到許多意想不到的收穫，它們最終會變成生命的財富。

我們並不提倡面對所有的問題，所有的痛苦都不要逃避，"明知山有虎，偏向虎山行"，這話要看具體情況。如果非常有必要這麼做，可以"偏向虎山行"；如果必要性不是太大，

更好的選擇是不行或繞道行。再則，面對過於痛苦的事情，適當的逃避也是必要的。在長期的生活中，人類提煉出了形形色色的方法去逃避痛苦，這些方式沉澱下來就是心理防禦機制。不過，心理防禦機制如對事實扭曲得太厲害，它會帶出更多的心理問題，甚至會形成逃避型人格。

心理學家對逃避型人格的特徵定義為：

1，很容易因他人的批評或不贊同而受到傷害。

2，除了至親之外，沒有好朋友或知心人(或僅有一個)。

3，除非確信受歡迎，一般總是不願捲入他人事務之中。

4，對需要人際交往的社會活動或工作總是儘量逃避。

5，在社交場合總是緘默不語，怕惹人笑話，怕回答不出問題。

6，害怕在別人面前露出窘態。

7，在做那些普通的但不在自己（或她）的常規之中的事時，總是誇大潛在的困難、危險或可能的冒險。

只要滿足以上特徵中的四項，即可診斷為逃避型人格。

新佛洛德主義的主要代表人物霍妮對逃避型的人有過詳細的分析。她認為："這類人最明顯的特點是普遍地疏遠他人，甚至有對自我的疏遠，他們對自己都持旁觀態度，這與他們總的生活態度是一致的。他們的內心還有一種有關鍵意義的需要：即在自己和他人之間保持感情的距離。更精確地說，他們有意識和無意識地作出決定，不以任何方式在感情上與他人發生關聯，無論是愛情、爭鬥、合作、還是競爭。

值得注意的是，逃避型的人並非一無是處，他們常常是內心衝突的優秀觀察者。他們有自強自立的需要，這種需要的一個明確表現是足智多謀。此外，一種更不可靠的維持自力更生的方式是有意識或無意識地限制自己的需要。如果需要依賴別人，他寧可放棄快樂。

這種人還有一個突出的需要——保守個人隱秘。自立自強與保守隱秘都服務於他最突出的需要——絕對的獨立。

逃避型人格的另一特點是有一種追求優越的強烈願望，他渴望成功，渴望成為獨一無二的人。他對未來有豐富的幻想，但又畏懼競爭。在感情方面，這種人表現出壓抑一切感情的傾向，甚至否認感情的存在。由於輕視感情，他們表現出對理性的強調，希望一切都僅憑理性思維得到解決，所以有不少奇思妙想出自這類人的頭腦。"

造成逃避最主要的原因是自卑心理，主要表現在下幾個方面：

　　1‧自我認識不足，過低估計自己。每個人總是以他人為鏡來認識自己，如果他人對自己作了較低的評價，特別是較有權威的人的評價，就會影響對自己的認識，從而低估自己。

　　2‧消極的自我暗示抑制了自信心。當每個人面臨一種新局面時，都會自我衡量是否有能力應付。有的人會因為自我認識不足，常覺得"我不行"，由於事先有這樣一種消極的自我暗示，就會抑制自信心，增加緊張，產生心理負擔，工作效果必然不佳。這種結果又會形成一種消極的回饋作用，影響到以後的行為，就這樣惡性循環，愈演愈烈。

　　3‧挫折的影響。有的人由於神經過程的感受性高而耐受性低，輕微的挫折就會給他們以沉重的打擊，變得消極悲觀而自卑。此外，生理缺陷、性別、出身、經濟條件、政治地位、工作單位等等都有可能是自卑心理產生的原因。這種自卑感得不到妥善消除，久而久之就成了人格的一部分，造成行為的退縮和遇事迴避的態度，形成逃避型人格。

　　對策：
　　其一，消除自卑感。

　　正確認識自己，提高自我評價。形成自卑感的最主要原因是不能正確認識和對待自己，因此要消除自卑心理，須從改變認識入手。要善於發現自己的長處，肯定自己的成績，不要把別人看得十全十美，把自己看得一無是處，認識到他人也會有不足之處。只有提高自我評價，才能提高自信心，克服自卑感。

正確認識自卑感的利與弊，提高克服自卑感的自信心。心理學家認為，自卑的人不僅要正確認識自己各方面的特長，而且要正確看待自己的自卑心理。自卑的人往往都很謙虛，善於體諒人，不會與人爭名奪利，安份隨和，善於思考，做事謹慎，一般人都較相信他們，並樂於與他們相處。指出自卑者的這些優點，不是要他們保持自卑，而是要使他們明白，自卑感也有其有利的一面，不要因自卑感而絕望，認識這些優點可以增強生活的信心，為消除自卑感奠定心理基礎。

進行積極的自我暗示，自我鼓勵，相信事在人為。當面臨某種情況感到自信心不足時，不妨自己給自己壯膽：「我一定會成功，一定會的」；或者不妨自問：「人人都能幹，我為什麼不能幹？我不也是人嗎？」如果懷著「豁出去了」的心理去從事自己的活動，事先不過多地體驗失敗後的情緒，就會產生自信心。

其二，梯級任務作業。

梯級任務作業即是將需改進的目標分為許多層次，逐步加以完成的一種矯正方法。如果你逃避人際交往，就必須按梯級任務作業的要求給自己定一個交朋友計畫。起始的級別比

較低，任務比較簡單，以後逐步加深難度。例如：

第一星期，每天與同事(或鄰居、親戚、室友等)聊天十分鐘。

第二星期，每天與他人聊天二十分鐘，同時與其中某一位多聊十分鐘。

第三星期，保持上週的交友時間量，找一位朋友作不計時的隨意談心。

第四星期，保持上週的交友時間量，找幾位朋友在週末小聚一次，隨意聊天，或家宴，或郊遊。

第五星期，保持上週的交友時間量，積極參加各種思想交流、學術交流、技術交流、感情交流活動。

第六星期，保持上週的交友時間量，嘗試去與陌生人或不太熟悉的人交往。

上述梯級任務看似輕鬆，但認真做起來並不是一件輕鬆的事。你最好找一個監督員，讓他來評定你的執行情況，並監督你堅持下去。其實，第六星期的任務已超出常人的生活習慣，但作為治療手段，以在強度上超出常規生活一點為好。

在開始進行梯級任務法時，你可能會覺得很困難，也可能覺得毫無趣味，這些你都必須加以克服。在交流上有困難時，你應向有經驗的長輩或朋友討教，不要企圖在一開始就嘗到甜頭。這種練習是一種苦盡甘來式的練習，你甚至可以帶有一種演戲的態度去進行，這樣能有助於減輕練習時的焦慮。

其三，反向觀念法。

具有逃避型人格的人大多伴隨著認知歪曲現象，因此，治療的重點應放在改正認知歪曲現象上。反向觀念法即是改造認知歪曲的一種有效方法。‧所謂反向觀念法是指與自己原有的不良自我觀念唱反調，原來是以自我為中心，現在則應逐步放棄自我中心，學習設身處地為他人著想；原來愛走極端，現在則學習從多方位考察問題；原來喜歡超規則化，現在則應偶爾放鬆一下，學習無規則地自由行事。

逃避型人格者的錯誤觀念可以是這樣的：
我必須出類拔萃。
我必須萬事謹慎。

我必須提防別人，這世上不可能有完全知心的朋友。

少介入他人事務，以免麻煩。

我的一切努力和花費都必須是高效率和有價值的。

按照反向觀念法，應把以上錯誤觀念變成理性的、健康的觀念。改變後的觀念是：

我希望出類拔萃，只要經過努力，我會有所收穫的。

我必須做事謹慎，但並不排除勇敢與選取，即使失敗，亦應當作一次有益的經驗。

我可以交各種各樣的朋友，儘管知音可能很少。

不管他人閒事，但他人有難，我當盡力相助。

我希望自己辦事高效率，即使效率不高，做總比不做好。

採用反向觀念法克服缺點可通過自我分析來進行。先按上述步驟分析自己的錯誤觀念，然後提出相反的改進意見，在生活中努力按新觀念辦事。這種自我分析可以定期進行，幾天一次或一星期一次，也可以在心情不好或屢遭挫折之時進行。認識上的錯誤往往是無意識的，通過上述自我分析，就可把無意識的東西上升到有意識的自覺的層次上，這有助於改進不良心理狀態。

●酗酒

現代科學已經證實，少量的飲酒對健康是有益的，它可以起到舒筋、活血、化瘀的作用。它對於調節人的情緒，活躍人際關係氣氛也有幫助。

但酗酒，即飲酒過量，進而出現酒精中毒的現象，那是從任何角度來說都是不可取的。酒精中毒的現象很普遍，在美國人的主要病患中，酒精中毒占第四位，已成為一個重要的社會問題。

在美國某些校園裡流行所謂的"喝到昏"——濫飲啤酒直至酩酊大醉，人事不知。學生們喝酒的方法之一是：用澆花園的軟管接個漏斗，這樣一聽啤酒可在 10 秒鐘內喝下毒。而且這並非是絕無僅有的現象。就調查，2/5 的男大學生每次飲酒至少在 7 瓶以上，11% 自稱為"狂飲者，"換個說法就是"飲酒過度者"。大約有一半男大學生、幾乎達 40% 的女大學生至少一月有 2 次酗酒。

在 80 年代，美國年輕人吸毒人數漸漸減少，但飲酒人數卻穩步上升，且年齡逐步下降。1993 年的調查發現，有 35% 的女大學生承認曾飲酒至醉，但在 1977 年卻只有 10%。總體上，有 1/3 的學生飲酒至醉。因此引發了另外的危機：90% 的小原強姦案都發生在醉酒的情況下，強暴者與受害者雙方都喝醉了。與醉酒有關的意外事故是 15 到 24 歲年輕人死亡的首要原因。

酗酒的負面作用是顯而易見的。長期飲用酒精可能損害中樞神經系統，並易於罹患其他疾病，如結核病、肝病等。酗酒也是導致家庭破裂、工作表現不好、個人孤立於社會的重要原因。酒精所帶來的高犯罪率和酒後駕車造成的悲劇性後果對社會極為有害。

造成酗酒這種壞毛病的原因是什麼？雖然有少量證據表明與遺傳因素有關，但大多數學者還是認為酗酒者起初是為了減少因個人問題引起的焦慮才學會飲酒的。酗酒者往往是不成熟和好衝動的人，自尊心不強，感到未能實現自己的目標或標準，而且有經不起失敗的表現。

借酒澆愁，這不是現代人的發明，可以說是古已有之，晉代的竹林七賢，唐代的李白都是借酒澆愁的實踐者。他們的目標實現了嗎？恐怕都沒有。反而是"抽刀斷水水更流，借酒澆愁愁更愁"。

借酒澆愁從本質上說是一種自我麻醉。那麼，自我麻醉的後果又是什麼呢？

自我麻醉會使受挫的範圍更大，醒來以後壓力感更強。

自我麻醉會使人的精神世界徹底崩潰。因為自我麻醉的最直接的結果是使人神情恍惚，萎靡不振，它使人不思進取，它使人自甘墮落。

自我麻醉還使人思維紊亂，正常的認知加工無法進行。在工作中，在生活中，為了應對紛繁複雜的外部世界，我們必須要有敏捷的思維，這是在工作中、生活中採取積極而合理行動的基礎，如失去了這一基礎，則無異於"盲人騎瞎馬，夜半臨深池。"

總之，因工作或其他壓力導致酗酒，酗酒後又導致工作效率與效益大幅降低，失敗的體驗又導致更多的飲酒，這就是酗酒者的生活軌跡。

對策：

其一，使用戒酒藥物。有一些藥物如戒酒硫是酗酒者的常用藥，它可以減輕戒酒期酒癮發作的典型症狀：震顫、出汗、噁心。血液中有了這種化學元素時，飲酒就會引起強烈的噁心。

其二，認識到飲酒對身心的傷害，對工作、事業的不利。這一點非常重要。藥物治療也只有在飲酒者認識到酗酒的危害，並真心誠意希望戒酒時才有作用。

其三，酗酒者應該學習消磨時間的新方法以代替飲酒。

其四，緩解焦慮、擺脫抑鬱、平息怒火——首先就消除了求助毒品或酒精的原動力。現行的很多戒毒戒酒治療方案都補充了基本情緒技能的學習。

●自殺

這是一個沉重的話題，但又是不得不說的話題。

我們在"壓力現狀描述"中已經看到數位職場金領、白領不幸走上了自殺的道路。其實，媒體報導的僅僅是他們當中的極少一部分。

從世界範圍看，目前每年估計有 100 多萬人死於自殺，而自殺未遂的人數則可能是自殺死亡者的 10 倍－ 20 倍。中國自 2000 年以來，每年 10 萬人中有 22．2 人自殺，每 2 分種就有 1 人自殺、8 人自殺未遂，在 15 歲至 34 歲的人群中，自殺更是成為首位死因。自殺已成為世界各國關注的重大公共衛生問題。

生命是多少珍貴！可為什麼有人要選擇輕生的道路？
個中原因異常複雜，每個人的理由又不盡相同。在網上看到這樣一段文字：

如果說海明威把獵槍伸進嘴裡，扣動了扳機是要與疾病作最後的搏鬥，並以此來維護自己那種"可以被消滅但不能被擊敗"的男子漢的"尊嚴"；三毛採取自縊的方式是為了遠離紅塵的喧囂，選擇去另外一個世界繼續流浪；阮玲玉用 30 片安眠藥結束自己的生命是為了表示清白，向殘酷的世界作最後的抗爭……謝津、陳寶蓮、張國榮等等明星義無反顧的縱身一躍是因為種種壓力和無奈。

另外，在孤草編著《逆境心理學》中也不無悲愴地提及：中國"文革"時期自殺的文人，也許是中國歷史上文人自殺現象最為密集的時期——未作考證。如老舍、傅雷、鄧拓、吳晗、以群、楊朔、剪伯贊等等，每一個名字背後都有一份無言的抗爭與控訴，他們以死來成就人格的完美。

不管他們是什麼理由、什麼原因，不堪沉重的心理壓力是他們共同的理由與原因；

不管他們是什麼理由、什麼原因，他們的這種做法，我們都不能認同，更不會贊許。

不管他們死得有多麼壯烈，又多麼值得人們的同情，我們還是要說，自殺者共同的名字叫"弱者"。

對策：

其一，人們的壓力是很大，但天無絕人之路，世界上的事情總有辦法能解決。即使真的解決不了，那又怎麼樣？我們本來就是凡人，凡人不能解決所有遇到的問題並不丟人。況且，我們雖然不能改變現實，但隨著時光的推移，現實可能就自己改變了。記得上世紀50年代、60年代的時候，誰有海外關係就是一大罪過，成績再好，也別動什麼上大學的心思。可到了80年代，有海外直系親屬，高考還加分呢！歷史與人們開了個大大的玩笑。如因早年有海外關係就輕生，可就虧大了！

其二，別以為自殺是解脫。要說解脫是你解脫了，別人（主要是你的親人）卻添加了沉重的負擔。你這不是自私嗎？難怪在宗教倫理中，自殺者也不得入天堂。

其三，自殺更不是勇敢的行為，勇敢是人類的一種表現為有膽量、不畏艱險的道德品質。勇敢與冷靜、理智有天然的聯繫。冷靜、理智就是對事物的正義性、合理性有清醒的認識，遇到突發事件，能應付自如，果敢決斷，遇到困難與挫折則堅忍不拔，不莽撞、不退縮。勇敢不等於不怕死，從本質上說，自殺是一種怯懦、逃避。把自殺當勇敢或者是一種誤解，或者是一種自我欺騙。

其四，實在有了這種念頭，你千萬要多想一想，為自己想一想，為親人想一想，換個角度想一想，真的是無路可走了嗎？真的是別無選擇了嗎？最好能找個人談談，打諮詢電話也行。告訴你，所有自殺的人在行動之後、臨死之前的那一刻，都是後悔。

專欄

《難以想像的抉擇》

巴尼・羅伯格是美國緬因州的一個伐木工人。一天早晨，巴尼平時一樣駕著吉普車去森林幹活。由於下過一場暴雨，路上到處坑坑窪窪。他好不容易把車開到路的盡頭。他走下車，拿了斧子和電鋸，朝著林子深處又走了大約兩英哩路。

巴尼打量了一下周圍的樹木，決定把一棵直徑超過兩英尺的松樹鋸倒。出人意料的是：松樹倒下時，上端猛地撞在附近的一棵大樹上，一下子松樹彎成一張弓，旋即又反彈回來，重重地壓的巴尼的右腿上。

劇烈的疼痛使巴尼只覺得眼前一片漆黑。但他知道，自己首先要做的事是保持清醒。他試圖把腿抽回來，可是辦不到。腿給壓得死死的，一點也動彈不得。巴尼很清楚，要是等到同伴們下工後發現他不見了再來找他的話，很可能會因流血過多而死去。他只能靠自己了。巴尼拿起手邊的斧子，狠命朝樹身砍去。可是，由於用力過猛，砍了三四下後，斧子柄便斷了。巴尼覺得自己真的什麼都完了。他喘了口氣，朝四周望瞭望。還好，電鋸就在不遠處躺著。他用手裡的斷斧柄，一點一點地拔動著電鋸，把它移到自己手夠得著的地方，然後拿起電鋸開始鋸樹。但他發現，由於倒下的是松樹呈 45 度角，巨大的壓力隨時會把鋸條卡住，如果電鋸出了故障，那麼他只能束手待斃了。左思右想，巴尼終於認定，只有唯一一條路可走了。他狠了狠心，拿起電鋸，對準自己的右腿，進行截肢……

巴尼把斷腿簡單包紮了一下，他決定爬回去。一路上巴尼忍著劇痛，一寸一寸爬著；他一次次地昏迷過去，又一次次地蘇醒過來，心中只有一個念頭：一定活著回去！

《大海裡的船》

在大海上航行的船沒有不帶傷的。

英國勞埃德保險公司曾從拍賣市場買下一艘船，這艘船 1894 年下水，在大西洋上曾 138 次遭遇冰山，116 次觸礁，13 次起火，207 次被風暴扭斷桅杆，然而它從沒有沉沒過。

勞埃德保險公司基於它不可思議的經歷及在保費方面給帶來的可觀收益，最後決定把它從荷蘭買回來捐給國家。現在這艘船就停泊在英國薩倫港的國家船舶博物館裡。

不過，使這艘船名揚天下的卻是一名來此觀光的律師。當時，他剛打輸了一場官司，委託人也於不久前自殺了。儘管這不是他的第一次失敗辯護，也不是他遇到的第一例自殺事件，然而，每當遇到這樣的事情，他總有一種負罪感。他不知該怎樣安慰這些在生意場上遭受了不幸的人。

當他在薩倫船舶博物館看到這艘船時，忽然有一種想法，為什麼不讓他們來參觀參觀這艘船呢？於是，他就把這艘船的歷史抄下來和這艘船的照片一起掛在他的律師事務所裡，每當商界的委託人請他辯護，無論輸贏，他都建議他們去看看這艘船。

它使我們知道：在大海上航行的船沒有不帶傷的。

七、減壓良方：運用放鬆技術

●自我催眠

所謂自我催眠，即指自己誘導自己進入催眠狀態，利用"肯定暗示"促使潛意識活動，從而達到治癒疾病、調節身心的目的。它的特點是，在任何時候，任何場合都可以進行。它的操作過程簡便易學，從開始到結束都完全由自身控制。唯一的條件就是不要在勉強狀態下進行。它對於調整自我心態、提高身心效率、開發自我潛能、緩解心理壓力都有一定的作用。

自我催眠的方法有許多種，這裡不可能一一詳細介紹。因此，我們只打算介紹一種效果最好、應用最廣的方法——自律訓練法。

自律訓練法的基本特徵是：借助意識領域向潛意識方向移動的功能，擴展心理的活動範圍，達到客觀觀察自己的性格和欲望的狀態，使之容易清晰地洞察自我，有效地調節自我。具體而言，自律訓練法提供了以下可能性：

——遵循一定順序的自我暗示，可以鬆弛全身的肌肉緊張。
——促進身體各部分的血液運行、以此來調整和控制心臟、呼吸和腹部的活動。
——憑藉自我暗示來強化精神力，並引導心理趨向安定心態。
——得以調節體內各種機能。
——減輕疾病所造成的痛苦，並消除其症狀。

實施自律訓練法應注意的幾個問題：

就場所而言，以選擇寧靜的場所為宜。以臥室比較合適。光線不要太亮，氣溫不高不低更為理想。倘若已到達爐火純青的境地，那就在任何地方都可以，包括工作單位甚至公共汽車上都行。

在剛開始練習的時候，先要把皮鞋、領帶、手錶、胸罩、皮帶等束縛身體的物件除去。由於姿勢在進行自律訓練法時非常重要，所以一定要按規則辦事。自律訓練法的姿態有仰臥式與坐式兩種，總體要求是自己感到舒適，放鬆為準。

在自我催眠中，心理上的準備最為重要。心理上的準備，主要是不斷反覆進行輕鬆、若無其事的暗示。這樣一來，受到暗示的身體各部分，會毫無抵抗地順著自己的意願行事。身體的各部分若按照心中的想像運作，集中的程度不僅可以增加，而且催眠的效果也更為理想。

練習的次數：最好一日三次，分別在早、中、晚進行。有些人工作、學習很忙，很難按部就班地準時進行。在開始時，可以一日一次，無論早、中、晚均可。基本上熟練並習慣了以後，就可以不拘地點和時間，隨時都可實施。總之，重要的是養成每日必行的習慣。

練習時間：初學者一次練習在 10 分鐘左右，熟練了以後，每次大約 15 分鐘，時間不要過長，過長並不會增添多少效果。剛開始練習的時候，很難把握住感覺，易陷於焦躁情緒之中。但此時不論感覺如何，都應將標準訓練程度進行完畢，按規定的時間終止練習。否則，就很想進入催眠狀態。

自我催眠時也一定要實施"覺醒"程式。即使是幾乎完全沒有進入催眠狀態，也不能例外。"覺醒"的具體方法是：在訓練終止時，心中從 1 數到 10，規定在數到 10 的時候突然覺醒，並自我暗示醒來後感到輕鬆振奮。在數數位的過程中兩手張合確認力量恢復。數到 10 時，兩手上舉，果斷而堅決、突然地伸直背肌。如果對這覺醒過程有所忽視，會引發頭痛、頭昏、目眩、乏力等症狀。

自律訓練法的程式

自律訓練法的基本程式包括以下若干步驟：

安靜感。可按照自己的喜好選擇仰臥姿勢或坐式姿勢。接著做 4~5 次腹式呼吸。使心情平靜。然後，在輕鬆的呼吸當中，自我暗示"心情平靜——全身完全放鬆。"

重感練習。這裡言及的重感，不是手上拿東西時的重感，而是指因放鬆而手足弛緩、下垂，且精疲力竭無法抬手的感覺。練習過程是：首先把注意力集中於右手臂（左撇子的人左手臂）、手掌、肩膀的部分，然後開始反覆暗示 5~6 次："右手臂放鬆、右手很重……感覺很愉快……"左手亦依法而行。接下來是右腳、左腳也作如是放鬆、重感練習。兩手、兩腳各花 60 秒鐘。"心情非常平靜"的暗示適當穿插於各部位間轉換的時候。經由重感練習，全身肌肉放鬆、末稍神經得以休息，造成對腦減少刺激的效果，從而精神容易統一，達到輕鬆的狀態。

溫感練習。在結束重感練習之後，重新把注意力轉回到右手（左撇子者轉回到左手），並對自己反覆暗示 5~6 次"右手很溫暖……左手很溫暖……接下來則是右腳和左腳。"與前相同，"心情很平靜、很愉快"的暗示穿插於其中。溫感練習的目的雖然是為了進入催眠狀態，但它同時還具備另一功能，即在重感使軀體放鬆時，末稍血管擴張、血液運行良好，進一步消除全身緊張、使心靈安靜。同時讓腦得到完全、充分的休息。

調整心臟的練習。在心中反覆暗示自己 5~6 次："心臟很平靜地、按照正常規則在跳動著……"同時不斷輔之以安靜暗示"心情很好、很平靜，心臟在有規律地跳動著"，這將使心臟的跳動舒適流暢，進而慢慢擴散到全身，或者反而不去留意它的跳動，漸漸進入催眠狀態。

調整呼吸的練習。心臟的跳動平靜舒適後，就可進行調整呼吸的練習。即反覆暗示自己 5~6 次："呼吸很輕鬆……"，同時也自我暗示"心情非常平靜……吸氣緩慢、吐氣輕鬆……"。在休息的狀態中，一般正常的呼吸數是一分鐘 14~16 次，但調整呼吸並進入催眠狀態後，次數會逐漸減少到 10~12 次。呼吸訓練也和其他訓練一樣，注意不要過份地去意識它，儘量自然、緩慢、順暢，只要用鼻子輕鬆地呼吸即可。長期堅持這種調整呼吸的訓練，可使全身感到溫暖、輕鬆，具有減輕心理壓力的作用。

腹部溫感的練習。腹部溫感的練習是反覆自我暗示"胃的周圍很漫暖……"一次一分鐘左右。具體操作方法是：把手放在胸骨與肚臍之間，也就是胃的附近。手要輕輕地放在上面，不要有壓迫感。在自己心中想像："從手掌中發出的熱氣，通過衣服深入到皮膚裡面，到達腹的深處，胃的周圍感到很溫暖……"，與此同時，實施安靜暗示："心情非常平靜，感覺舒爽輕鬆……"。大約經過兩週時間的訓練，就可以感覺到腹部有某種溫暖感在自然擴散。有了這種溫暖感，就表明你已經進入催眠狀態了。

額部冷感的練習。額部冷感的訓練目的，是使控制、支配身體的自律神經活動順暢。練習方法是，緩慢地反覆自我暗示："額頭很涼爽……"，集中注意感覺涼爽的時間大約 10~20 秒鐘最為適合。此時，若在心中想像："微風吹動綠色森林的樹梢……涼爽的微風撫弄額頭……心情很愉快……"，效果將更好。即使在生理上無"涼爽"感，而在心理上有"涼爽"的感覺，同樣能夠取得良好的效果。

精神強化暗示。在經過了一段時間的上述若干感覺的訓練與練習之後，在已經能夠比較自如地進入自我催眠狀態之時。人們則可以根據自己所存在的實際問題，進行精神強化暗示，從而促進自己的身心健康。心理治療學家們通過大量的實踐，提出了精神強化暗示的公式。實施自我催眠的人可根據不同的情況套用這些公式。公式其分為四種：中和公式"……沒有關係"；強化公式"……可以比……更好"；節制公式"……可以不要……"；反對公式"儘管別人……自己卻不要……"這四個公式中，以中和公式最為常用，效果也最為顯著。根據這些基本公式，可以按照自己的具體情況有選擇的採用，從而有效地進行種種自我暗示，並藉此調節身心。

自我催眠術的效果雖然沒有一般的催眠術那樣神奇，那樣富有戲劇性，但它的作用仍然不可低估。尤其是它方便易行，無需去看醫生，隨時能進行，從而備受人們的青睞。具體而言，自我催眠術的功效表現在以下幾個方面。

自我催眠術能有效地改善自己。人人都想獲得自己理想中的成功，而任何意義上的成功，其先決條件都是要有一個較為完善的自我，一個心理健康的自我、一個具有高度自信心的自我。現代心理科學和教育科學認為，非智力因素，即人的情緒、情感、意志、動機、人格等因素在人的成功中佔有舉足輕重的作用。缺乏自信、喪失自信心的人，即使有足夠的能力，也不能取得應有的成功。在競爭異常激烈的現代社會中，恐怕更是如此。

許多經常做自我催眠術的人認為，自我催眠術給他們最大的和最經常的＊明就是改善自我的狀態。許多大公司的經理人員、即將面臨重要考試的學生、以及其他人，常常處於高度的心理疲勞狀態之中，他們時時感到緊張、焦慮、頭腦昏昏沉沉，思路很不清晰，情緒也煩躁不堪。最大的願望是埋頭睡上三天，事實上又不可能。這些人如利用工餘課間的片刻休息時間，做上一次自我催眠，那麼，他們的疲倦感、緊張感就會一掃而光。還會感到頭腦清楚，耳目一新、精神振奮、心情愉快。一言以蔽之，通過簡單的自我催眠施術，自我的狀態得到了很大的改善。

自我催眠術能調整自我身體狀態。經由自我催眠來調節生理狀態並能取得良好效果的例證有許多：

譬如，許多人乘車、乘船，乘飛機時會發生眩暈，嘔吐現象。有時即使是事先服藥也無濟於事。但自我催眠術卻可以從根本上解決問題。具體方法是，在自己已進入催眠狀態，額部涼感出現以後，以想像法與精神強化暗示相結合，進行自我訓練。在訓練了數周以後，在生理上和心理上都會於潛移默化之間增加對乘車（船、飛機）眩暈的抵抗力，而達到克服暈車、暈船的目的。

想像法的訓練是這樣進行的：“我現在正在乘汽車……路況很不

好，車顛簸得很厲害。……外面似乎吹著微風，……似乎又聞到了濃濃的汽油味，……這味道使自己很難受，……顛簸和汽油味使我感到很不舒服，……有要嘔吐的感覺。……不過沒問題……我還是能夠承受的。……對了，現在開始做腹式呼吸，……呼吸很輕鬆，……令人厭惡的顛簸的感覺和汽油味已逐漸消失，……心情很平靜。……沒有問題了，……窗外吹來一陳和風……撫弄著我的面頰，……外面的景色非常絢麗，……青山綠水令人賞心悅目，……決不會再暈車了，……再乘其它任何車也不會有問題，……我現在的心情特別好……"。

　　數數字後醒來。這種經誘發性想像出不適的情景，再經精神強化暗示的中和公式，反對公式應用而產生對該情景的"忽視"，然而再通過正面的、積極的暗示想像對自己予以肯定的做法，在許多生理狀態的調節中都有顯著的效果。

　　另外，其它一些身體上的毛病，如頭痛、肩酸、面部痙攣、風濕症、頻尿症等等，經過自我催眠，也會得到不同程度的改善。自我催眠不僅可使病態的身體能有不同程度的康復，而且也能使身體煥發出巨大的力量。據報導，韓國的運動員在每天晚上臨睡之際，都要想像一番自己與主要的對手爭奪時的情形，以及自己是如何戰勝對手的。據說這不僅可以增加自信心，而且也利於體內各種能力的生長與發展。

　　自我催眠術可以調節人們的情緒狀態。

　　例如，有些人總是情緒低沉、抑鬱，對生活喪失信心，終日受消極心境的支配與制約。欲從中解脫而不能。如果他（或她）對自己實施了自我催眠術，在進入了催眠狀態以後，精神強化暗示就能對調節情緒狀態有所作為。可以利用中和公式對自己反覆暗示："××情況

233

的發生是正常的、自然的、在人生的道路上難免要遇到的，所以沒有什麼關係，不必把它看得過重，今後會逐漸好起來的……"也可以利用強化公式對自己進行反覆暗示："雖然現在由於 ×× 情況使自己身陷窘境，但是也不全是壞事，如果我自己如何、如何對待這情況，也許將來會因禍得福，出現更為令人可喜的情況，所以現在不必難受、傷心、重要的是振奮精神。……"

如果是性情暴躁，情緒難以控制，經常與別人發生衝突，則可在進入催眠狀態後，利用精神強化暗示的節制公式"今後遇到容易激怒自己的情況時，要特別注意克服，要冷靜，絕對不要發火，待心平氣和以後，再處理面臨的情況……"。還可以利用反對公式，"儘管別人激動了，對我有非禮或過火的表現，可我自己卻不要為對方的情緒所感染……還是要冷靜，理智地對待現實……"

●瑜伽

許多人只認識到瑜伽功對減肥、美容、護膚有幫助。其實，瑜伽功更大的作用在於對人的心身的高度放鬆。現代人的生活節奏越來越快，工作壓力也大，通過瑜伽來放鬆身心，不失為一種明智的選擇。

一位瑜伽導師告訴人們：用瑜伽呼吸法來減壓是一種很好的方法。

瑜伽呼吸減壓常用的方法有三種，即語音唱頌、身體沉思和完全呼吸。

語音唱頌是通過唱歌發音時配合呼吸來減壓。唱歌時主要是呼氣，聲波的震動是對大腦的安撫，而聆聽自己的唱歌也是一種放鬆。

聽覺訓練能開啟右腦的潛能，從而給我們的大腦減壓。

身體沉思減壓，是在練習瑜伽時，將冥想先放在部位上，再放在呼吸上，最後放在動作上。整個過程通過呼吸配合意識、配合動作來減壓。

完全呼吸是以呼氣為主，在吸氣時將氧氣帶到體內，呼氣時將更多的二氧化碳排出，使體內淨化。同時用瑜伽呼吸可以增進人體消化器官的活動，消除並治癒消化系統方面的疾病，還會對內分泌腺產生影響，促使卵巢和睪丸的活動。

肉體的活動使肌肉緊張，思想活動頻繁使心靈疲憊。在身體過於疲勞的時候，大量能量的損失使身心的活動能力開始衰退，依靠舒暢的休息來養精蓄銳也不能使身、心達到愉悅的狀態，因為一般人在休息的時候也在耗費大量的能量。

現代科學研究表明，瑜伽放鬆法使交感神經系統的興奮性下降，機體耗能減少，血氧飽和度增加，血紅蛋白含量和攜氧能力提高，消化機能提高，以及肌電、皮電、皮溫等一系列促營養性反應，這對於調整機體功能、防病治病、延年益壽大有裨益，更能提高感知、記憶、思維、情緒、性格等心理素質。

在學習鬆弛的時候，首先要瞭解緊張是什麼？在完成一個動作的時候，會經歷四個階段的活動。首先大腦產生了思考，把思考的指令通過中樞神經傳達給肌肉，肌肉消耗能量完成指令，再通過傳導神經回饋回大腦，這是肉體緊張的形成；還有一種能量的消耗，是沒有任何肌肉運動參與的能量消耗。情感上的擔心、悲傷、恐懼、憤怒、貪夢所造成的，情感激昂 2-3 分鐘消耗的能量比體力活動一天消耗的能量還多；在受低層次心理活動支配的時候，難以控制的精神活動使神經和肌肉持續緊張，精神上的緊張會使我們的能量消失殆盡。當我們瞭解的緊張的根源，我們可以從這三個層面去尋找解決的答案。

不能把放鬆與怠惰混為一談，比如我們觀察貓的行為，它時時體現著輕鬆自然、舒暢優雅的狀態，但是它也時時在準備行動中。

瑜伽認為，在沒有達到心靈鬆弛的時候，是做不到完全放鬆的。因此，在觀念當中克服自我中消極、負面的因素，讓一種普遍的和平與歡悅充滿全身。

瑜伽放鬆的方法有以下幾種：

△訓練法：

做瑜伽攤屍式，身體平躺，處於緊張的狀態，從腳尖到腹部、胸部、四肢、頭部繃緊，然後鬆弛；或者繃直抬起後，自然落體，反覆訓練直到完全放鬆。

△誘眠法：

使受術者靜臥微閉雙眼，深沉吸氣，慢慢呼氣，注意呼吸節律；施放鬆暗示指令，從腳尖開始，然後逐漸循著身體向上延伸，一直上升到頭部、臉部，自我暗示也在同時進行，暗示的資訊被逐步送達身體的內部器官，體驗全身肌肉放鬆後的無力舒適感。

△意境法：

靜臥後，自我意念想像，心裡出現了一幅幅美麗的圖畫或者經歷過的美好景象：“平湖如鏡，清澈安寧；一隻美麗的天鵝浮過湖面，天上潔白的雪花輕輕飄落著；美麗的、金光燦爛的日出…我在這詩情畫意中，心曠神怡，感到格外的輕鬆、舒適和愉快；我被陶醉了，我心靜極了。”

△呼吸法：

精神的緊張可以通過瑜伽的呼吸法放鬆，當出現緊張的時候，進行二至三分鐘緩慢、有節奏的腹式呼吸或者清涼式呼吸，身體自然會像羽毛一樣輕盈。

●肯定性訓練

也叫自信訓練、果敢訓練，其目的是個人在人際關係中公開表達自己真實情感和觀點，維護自己權益也尊重別人權益，發展人的自我肯定行為。

自我肯定行為主要表現在三個方面：
請求：請求他人為自己做某事，以滿足自己合理的需要。
拒絕：拒絕他人無理要求而又不傷害對方。
真實地表達自己的意見和情感。

實際生活中，許多學生表現出的是不肯定行為。如談話時眼睛不敢看著對方，說話句子短，不敢提出合理要求，不敢拒絕別人的無理要求，不敢表示自己的不滿情緒；與同學發生矛盾時不敢正面解決問題，而是哭著找老師等。

肯定性訓練是通過角色扮演以增強自信心，然後再將學得的應對方式應用到實際生活情境中。通過訓練，當事人不僅減低了焦慮程度，而且發展了應對實際生活的能力。

●呼吸法

中國心理學家楊立能先生在《大眾心理學》雜誌介紹了用呼吸法減壓，很有參考價值，茲錄於下：

呼吸對於維持生命是必需的，正確的呼吸方法可以抗精神壓力。雖然我們人人呼吸，但是很少人有自然的充分呼吸的習慣。不正確的呼吸使吸入肺中的新鮮空氣不足，血液不能充分淨化，循環系統中廢物殘留過多，於是身體器官和組織缺乏營養，受到損害；血中缺氧還會引起焦慮、壓抑、急躁、肌肉緊張和疲乏，難於應付應急情境。適當的呼吸習慣是心理和身體健康的基礎。

下面介紹的幾種呼吸訓練方法能解除焦慮、壓抑、急躁、肌肉緊張和疲勞，也能用於防治偋息、過度換氣、短促呼吸和手腳冷。對下面各種練習可先做普遍的嘗試，然後選擇幾種對自己最有益的方法來練習。

一、提高呼吸意識的清晰度

[方法]平躺在墊子、毛毯或床墊上，兩腿伸直，稍分開，兩腳的腳趾至向外側，兩臂伸直分開手掌向上，眼睛微閉。把手平放在胸部，注意自己的呼吸是淺短的還是深長的；現在把雙手輕輕的放在腹部，注意腹部隨著呼吸而升降。

注意胸部的運動與腹部協調一致嗎？

用 1—2 分鐘練習胸腹運動的協調一致。用意念掃描身體的緊張區，特別是喉、胸、腹部。

二、深呼吸練習

[方法]這個練習可以採用站式、坐式和臥式。最好用臥式：平躺在地毯或床墊上，兩肘彎曲，兩腳分開 8 吋，腳趾稍向外背躺直。對全身緊張區逐一掃描。將一手置於腹部，一手置於胸上。用鼻子慢慢地吸氣，進入腹部，置於腹部的手隨之舒適地升起。現在微笑地用鼻子吸氣，用嘴呼氣，呼氣時輕輕地、鬆弛地發出"呵"聲，好像在將風輕輕吹出去。使嘴，舌，齶感到鬆弛。作深長緩慢地呼吸時，體會腹部的上下起伏，注意呼吸時的聲音愈來愈鬆弛的感覺。

這個練習每天須做 1 ～ 2 次，每次 5 ～ 10 分鐘。

1~2 周後可以將練習時間延長至 20 分鐘。

每次練習結束，用一些時間檢查身體上是否還有緊張點；如果有，比較這種緊張與練習開始時的緊張感有沒有區別。

三、嘆氣練習

人在白天有時會嘆氣或打呵欠，這是氧氣不足的症兆，嘆氣、打呵欠是機體補充氧氣的方式，也能減少緊張，因此可以作為鬆弛的手段來練習。

[方法]站立或坐著深深地嘆一口氣，讓空氣從肺部跑出去。不要想到吸氣，讓空氣自然地進入。重複 8~12 次，體驗一下鬆弛感。

四、充分而自然式的呼吸練習

健康的嬰兒和原始人採用充分的、自然式呼吸，文明時代的人喜歡緊身服飾，坐著不動，過著緊張的生活，已經沒有這種呼吸習慣。

下面的練習可幫助我們恢復充分而自然的呼吸：

坐好或站直，用鼻子呼吸。吸氣時，先將空氣吸到肺的下部，此時橫膈膜將腹部推起，為空氣留出空間；當下肋和胸腔漸漸向上升起時，使空氣充滿肺的中部；最後慢慢地使空氣進入肺的上部。全部吸氣過程需時 2 秒，要有連續性。屏住氣，約幾秒鐘。慢慢地呼氣，使腹部向內縮一下，並慢慢地向上提。氣完全呼出後，放鬆胸部和腹部。吸氣之末可以抬一下雙肩或鎖骨，肺頂部充滿新鮮空氣。

五、拍打練習
這個練習可以使人清醒，變緊張為鬆弛。

[方法]直立，兩手側垂，慢慢吸氣時，用手指尖輕輕拍打胸部各個部位。吸足並屏住氣後改用手掌對胸部各部位依次拍打。吸氣時嘴唇如含麥稈，用適中的力一點一點間歇地吐氣。重複練習，直到感到舒服。同時可將拍打部位移到手能所及得身體其他部位。

六、提神練習
精力不夠時作以下練習，可以刺激呼吸、迴圈和神經系統。

[方法]站直，兩臂側垂。用上面介紹的充分自然式方法呼吸。手臂徐徐向上舉至肩部時兩手握緊拳，然後慢慢地兩手握拳側平舉。握著拳兩臂收回到肩部，再向兩側平舉，往返多次，加快速度。放鬆兩手，回到身體兩側，同時用力吐氣。

重複上述各個步驟，直到感到精神飽滿。

七、“風車”

伏案工作幾小時感到緊張時，這“風車”練習能使你清醒提神，方法如下：

站直，兩臂向前伸，吸氣，保持充分自然的呼吸，兩臂由前向後轉圈若干次，然後反向轉若干次。也可像風車一樣，兩手呈一直線一前一後同時轉圈。用嘴用力吸氣。上述過程反覆幾次。

八、彎曲

人感到僵直緊張時可以作彎曲練習，它可以伸展軀幹，使呼吸更靈便，方法如下：

站直，兩手置於臀部。吸氣，保持充分而自然的呼吸。身體下部保持筆直，儘量向前彎腰，並慢慢地充分地呼氣。站直，吸氣，再保持充分自然的呼吸。慢慢地呼氣死，同時身體向後彎。同上，站直，吸氣，身體向左彎曲，然後向右彎曲。完成前後左右四次彎腰後，用適中的力量一點一點有間歇地呼氣。

上述動作一共做 5 輪

九、充分自然呼吸加想像

這個練習將充分自然呼吸的鬆弛效果與肯定性自我暗示的醫療價值結合在一起。

［方法］取練習一那樣的平臥姿勢，兩手輕輕放在太陽叢部位（上腹部肋尖處），做幾分鐘充分自然式呼吸。隨著每一次吸氣，想像能量進入肺部，並立即儲存於太陽叢處。想像隨著每次呼氣，能量流到

身體的各部分。在心理上形成能量在這樣不斷流動的圖景。

以上練習，每天至少一次，一次 5~10 分鐘。然後進行以下兩種變式練習。第一種：一手放在太陽叢，另一手放到受傷或緊張的部位。當你吸氣時，想像能量是由肺儲存於太陽叢處，當你呼氣時，想想那能量流到那個需康復的部位。吸入更多的氣，呼氣時想像那能量驅除了病痛。第二種變式與第一種基本相同，只是呼氣時想像是你只因能量在驅除病變部位。

十、交替呼吸
對於緊張性頭痛，交替呼吸有明顯療效。

[方法]舒適地坐好，將右手的食指與中指放在額上。用拇指關住右鼻孔，讓空氣慢慢地從左鼻孔吸入。用無名指關閉左臂孔，同時鬆開拇指，使空氣慢慢地無聲地從右鼻孔呼出。從右鼻孔吸氣，然後用拇指關閉右鼻孔，開放左鼻孔，從左鼻孔呼氣。從左鼻孔吸氣……如上反覆 5~25 次。

專欄

《靠自己》

小蝸牛問媽媽：為什麼我們從生下來，就要背負這個又硬又重的殼呢？

媽媽：因為我們的身體沒有骨骼的支撐，只能爬，又爬不快。所以要這個殼的保護！

小蝸牛：毛蟲姊姊沒有骨頭，也爬不快，為什麼她卻不用背這個又硬又重的殼呢？

　　媽媽：因為毛蟲姊姊能變成蝴蝶，天空會保護她啊。

　　小蝸牛：可是蚯蚓弟弟也沒骨頭爬不快，也不會變成蝴蝶他什麼不背這個又硬又重的殼呢？

　　媽媽：因為蚯蚓弟弟會鑽土，大地會保護他啊。

　　小蝸牛哭了起來：我們好可憐，天空不保護，大地也不保護。

　　蝸牛媽媽安慰他：所以我們有殼啊！

《三個旅行者》

　　三個旅行者同時住進了一個旅店。早上出門的時候，一個旅行者帶了一把傘，另一個旅行者帶了一根拐杖，第三個旅行者什麼也沒有帶。晚上歸來的時候，拿傘的旅行者淋得渾身是水，那拐杖的旅行者跌得滿身是傷，而第三個旅行者卻安然無恙。

　　於是，第三個旅行者就問他們為什麼會淋濕，為什麼會跌傷。拿傘的旅行者說："當大雨來臨的時候，我因為有了傘，就大膽的在雨中走，卻不知怎麼淋濕了；當我走在泥濘坎坷的路上的時候，我因為沒有拐杖，所以走得非常仔細，專揀平穩的地方走，所以沒有摔傷"。拿拐杖的旅行者說："當大雨來臨的時候，我因為沒有帶雨傘，便揀能夠躲雨的地方走，所以沒有淋濕；當我走在坎坷泥濘的路上時，我便用拐杖拄著走，卻不知為什麼常常跌跤"。第三個旅行者聽後笑笑說："這就是為什麼你們拿傘的淋濕了、拿拐杖的跌傷了、而我卻安然無恙的原因。因為，當大雨來臨時我躲著走，當路不好走時我仔細走，所以我沒有淋濕也沒有跌傷，你們的失誤就在與你們有憑藉的優勢，有了優勢便少了憂慮"。

八、減壓良方：雇主人性管理

企業（或其他社會組織）要不要給員工減壓？

這裡所涉及到的問題是：

企業有責任為員工減壓嗎？

企業有必要為員工減壓嗎？

當員工處於高壓力狀態下時，輸家是誰？當員工處於適度壓力之下時，贏家是誰？

企業有責任給員工減壓。這是一個“以人為本”社會，或者說是正在逐步走向“以人為本”的社會。如今的企業所擔負的責任不僅是獲得利潤，還要為社會作貢獻，為員工謀福利。這樣的企業才是人們期望長期存活下去的企業，這樣的企業才有生命力。

企業也有必要為員工減壓，這不僅是為了員工的個人利益，也是為了企業自身的利益。高壓下的員工不可能釋放出最大的潛能；高壓下的員工肯定缺乏創新精神；高壓下的員工不可能真心實意地為企業作想；高壓下的員工出錯率、事故率、工傷都會成倍增加。

不考慮別人的利益是自私；不考慮自身的利益是弱智。如果我們認識到這一點，就不難理解企業為員工減壓的必要性所在了。

事實上，西方許多企業正在不惜人力、財力在為員工減壓做努力。他們知道，這是一項高產出的投入；他們知道，在這一點上獲得的競爭力特別有利於企業的長治久安與穩步發展。

北京師範大學心理學院人力資源與管理心理研究所張西超先生說，在國外，職業壓力管理得到了許多企業的高度重視，職業壓力管理的核心就是減輕員工的壓力和心理負擔對其造成的不良影響。而企業在知悉員工壓力並以管理的方式進行疏導時，對於員工的內心感受、壓力源、見解甚至意見，都會採取正確的態度來審視。無疑，這對企業的

良好發展起到助推作用，實際上也是一個良性迴圈。最重要的是，職業壓力管理在相當
大程度上延長了企業的生命週期。

易普斯企業諮詢服務中心金玉斌分析認為，職業壓力管理表面上看起來和企業的效益並沒有多大的關聯性，但實質上起到了化解企業潛在風險的作用。員工因壓力、情緒而影響到工作，企業如果頻繁更換員工也不利於企業的成長，而且還有一個成本問題。而職業壓力管理，科學合理地緩解、弱化了這個問題，企業的風險將會降到最低。

相信中國企業界（或其他社會組織）的有識之士也會認識到這一點，所以，在該不該、要不要為員工減壓的問題上，我們就不多說了。
我們想迅速切入正題：企業：該為員工減壓做點什麼？

●清晰展現工作內容與標準

有時，員工在受到批評甚至處罰時，頗有點 "丈二金剛摸不著頭腦"。因為他根本沒有弄清楚自己該做什麼？該怎麼做？應達到什麼樣的要求與標準？該向誰彙報？等等。

這樣一來，人們的心理壓力可就大了。一件事情，不知道是做好，還是不做好？更不知道是做到什麼程度為好？所有這些不確定性，都很容易引發人們的焦慮與煩惱。

鑑於此，企業應清晰地向員工展現其工作分析的內容，讓員工心中有數，努力也有方向。

工作分析也叫崗位分析，主要目的是確認某職位的工作內容、目的、主體、時間、地點、關係、方法。姚裕群在《人力資源開發與管理概論》中對工作分析的七個因素即做什麼（What）、為什麼做（Why）、誰來做（Who）、何時做（When）、在哪裡做（Where）、為誰而做（for Whom）、怎樣做（How）作了如下說明：

（一）做什麼——What

"做什麼"是指所從事的工作活動，主要包括：
△任職者所要完成的工作活動是什麼？
△任職者的這些活動會產生什麼樣的結果或產品？
△任職者的工作結果要達到什麼樣的標準？

（二）為什麼做——Why

"為什麼做"是任職者的工作目的。主要包括：
△做這項工作的目的是什麼？
△這項工作與組織中的其它工作有什麼聯繫，對其它工作有什麼影響？

247

（三）誰來做——Who

"誰來做"是指對從事某項工作的人的要求。主要包括：

△從事這項工作的人應具備什麼樣的身體素質？

△從事這項工作的人應當具備哪些知識和技能？

△從事這項工作的人至少應接受過哪些教育和培訓？

△從事這項工作的人至少應具備什麼樣的經驗？

△從事這項工作的人在個性上應具備哪些特點？

△從事這項工作的人在其他方面應具備什麼樣的條件？

（四）何時做——When

"何時做"表示在什麼時間從事各項工作活動。主要包括：

△哪些工作活動是有固定時間的？在什麼時候做？

△哪些工作活動是每天必做的？

△哪些工作活動是每週必做的？

△哪些工作活動是每月必做的？

（五）在哪裡做——Where

"在哪裡做"表示工作活動的環境。主要包括：

△工作的自然環境，包括地點、溫度、光線、噪音、安全條件等。

△工作的社會環境，包括工作所處的文化環境（例如跨文化環境）、工作群體中的人數、完成工作所要求的人際交往的數量與品質、環境的穩定性等。

（六）為誰而做——for Whom

"為誰而做"是指在工作中與哪些人發生關係、發生什麼樣的關係。主要包括：
　　△工作要向誰請示與彙報？
　　△向誰提供資訊或工作結果？
　　△可能指揮和監控何人？

（七）如何做——How

"如何做是指任職者"怎樣從事工作活動以獲得預期的結果。主要包括：
　　△從事工作活動的一般程式是怎樣的？
　　△工作中要使用哪些工具？操縱什麼機器設備？
　　△工作中所涉及的檔或記錄有哪些？
　　△工作中應重點控制的環節是哪些？

有些企業，整天亂哄哄的，員工忙得不可開交，可就是不出活。彼此之間矛盾重重，人人都感到煩惱多、壓力大，可能原因就在員工對上述工作分析的內容不清晰、不明了。可以想像，在其它條件不變的情況下，當我們對所要從事的工作清晰明瞭之後，工作效率就會提高許多，我們的壓力感就會小得多。因為，當一切都是確定的，可把握的情況下，我們的心裡就會踏實許多。

●合理配置員工崗位

這裡所說的合理配置員工崗位，有兩層意思：一是把最適合的人安排在最適合的崗位上；二是讓最適合的人創造最適合的崗位。

把最適合的人安排在最合適的崗位上，不僅可以最大限度地發揮出他的潛能為組織效力，而且他個人也將最大程度地體驗到成就感與愉悅感。這就是現代管理學中的黃金原則之一。

過去人們常說，一切服從組織的安排。這的確體現了集體主義精神，但通常會以喪失個人意願與以及與個人能力傾向、興趣傾向相背離為代價。在"以人為本"越來越成為社會主流文化的今天，企業應當充分考慮員工的才能、個性各方面的情況，發現和利用其優勢長處，使員工的能力與崗位上工作內容和標準相匹配，避免因能力和工作內容錯位而產生過大的工作壓力，使他們在合適的崗位上取得更好的工作績效。一言以蔽之，讓不同意願、不同層面、不同專長甚至不同性格的人各得其所、各展所長。這就叫"把最合適的人放在最合適的崗位上"。

"把最合適的人放在最合適的崗位上"思想的進一步延伸，就是"讓最合適的人創造最合適的崗位"。因為所謂的"最合適的崗位"仍然帶有濃厚的長官意志，員工的主觀能動性和個人的潛在能力仍然缺乏培養基礎和觸發機制。更為科學的做法是"讓最合適的人創造最合適的崗位"。

所謂"讓最合適的人創造最合適的崗位"，就是鼓勵員工和員工小組創造性地脫離既有模式尋求新的工作機會，只要你拿出見解獨到、思路合理、資源充裕、操作性強的工作方案並能科學論證，就有可能

250

產生一個或者一組"前所未有"的工作崗位。這種做法稱之為"項目制"。"項目制"的推行可以讓許多一直默默無聞的員工開始"超常發揮";許多在同事心中早已"定型"的員工"改頭換面",令人刮目相看。員工個人舞臺的擴張帶出了一大片新的空間。

自己的選擇最能讓人做到無怨無悔,工作累一點、苦一點、難一點也心甘情願,因為這是自己的選擇。我們看那些影迷、歌迷、球迷為追星可謂千辛萬苦、殫精竭慮,而且還沒有物質報償,還得自己花錢。你別和他(她)講道理,他(她)一句"我願意!"就足以回答你的一切問題。因為所有這一切,都是他(她)自己的選擇。

這就是"讓最合適的人創造最合適的崗位"的妙處所在。

●優化工作環境與工作條件

研究證實:辦公樓環境是一種無形的環境壓力,我們常見的那種封閉的辦公場所會使人精神緊張、容易疲倦、增加壓力感。

為此,應改善企業的工作環境和條件,減輕或消除工作條件惡劣給員工帶來的壓力。如關注雜訊、光線、舒適、整潔、裝飾等問題;給員工提供一個賞心悅目的工作空間,有利於達到員工與工作環境相適應。條件允許的情況下,可選擇在自然環境或空氣流通的平房裡辦公,以提高員工的安全感和舒適感,減輕壓力。

確保員工擁有做好工作的良好的工具、設備。如及時更新陳舊的電腦、影印機、傳真機等。
確保員工具有良好的勞動保護設施與裝備。有些實驗室的工作,可能會與一些有害物質接觸，在這一方面保護措施不齊全，也會增加員工的心理壓力。

在可能的情況下，構建溫馨和諧的辦公環境。溫馨和諧的辦公環境能使員工的心理得到撫慰，產生舒適感。比如改善辦公室物品擺設、播放調節心情的音樂。

偶爾換一換環境，也是一種不錯的選擇。有一位管理者說：

不要讓下屬總是一天到晚呆在辦公室，天天在同樣的環境裡他們會壓抑的，應該帶他們出去呼吸一下新鮮空氣，看看外面天空的顏色。不要一天到晚在公司吃盒飯，偶爾帶他們去餐館吃吃飯，放鬆放鬆，讓大家有種新鮮感。開會時不要總是在辦公室一呆就是幾個小時，可以換個環境。我有時開會在大樹下開，在公園裡開，在草坪上開，結果下屬沒那麼多拘謹，發言很積極，效果很好；我有時突發奇想，在海邊開會，叫大家全部穿游泳衣，我自己也以身作則，穿著游泳褲，一起漂在海浪裡，一邊漂一邊開會，沒想到他們說刺激得不得了，什麼主意都想出來了，只問下次什麼時候再這樣開。

一位美國學者指出："工作時間可以看到大自然景色的人，挫折感較少、比較有耐性、也較能覺得工作有趣、對工作的態度較積極、對健康及整體生活的滿意度都比較好。"

改善硬環境，即物理環境是一個方面。另一方面就是要改善軟環境，通過組織結構變革、領導力培訓、團隊建設、工作輪換、員工生涯規劃等手段改善工作的軟環境，在企業內部建立支持性的工作環境，豐富員工的工作內容，指明員工的發展方向，消除導致壓力的誘因。所有這一切，似乎更為重要。

20世紀70年代，希爾頓飯店先後裝配了現代化的一流服務設施，在一次員工大會上，希爾頓意味深長地問大家"現在我們旅館已經有了一流的設備，可是有誰能告訴我，還必須配合一些什麼樣的一流的東西才能使顧客更喜歡光顧呢？"員工們作出了各式各樣的回答。希爾頓都笑而否之。最後他說："請你們想一想，如果旅館裡有一流的設備而沒有一流的服務的微笑，那就好比花園裡失去了春天的太陽和春風。如果我是旅客，我寧願住進只有殘舊地毯，但處處見到微笑的旅館，卻不願走進只有一流設備而不見微笑的地方。"

我想，員工的心態大抵也是如此吧，如果軟環境十分良好，即使硬環境一時跟不上，也不會有什麼怨言。當然，硬軟環境俱佳，那是最理想的。

●讓員工有控制感

當人們認為他是能控制他的周邊世界、控制他的工作的時候，這時，他的心理上是安全的；如果當他感覺到這一切都不在他的控制之下，壓力感便悄然襲來。讓我們回想一下吧，你肯定有過這樣的經歷，你到一個不是很熟悉的親戚家做客，別人非常熱情，你對此也確信無疑，他們留你在他們家過宿，你會感到很不自在，甚至有壓力。在經濟能力許可的情況下，你還是希望去住酒店。為什麼？這是因為在那裡，你失去了控制感。

企業裡面的情況也是如此，對於環境或任務的控制感影響著員工感受到的壓力水準。如果員工感到對下屬或目標任務失去控制，例如下屬的頻繁流動，專案預算超支等等，就會感受到壓力。

在一項實驗中，科學家把被試分為兩個組：他們都在同樣分貝的噪音條件下工作，但 A 組可以隨時把噪音關閉；B 組則沒有這種權利。但事實上 A 組的被試並沒有關閉噪音。結果卻顯示：A 組的工作成績明顯高於 B 組，而且他們的心情也好得多。

這一實驗表明：控制感越小，壓力就越大；控制感越強，壓力就越小。壓力的大小與控制感呈負相關。當人們認為一切都在自己的掌控之中時，他的壓力感受就小；當認為自己無法控制局面時，他的壓力感就驟然增大。

舉個小小的例子來說明這一點。

一個倉庫保管員負責看管倉庫，可除他以外，還有 5 把鑰匙在他的各路領導手中。這些領導可隨意進入倉庫，而倉庫裡所有物品的損壞與丟失都由保管員負責。你說他的壓力大不大？你說他是否會整天處於遑遑不可終日之中？

作為管理者，應給他的員工明確授權，所授予的權力神聖不可侵犯。員工知道他應該幹什麼？可控制的是什麼？這樣他心裡就踏實。工作做得好，壓力感也小。

這樣做會失控嗎？不會。作為上級，你有檢查權與督察權。還以上面的例子來說，你可以隨時檢查他的倉庫及其物品，只是你口袋裡別揣著倉庫的鑰匙。

員工控制感獲得的另一重要途徑是領導者或管理者應向員工提供組織有關資訊，使員工知道企業裡正在發生什麼事情？他們的工作完成得如何等？一個人對與自己有關的環境資訊知道得越多，控制感就越強，不清楚、不確定性、不可控的程度越高，壓力感就越大。

●避免超負荷、高緊張

一項調查結果顯示：工作負荷過高，即"在太短的時間有太多事情要做"。位於首要工作壓力的來源。"過量的工作、緊張的工作、在焦慮中工作"，是今日之金領、白領生活狀況的真實寫照。過去，我們說日本人是"工蜂"，現在的中國人大約一點也不比他們遜色。對於企業來說，市場競爭太殘酷了，一個企業如果沒有高效率，那幾乎就是等死，企業的這種壓力傳遞到員工身上就造成員工"拼命工作"的現象。我們得承認，在一個社會處於高速發展期的時候，這或多或少是一個不可避免的社會現象。

然而，高負荷、高緊張就一定帶來高效率與高效益嗎？如果是短期行為，就是可能的，但如果是長期以往的高負荷、高緊張，恐怕就會事與願違了。

超負荷、高緊張會帶來事故率與出錯率的增加；

超負荷、高緊張會帶來引發員工心理上的倦怠；

超負荷、高緊張會帶來企業內人際衝突的增加；

超負荷、高緊張會帶來企業最終效率與效益的降低。

"欲速則不達"是客觀規律，是硬道理。

開車的人都有這樣的體驗，超速行駛會帶來許多危險，最終也快不了多少，勻速行駛既安全，速度也不慢。

我們應當做勻速行駛的駕駛員。

有些領導者看到下屬經常主動加班，很開心。你看我的下屬多麼地努力！其實錯了，員工會疲勞的，最後都會厭倦，會產生過多的工作壓力，甚至把下屬累垮。天天逼他們加班，其實沒什麼意義。不要讓下屬把加班看成是家常便飯，你的下屬如果常常加班，你就要問自己：是他的工作真的太多？還是白天不努力工作？

真正優秀的公司是不隨便加班的，有些企業在《員工手冊》中明確規定，本公司不鼓勵加班。事實上，如果白天認真努力地工作，把該做的事情都做了，最重要最緊急的事情做了，是沒有什麼必要加班的。

至於把那些起早貪黑的人視為先進分子就更加可笑了。他為什麼起早貪黑？很可能的原因是他不能在額定時間內完成工作任務，是個不稱職的員工。

作為管理者，所分配的工作任務，應該是員工在額定時間內盡最大的努力可能完成的；而不是盡最大努力也不能完成的；也不是無須作努力就能完成，或者還有許多閒置時間。企業有"閒人"不僅是一種資源浪費，無事者還會"生非"。

更壞的一種情況就是忙的人忙得要死；閒的人閒得要命。忙的人不僅承受著巨大的工作壓力，還要應對心理上的"失衡"。

●建立釋放管道

中國古人就已經清晰地認識到，對人的思想、情緒宜"疏"不宜"堵"。疏則通；堵則塞。通則無往而不利；塞則障礙重重，諸事不順。

沒有一家企業的老闆想自己諸事不順，那麼，在你的企業文化中，就有必要設置員工思想、情緒的釋放通道。這是一條寶貴的"綠色通道"，有它無它，情況大不一樣。

日本松下電器公司的所屬各個企業都有對員工進行開導的“懇談室”，他們稱之為是“精神健康回歸樂園”。這種辦法能使員工在發洩與懇談之後“心靈進入崗位”，進而創造出一流的產品。

　　中國的聯想集團，每週二都有“Ｃ－Ｔime”（Coffeetimeand Communicationtime）。這時員工可以與公司總裁室成員一起溝通各方面問題。他們還設有“進步信箱”，公司每一個員工都可以提出自己的意見、想法。

　　讓人說話，讓人說出真心話；與人溝通，在溝通中消彌誤解，在溝通中獲得共識。可使員工的不滿情緒得到充分地釋放；可使員工心中的疑問得到可信的解惑；可使員工的意見或建議得到及時的回饋。這種心與心的交流

　　還有一些企業設有“出氣室”，員工在有不滿、憤怒、焦灼之時，可以痛快淋漓地到那裡發洩一番，雖是權宜之計，但也不無益處。
　　日本企業的老闆有時還會使用一些小花招來釋放員工的不滿情緒。
　　對低層員工來說，常常對自己的直接主管，如車間主任、部門負責人意見頗大。老闆會常常在員工面前嘲諷、挖苦這些中層管理者。比如，說他在家怕老婆啦；說他在何時何地曾出過一個什麼大洋相啦，惹得員工們一陣哈哈大笑。

　　是啊，自己所不喜歡的人一副窘態，怎能不開心呢？

　　在這開心之中，怨氣與壓力得以釋放。其實，許多情況下，是老闆與主管在演雙簧戲。

●與員工共同決策

有些情境，主要是緊急情境，是談不上與下屬共同決策的。例如，在戰場上，軍事主官只能是迅速作出決定，下屬只有無條件地執行。

但如果情況並沒有那麼緊急，一個部門中，人數也不是太多，與員工共同決策就顯得好處多多了。

共同決策，讓員工感到自己有才華；

共同決策，讓員工感到自己受重視；

共同決策，讓員工感到部門裡的民主氛圍；

共同決策，讓員工覺得自己是企業或部門的主人翁；

共同決策，讓員工在執行時更為心中有數，更為賣力；

共同決策，有利於集思廣益，兼聽則明，使方案與措施更完善；

共同決策，員工在執行時，抵觸情緒與思想會大大減少；

共同決策，大大分解了上司的壓力；

共同決策，有利於團隊的建設；

……

當然，共同決策不是分權，不是大家一致同意才能幹事，也不是少數服從多數，最終的裁決權，還是掌握在主管手中。

總之，共同決策可使方案或措施更為縝密，員工心情舒暢，幹事有勁，提高責任感而降低壓力感。

我們有什麼理由不這麼做呢？

●幫助員工建立職業安全感

在著名人本主義心理學家馬斯洛的需要層次理論中，處於第二層次的需要就是安全的需要。在馬斯洛看來，安全從心理上講就是對統一、公平、規律、可預見的一種需求。當人們缺乏這些因素的時候，就會變得焦慮不安。馬斯洛說，不安的或患神經症的成人，行動起來很像不安的兒童。這樣的人做起事來總好像大難就要臨頭似的。他總是像在應付一件緊急事件……一個神經症患者好像總是怕挨打屁股似的行事……

可以想像，這種缺乏安全感的人做事的效率肯定不高，效益也不好，而且所承受的壓力感也很大。

員工職業安全感的缺失主要來自於幾個方面的原因：

其一，對現實的擔憂。職場競爭激烈，即使已經努力地工作，煩惱、沮喪仍然伴隨著不少看上去風光無限的白領人士。許多白領感到自己缺乏職業安全感，擔心失業、職業不穩定、缺少歸屬感、對可能出現的失敗表示憂慮以及在工作中經常被挫傷自尊心等等。

其二，對未來的擔憂。迅猛發展的科學技術，知識更新、技術更新速度的不斷加快，使技術白領們絲毫不敢懈怠；後來者的不斷湧入，總讓人感到自己的位置並不是像鐵打的那麼穩固。不知那一天，但一定會有一天，自己被公司淘汰，被社會淘汰。

其三，職業目標的模糊和晉升瓶頸的出現，何去何從，今後的目標是什麼？

其四，想跳槽又猶豫不決。不跳槽可能會被職場淘汰，選擇跳槽又感到前途未卜。

這種擔憂雖然是想像中的，但導致的壓力卻是現實的。有為數不少的人就是在這戰戰兢兢的心態中度過了一天又一天。

這種狀態對個人當然不好，對企業也非常不利。不解決員工心中的這種隱憂，直接影響到企業的效率與效益。

為此，企業應採取下述措施：

塑造學習型的組織，讓員工感覺到在這個組織中可以通過學習來減少對未來的後顧之憂。

學習日本的企業管理經驗，不輕易辭退員工，把企業營造成"家"的氛圍。這可以增加員工的忠誠度，也可減少員工的壓力感。

容忍失敗。當員工工作中出現失敗的時候，要能夠容忍。美國政治家、前國務卿基辛格有句名言：人只要工作，就會犯錯誤，就會失敗。一個人在工作中的失敗，證明他是在工作，而且很可能是在從事創造性的工作。只要他不是重複犯同樣的錯誤，犯低級錯誤，我們就要容忍。這種寬鬆的環境，有利於員工最大限度地發揮聰明才智，從而為企業創造效益，也會使他們倍感輕鬆。

完善員工保障制度，向其提供社會保險及多種形式的商業保險，增強員工的職業安全感。

人性化安置老員工。有些老員工，確因體力、智力、知識老化的原因，不能勝任原先的工作。我們不應該把他們一腳踢開。盡可能地安排適合他們的工作崗位與工作內容。這是對老員工的一種安慰，也讓一線員工感到欣慰。會認為，在這樣的企業幹無後顧之憂，可以輕裝上陣而全無雜念。

●建立公平的激勵機制

有的時候，或者說在不少情況下，壓力不是來自於工作本身，而是來自於工作之外的各種紛爭。

"不公平"就是企業內出現概率最高的一種工作因素外的紛爭。

當一個人做出成績並取得報酬以後，他不僅關心自己所得報酬的絕對量，而且關心自己所得報酬的相對量。因此，他要進行種種比較來確定自己所獲報酬是否合理。一種比較稱為橫向比較，即將自己獲得的"報償"與自己的"投入"的比值與組織內其他人做比較，只有相等時，才認為公平。另一種比較是縱向比較，即把自己目前投入的努力與目前所獲得報償的比值，同自己過去投入的努力與過去所獲報償的比值進行比較，只有相等時他才認為公平。還有一點要注意的是本組織內的人與組織外的人與比較而產生的對公平的判斷，防止人的"社會比較"所引起的行為負效應。

通過以上比較，判斷白己是否受到了公平的待遇？這種判斷直接影響到他的情緒，他的工作行為。不公平感的消極作用是十分明顯的，它不僅壓抑一個人健康向上的良好心境，而且影響他的聰明才智與創造才能的發揮。最近一項研究證實，如果從上級那裡得到公正待遇，那麼員工的血壓會維持在低水準，心臟病的發病率也比受到不公平待遇的人低 30％。因此，專家認為，公正可能給企業員工減小了慢性壓力，也意味著員工患冠心病的風險減小。

261

為體現公平、公正的原則，必須反對平均主義，克服"一刀切"的簡單做法。平均主義與激勵是"冰炭不同器，水火不相容"，正是因為多年的平均主義，才使中國企業效率低下，員工懶散。據調查，實行平均獎勵，獎金與工作態度的相關性只有20%，而進行差別獎勵，則獎金與工作態度的相關性達到80%，差別性是激勵的重要原則。實行公平、公正激勵，還必須對全體員工一視同仁，不偏不倚。不能允許有人借助權力因素，或私人感情搞特殊化，否則，將產生嚴重的負面效應，影響員工隊伍的穩定，影響組織的利益。

古人雲："不患寡而患不均。"如果不是把這個"均"理解為絕對平均，而是理解為獲得與投入相匹配的報償，那將是一種理想狀態。在這種狀態下，員工的心態最為平衡，效率與效益也最高，壓力感也小。

●體現人文關懷

小時候讀《三國演義》，感到心理最不平衡的就是劉備又沒啥本事，諸葛亮與關張趙馬黃幹嘛要為他拼命？為他效力？現在明白了，劉備是一個很好的管理人才。天時、地利、人和三要素中，他取人和。在他的管理套路中，人文關懷是用得最多、也最有效的招數。

對關羽、張飛，劉備以"桃園三結義"套牢了他們。
對於諸葛亮，劉備以"三顧茅廬"徹底征服了他。

對於趙雲，那出戲演得就更精彩了。趙雲在長阪坡奮力死戰，於百萬軍中救出阿斗。把這孩子交與劉備。劉備接過孩子後擲於地，說：為這孺子差點折我一員大將。趙雲趕緊把阿斗抱起，說：雲肝腦塗地

262

也不能報主公的大恩大德。搞得好像趙雲欠劉備一個人情似的

《水滸傳》中的宋江大致也是個這樣的人物，可以說他是"文不像個秀才武不像個兵"，但那107條連皇帝都不服的好漢就是服他，原因也在於他特別重視人文關懷。他的綽號不就是"及時雨"嗎？

看來，有時最能打動人的並不是金錢，而是人文關懷。

在企業管理中，管理者也應有意識地使用這種人文關懷。它有利於企業效益的提高，也有利於員工心理的健康。

我們建議，人文關懷可從以下幾方面作手：

其一，關心員工的個人生活。

員工的壓力並不全部來自於工作本身，還有一種潛在的"背景式"壓力，諸如來自於婚姻、家庭和人倫關係的不幸不快和突發事件，來自於酗酒和濫服藥物等不良嗜好，來自於法律糾紛和家庭暴力長期性隱憂等等。這些壓力雖然不是企業與工作造成的，但對企業與工作有影響卻是不爭的事實。所以員工的個人生活也應是企業關心的問題之一。

許多國外企業是這麼做的：員工過生日，送個蛋糕；員工家屬生病，也去探望一番；員工個人身體有問題或有不良行為，企業也協助解決。凡此種種，給員工一種家的感覺。大部分人都是知道感恩的，他們會因受到滴水之恩而湧泉相報。

其二，關心員工的個人發展。

企業不能僅僅把員工當著雇員，而要把員工當著家人，管理者不僅要關心企業的發展，也要關心員工個人的發展。任何時候、任何情

263

況下，既要考慮企業的利益，也要考慮員工的利益。事實上這二者並不衝突，協調得好，這兩種利益完全可以統一起來。員工的個人發展可為企業的長足發展提供最重要的支撐；倘若員工的個人發展在較大程度上得益於企業的幫助，也可大大增加對企業的忠誠度。

其三，關注員工的壓力狀況

管理者應敏感地覺察、注意到自己及下屬身上的種種壓力信號，綜合考察各方面壓力源，若發現確實存在過度壓力，則應及時採取壓力管理、壓力控制等措施以達到防微杜漸。

其四，建立良好溝通管道

長期缺乏溝通，高素質的團隊也會處於半瓦解狀態。要想擁有一支出色的團隊，務必建立良好的"溝通管道"，瞭解他們的意見，讓下屬的心聲有傾訴對象，疏減其工作壓力，同時應盡量協助他們解決疑難。有時白天溝通不了的事情，晚上到去酒館、去咖啡屋，在一個自由、輕鬆的環境裡更有利於溝通的順利進行。

其五，多搞一些工作以外的活動

開展多種形式的職工集體活動。通過組織多樣的集體活動，建立緊張工作和輕鬆活動相結合的氛圍，平衡員工心理狀態，使他們既有緊張工作又有輕鬆娛樂的回憶。諸如聯誼會、運動隊、俱樂部；歌詠比賽、書法、繪畫、體育比賽、團體旅遊；準備一些益智性娛樂玩具，供員工在工作間隙用於消遣等都是深受員工歡迎的項目。這些活動，企業雖然要投入一些時間與財力，但這種投入還是值得的。

其六，重視員工法定休息日。

企業盡量不要剝奪員工的法定休息日，讓員工有時間和家庭親人在一起，盡情享受美好的家庭之樂，從而得到充分的心理放鬆。有些老闆，自己是工作狂，要求他的員工也是工作狂，這是毫無道理的，看起來是為企業作想，從根本上說還是有害無益。

其七，實施人性化管理

企業不是軍營，別到處強求一律。在一個"一律"的環境中，最大的受害者是人的創造性受到抑制。一個人性化的管理環境，員工的壓力感最小，創造性可以最大程度地得到發揮。在美國的科學城矽谷的企業，人們的穿著不同，上下班時間各異，乍看上去，一切都帶有隨意性，但從深層次挖掘，則處處體現人性化的痕跡。我們也可以仿效他們的思路，實施人性管理，為減壓、增效創造氛圍。比如：改善工作環境，儘量使工作場所空氣流通，降低噪音，增加一些綠色植物，也可以佈置一些怡人的花香，在工作場所養金魚，張貼照片和風景畫等；還可以讓員工自己裝飾辦公室、自己挑辦公桌椅；在感到工作氣氛緊張時，播放一些輕鬆或者另類的音樂，使員工聽著音樂閉目養神，從而達到減壓的目的；設定寬鬆的工作規範，不實施監控；安排下午茶、水果等；讓員工著便裝上班；實行彈性工作制，讓員工自定工作時間；保持消遣娛樂和工作間的平衡，給工作和娛樂分配時間，時間分配不應讓人有匆忙感，而應使人感到輕鬆自在，安排好度假，控制工作時間，有張有弛，有勞有逸。

●增進員工心理健康水準

現在，如果一個企業還認為員工的心理健康問題只是他們自己的事，與企業沒有什麼關係，這家企業是註定不能長期生存下去的，更不用說得不到長足發展了。因為，人是企業的第一資源，第一資源出問題，其它條件再好也是白搭。所以，關心員工的心理健康就是關心企業本身，就是關心企業的未來。

　　心理衛生工作者把維護人類的心理健康分為三級預防：一級預防的主要任務是指導正常人健康地生活，克服種種危機，防止各種心理障礙和行為變態的發生，使他們的心理得到完善的發展。二級預防的主要對象是輕度心理異常，如問題行為、不良習慣、人際關係問題、學習適應問題、生活中的各種危機。三級預防的對象是嚴重的心理異常者。對於企業而言，應該做的、能夠做的、必須做的是一級預防工作。有條件的企業，可聘請外部專家並會同他們做好二級預防工作，至於三級預防則是社會專門機構如心理治療中心、精神病院的事。

　　心理健康一級預防的工作目標是：提供對愛充分而適當的需要；培養良好的習慣與性格；訓練社會行為；培養挫折耐受能力及處理技巧；培養生活危機的適應能力及加強生活危機期的情緒支持；培養良好的情緒，學會適度地表達、控制情緒，處理不良情緒；培養人際交往能力和技巧；培養正確的自我觀念；樹立正確的人生觀與世界觀。

　　為此，企業應在下述諸方面有所作為：

　　其一，宣傳、普及有關心理健康與壓力管理的知識。
　　企業可為員工訂有關保持心理健康與衛生的期刊、雜誌，讓員工免費閱讀。開設宣傳專欄，普及員工的心理健康知識，有條件的企業還可聘請有關專家學者開設心理健康與壓力管理的講座。

　　其二，向員工提供保健或健康項目。
　　鼓勵員工養成良好的、健康的生活方式。如有些企業建立了專門的保健室，向員工提供各種鍛煉、放鬆設備，讓員工免費使用，還有一名專職的健康指導員去監督鍛煉計畫和活動，美國一些著名公司還為有健身習慣的人發放資金從而鼓勵健身。健身運動可以提高員工的生理健康水準，同時也提高了員工的心理健康水準，而且還可直接使員工的壓力得到釋放和宣洩。

其三，及早開展 EAP 服務。

有關 EAP 服務的內容，上面已作介紹。這裡想再強調的是，企業決策人不應把它看成是一項支出，而要看作是一項投入，有高回報的投入。曾與一位元企業界人士談到這項服務。他說，的確需要，等我的財務狀況比較好的時候，我肯定要這麼做。實際上，這位老闆還是把 EAP 作為非生產性開支，作為一種消耗而非投入。在這個問題上有損失是無形的；有報償也是無形的。人們不太容易直接看到。但是，無形的肯定不是不存在的（恰如企業的無形資產），把這一點搞清楚了，你就明白是該做還是不該項做？是該早做，還是晚做？

其四，防止員工心理疲勞。

疲勞可以分為生理疲勞與心理疲勞。生理疲勞主要是指的肌肉疲勞與神經系統疲勞。生理疲勞主要表現為動作失調、姿勢錯誤、感覺遲鈍、肌肉痙攣等等。心理疲勞不是由身體能量的消耗引起的，而是由心理因素所致。例如，工作單調乏味，就會使人產生厭煩情緒。心理疲勞的主要表現是：思維遲鈍、反應緩慢、注意喚散、情緒煩躁、焦慮、厭倦。

一項調查結果顯示，金領、白領中，處於前四位的心理疲勞表現依次是：容易疲倦，缺乏精力；與家人或朋友的溝通越來越少；容易忘事；容易憂慮、發愁。

這些症狀，顯然對員工個人不利，同樣，對企業也不利。為防止員工心理疲勞，企業應做到：

合理安排勞動時間；

有可能的話，進行工作輪換；

可以給工作指標，但不要給心理壓力；

加強上級與下屬的溝通；

多體現人文關懷。

其五，進行全員培訓

開展員工和管理者培訓，通過壓力管理、挫折應對、保持積極情緒、諮詢式的管理者等一系列培訓，幫助員工掌握提高心理素質的基本方法，增強對心理問題的抵抗力。

●形成良性心理感染

楚漢戰爭末期，張良設十面埋伏之計，將項羽困在垓下。但是，漢軍也面臨一個嚴重的問題——困獸之鬥，往往十倍地瘋狂，所以自古攻城都是網開一面，而劉邦既不想放虎歸山，也不想消耗過多實力，怎麼辦？擅長"運籌帷幄之中，決勝千里之外，"的張良想出一條妙計，讓已投降的楚軍在月色中齊聲唱起楚歌，楚軍聞之，不禁勾起思念故地，家人的無限鄉情，再也無心戀戰，漢軍大舉猛攻，逼得項羽自刎於烏江。

在心理學家的眼光中，張良此計屬於巧妙地利用了一種社會心理學現象——心理感染。所謂心理感染，即指人們於不知不覺之中，情緒與行為受到他人的影響，支配，而放棄原有的考慮。打算，直至自己心目中的行為規範，價值觀念。這種影響不是從理性知覺通道輸入的，而是通過情緒行為的暗示效應，於無意識中接受的，正因為如此，它的力量十分巨大。那麼，人們不禁要問，這股強大的力量是從哪裡來的呢？完美無缺的解釋似乎還沒有找到，但有一點是可以肯定的，即心理感染的一個重要機制就是迴圈反應，也就是說，別人的情緒與行為引起自己產生同樣的情緒與行為，反之，自己的情緒和行為又增加了別人情緒與行為的強度，人類社會中群體狂熱的情緒，衝動甚至喪失理智的行為，絕大多數是在這一心態的作用下產生的。

心理感染的效應作用有兩面性：積極的心理感染，可使群體的情感交流處於正迴圈狀態；消極的心理感染，可以導致群體的情感交流處於負迴圈狀態。

企業的各級管理者，尤其是中高級管理者，感受到壓力之後，往往不自覺地把自己內心的壓力傳染給被管理者，使他們也感染上壓力。當被管理者成為壓力"攜帶"者，他們會以諸多的"管理難題"形式把壓力再返回到管理層或者管理者。如此一來二去，管理者與被管理者之間的壓力互動（相互傳染），越來越強化壓力的程度，越來越使壓力原因複雜化。批評、責怪、訓斥、怒罵、抱怨、譏諷、挖苦、報復、轉嫁責任成為壓力傳染的基本形式。

同樣道理，如果是良性情緒，也同樣會引發這種相互感染的迴圈機制。它導致群體中成員的情緒愈來愈高漲，壓力感愈來愈低，效率愈來愈高。

由此可知，形成良性心理迴圈是多麼重要。

●讓員工保持適度壓力

減壓不是把壓力全部減光。如前所述,適度的壓力對於保持必要的緊張度,從而做好工作、促進個人發展都是不可少的。作為管理者,應讓自己的員工有一個適度的壓力。

松下電器(中國)有限公司人力資源部部長陳愷認為保持一定程度的工作壓力是必要的,推崇職工必須有壓力,但是並不反對緩解職工壓力。其具體的做法有變換工作崗位,根據具體情況安排個人力所能及的工作崗位、施加工作壓力和互相協作互相結合的工作方法。肯定職工工作中的業績,建立信心,變壓力為動力、開展多種形式的職工集體活動,建立緊張工作和輕鬆活動相結合的工作休息氛圍,使職工既有緊張工作又有輕鬆的娛樂。

何謂適度?

適度就是員工所感受到的壓力能夠啟動其心理動力系統,但也不會超過該系統的承受能力。心理學中有個重要的概念,叫"最近發展區"。這一理論認為,交給學生的學習任務應該是他們在老師的指導下、在同伴的幫助下、在經過自己努力以後能夠完成的,而不是在老師的指導下、在同伴的幫助下、在經過自己努力以後也不能完成的;也不是不經老師的指導、同伴的幫助、自己努力就能完成的。換言之,橫在學生面前的是一條一躍可過的小溪,而不是不可跨越的江河;也不是隨意就能邁過的小溝。這樣的學習任務,最利於學生解決當前問題,也最利於學生智慧的進一步發展。

同樣的道理,給員工的工作任務不能一點難度沒有,但也不能是根本沒有可能完成的。感覺到有壓力,需要去努力才能完成、而且也有可能完成的工作，是一種最佳選擇。它可使企業人力資源效率的最大化；也能讓員工最有可能產生成就感、進取精神等積極的情感體驗。

專欄

《昂起頭來真美》

別看它是一條黑母牛，牛奶一樣是白的。

珍妮是個總愛低著頭的小女孩，她一直覺得自己長得不夠漂亮。有一天，她到飾物店去買了只綠色蝴蝶結，店主不斷讚美她戴上蝴蝶結挺漂亮，珍妮雖不信，但是挺高興，不由昂起了頭，急於讓大家看看，出門與人撞了一下都沒在意。

珍妮走進教室，迎面碰上了她的老師，"珍妮，你昂起頭來真美！"老師愛撫地拍拍她的肩說。

那一天，她得到了許多人的讚美。她想一定是蝴蝶結的功勞，可往鏡前一照，頭上根本就沒有蝴蝶結，一定是出飾物店時與人一碰弄丟了。

自信原本就是一種美麗，而很多人卻因為太在意外表而失去很多快樂。

《紅紗巾》

有一位火車司機，常年在一條鐵路線上奔跑，每每經過一個村莊的時候，他都會看到一位元身材優美的女子佇立在村邊，眺望著火車，有時候還向火車揮動著一條紅色的紗巾，火車司機也揮動帽子向她示意。日復一日、年復一年，火車司機就要退休了，他終於決定要

271

看看那位女子。當他終於站在女子身邊的時候，他才知道，女子是一位雙目失明的盲人，每天當她聽見火車經過的時候，都會向火車揮動紗巾……老司機的夢圓了，卻也碎了。

世界上有一種東西，在你擁有的剎那，其實已經失去。

喜歡，不一定必須靠近。

九、減壓良方：尋求社會支持

　　人類之所以是這個星球上活得最滋潤存在物，除了他們具有超群的智慧之外，再有一點就是他們的集群性。社會愈是向前發展，就表現得愈是明顯。如今，單打獨鬥就能縱橫天下的孤膽英雄早已不復存在了，人與人之間的相互依賴性變得愈來愈大。正是從這種意義上說，尋求社會支援，肯定不是什麼讓人沒面子的事。

　　進而言之，人類社會客觀上存在著一個"社會支援系統"，至於這個系統你有沒有使用？是否最大化的使用？是否最有效地使用？那說是你自己的事了。

　　陸小婭指出：所謂個人的"社會支援系統"，指的是個人在自己的社會關係網路中所能獲得的、來自他人的物質和精神上的幫助和支援。一個完備的支援系統包括親人、朋友、同學、同事、鄰里、老師、上下級、合作夥伴等等，當然，還應當包括由陌生人組成的各種社會服務機構。

　　社會支援系統的功能與作用又是什麼呢？

　　有的學者是這麼認為的：一個人所獲得的社會支持來自四面八方，因此社會支援是多方面、多層次的，從而構成了以個體為核心由個體和他人通過支持性行為所構成的人際交往系統，也即複雜的社會支援系統。一般來說，社會支持包括以下幾類。首先是來自親人的支持。父母、愛人、兄弟、姐妹、子女等親人的支持，是個體最基本最重要的社會支持源泉。常言說得好，家庭是人生避風的港灣。和睦的家庭、溫暖的親情足以幫助你消除心靈的疲倦頂住外界的種種壓力。

其次是來自朋友的支持。每個人都有一些知心的朋友，當你遇到種種不快的時候，不妨向他們傾訴和求助。不良情緒的宣洩本身既是緩解壓力的好方法，而你的朋友也會盡其所能地為你獻策獻力。最後是來自社會的支持。社會是一個大家庭，一方有難八方支持。隨著社會的發展，心理諮詢已逐步走進百姓生活。許多醫院、學校開設了心理諮詢門診或結構，不少電臺、雜誌也開設了心理諮詢欄目，專為有心理困惑或危機的人提供心理援助。當你感到有一些心理困惑而自己確實又無法解決時，盡可以向社會中的心理諮詢機構尋求心理專業幫助。

當我們身處困境的時候，當我們倍感沉重壓力的時候，要解決問題，當然主要是靠自己，但也不可忽視社會支援系統的存在以及它的力量。有人扶一把，這道坎可能就很容易地邁過去了，我們何樂而不為呢？

●與家人歡聚

對於職場人士而言，家是你最後的、最鞏固的大後方。親人，特別是有血緣關係的親人能給你提供全方位的、無條件的支援。

根據那些感到壓力巨大的職場人士所述，他們的壓力之所以那麼大以及難以消解的原因之一，就是家庭支援系統亮紅燈，家庭成員間的心理疏導沒有了。

那些常常要出差人們，工作之餘沒有家人的陪伴，就會感到孤單寂寞，這種情形下既既使壓力得到正常管道的排解，也極容易導致婚外戀等情感出軌的事情發生。此外，一些員工為了完成工作量每天要工作很長時間，工作強度也很大，為了放鬆自己，下班後會到酒吧喝酒而不是回家，或者即使回家也不和家人說話，還有些單身員工因此難以找到伴侶。專家認為，家庭是給人提供精神支援的場所，但目前國人的家庭系統正處在應激狀態，僅 10 年間離婚率已增高 1 倍。如果找不出緩解這一問題的方法，處在社會文化碰撞中的中國人就會失去家庭支援這一強大的心理源泉。

《常回家看看》這首歌一炮打響，紅遍大江南北。客觀地說，不是這歌本身有多好聽，而是撥動了億萬人的心弦。子女常回家看看，慰藉了老人，也在一個最溫馨的地帶釋放了自身的苦惱與壓力。它的作用、它的功效，高明的心理諮詢師也望其項背。

所以，我們要鞏固好自己的大後方——家。無論在工作上如何？事業上如何？我們總還有一片寧靜而安詳的綠洲——家。

如何讓家成為一個安詳的綠洲？

其一，不把壓力帶回家。

下班的那一刻，就把工作上的問題，特別是令人煩惱的問題統統忘記。

有人會說，忘記了難道就不存在了嗎？你這是駝鳥政策，自欺欺人。

我們得反問：記住了那些問題與煩惱就能解決它嗎？如果能，倒也罷了，我們就去想它去。如果不能呢？想它只是自尋煩惱。想一想吧，倘若一個人無時無刻不在煩惱之中。對自身不利暫且不說，對工作、對問題解決有好處嗎？

結論就用不著我來說了。

其二，不把不良情緒帶回家。

進了家門，我們的社會角色已經改變，是兒子（女兒）；是丈夫（妻子）；是父親（母親），而不是某單位的一員。既然我們已不是單位中的角色，也就不別把在單位中所扮演角色的情緒帶回家（對家人傾訴是另一回事）。把不良情緒帶回家，實在是自己擾亂自己的大後方。

其三，珍惜和睦的家庭氛圍。

"家和萬事興"。這是條亙古不變的真理。只有保證後方穩定才能在追求事業時沒有後顧之憂。對家庭要珍惜它，小心翼翼地呵護它。不要把到手的東西不當回事，尤其重要的是少作非份之想。情人，可以帶來一時的快樂，卻要承受終身的十字架。

請謹記一句致理名言：

要想一天不得安寧，請客。

要想一年不得安寧，蓋房子。

要想一輩子不得安寧，娶小老婆。

其四，適度地物質要求。

這是一個物欲橫流的年代。我們不能說它全錯，事實上，它在鼓勵人們奮進，推動著社會的進步，生產力的發展。

但我們對物質要求，心中要有個度。當你有台 10 萬元的車時，會想，我要有台 20 萬的車該多好！可是，當你有了 20 萬的車時，沒準又想 30 萬、50 萬、100 萬、幾百萬的車了。永遠沒有個滿足；永遠沒有個盡頭。

所以，不要制定不適合實際情況的物質訴求，否則家庭會成為另外一個壓力源，同樣帶來精神上的超負荷。

　　其五，處理好家庭與事業的關係。
　　中國人塑造的英雄或模範人物，不論其大小，都是只問事業不顧家的，個個都象劉邦那樣"爭天下者不顧家"。似乎一顧了家，就對不起事業，就夠不上英雄，就不能作為榜樣。
　　這實在荒謬透頂！

　　家庭的與事業絕非水火不相容、冰炭不同器。更進一步說，如果一個人全然不顧家，我們很難相信他對公司會有多大的忠誠度，對事業有多大的忠誠度。前蘇聯有位著名的教育家蘇霍姆林斯基。他是位校長。按照前蘇聯教育大綱的規定，一年級的新生進校，要進行愛祖國的教育。而在他的學校裡，不進行愛祖國的教育，卻進行愛媽媽的教育。理由是：如果一個人連自己的媽媽都不愛，他會去愛祖國嗎？沿著這一思維軌跡，我們說，如果一個人連自己的家都不愛，他會去愛自己的企業、愛自己的事業嗎？

　　家庭與事業不是對立的兩端。客觀上它們存在著相容性。因為愛家庭，所以要好好幹事業；因為事業成功，家庭格外幸福。
　　這話好像沒錯吧！

　　其六，有事向家人傾訴。

　　在工作中遇到問題，在生活中遇到難題；心中有煩惱，背上有壓力，首選的傾訴物件應該是家人。
　　這是因為：你盡可以在家人面前釋放自己軟弱的一面，而他們是絕對不會笑話你的。你可以在他們面前無話不說，他們肯定不會出賣你。你的問題，家人可能能為你解決一半。比如說，一次本以為十拿九穩的升遷機會卻失之交臂，於是你大為沮喪。這時你的妻子說：「老公！不當官就不官，我們現在不是過得好好的嗎？我愛的就是你這個人！」聽到這樣的話，你肯定會感到一陣釋然，一種慰藉。

所以，心裡有痛，心裡有話，可以在家人面前有一次痛快淋漓的傾訴，這大大有利於恢復心理的平衡。

其七，多與孩子親近。

如果你已經有孩子的話，請多與孩子親近。

這是一種責任；

這是一種義務；

這也是一種享受。

研究表明，父母與孩子的親昵，有助於孩子智力的開發，有助於孩子良好個性的形成，也有助於孩子社會性交往能力的形成。

其實，與孩子的親昵，不僅有利於孩子的健康成長，對自身心態的調整也十分有利。孩子是我們生命的延續，是我們未來的希望，我們在一生中那些不能實現的夢想都可以寄託在他們身上。在這一過程當中，我們也可以得到巨大的、無可替代的享受。

試想，當我們面對自己孩子那天真、純潔而無憂無慮的臉龐之時，所有的壓力與煩惱都將悄無蹤跡。

這一點，難道還有任何疑問嗎？

●與朋友交往

現代都市人往往都有個小圈子。三、五個，六、七個好朋友，常常都不是一個單位的，一個星期，最多兩個星期就在一起聚一次，或品茶；或飲酒；或打牌；或釣魚；或休閒。沒有目的，沒有主題，沒有功利，就是在一起聚聚。談起話來天南地北，話題可能不高深，但絕對真實，不會有假話，因為沒有必要說假話。一場聚會以後，大家都感到一陣輕鬆、一種釋放、一種解脫。散去以後，大家各奔前程，接下來便是對下一次聚會的期盼與向望。這種期盼與嚮往也是幸福的、令人陶醉的。

這樣的聚會，至少具有兩種功能：

其一，滿足了歸屬與愛的需要。這是一種繼生理需要、安全需要相繼滿足之後將自然出現的社會性需要。人類具有集群性的特徵，只有在群體中，他們才感到是安全的。群體有兩種形態：正式群體與非正式群體。這種小圈子，就是一種非正式群體。非正式群體沒有明確目標；沒有正式領袖，但彼此間的心理相容度極高，凝聚力很強。非常能夠滿足人們的歸屬感。

其二，它是一個釋放壓力的絕好的〝視窗〞。如前所述，在這種場合大家都說真話，誰也不用提防誰；誰也不會笑話誰，誰對誰也不會有惡意，因為他們之間沒有利益衝突。在這些朋友面前，可以盡情傾訴。有些話，可能對自己老婆、老公講都沒那麼方便，而對這些朋友講則無任何心理障礙。

其三，平時注意擴大交際，多建立培養一些非工作關係的人際交往圈子，使他們在關鍵時刻可以成為你的傾聽者和意見提供者，從沒有利害關係的協力廠商角度提供應對方案。

對這種小圈子，我們應試圖竭力營造；對這些朋友，我們應該格外珍惜。

在與朋友的交往中，聊天是最常見的一種形式。

心理學家認為，聊天是獲得美好心情的一種有效而愉快的手段。

茶餘飯後、節假休閒，好友相聚，說往事，談未來。話題不斷跳越，情感高度投入。一切煩惱都置於腦後。

美國《紐約時報》最新載文報導，科學家發現，適當地參與說人閒話其實可以增強人與人之間的聯繫。

現實生活中的人們都無法避免不加入到一些背後議論他人的隊伍中。其實，說閒話不僅可以幫助我們澄清一些事實，而且可以幫助工作中的我們彼此之間更好地協作相處，因為一些事實是不能夠暴露無遺地被公開傳播的。認為說閒話具有好處的心理學家指出，說閒話為欲加入到某一新群體中的人提供了一個“立足處”，讓他（她）能慢慢融入到這個新群體中；並且通過參與背後議論他人，那些失落的人可以感覺到自己處於一個安全的人際網路中。

“當然我們要遠離那些毀壞他人名譽、進行人身攻擊的背後議論。”美國紐約州立大學從事人類生物學研究的大衛教授認為，“說閒話表現了一個人生活中是否久經世故，以及他在該群體中的地位。當兩個或者更多的人相互閒談關於另一個不在場的人的事情之時，他們常常會傳佈一些關於這個不在場的人的鮮為人知的資訊。與此同時，參與說閒話的每個人又彼此潛意識地保護自己不在這場說閒話事件中受到負面影響。"為了進一步揭示說閒話的意義，科學家對太平洋島民、美國中學生、紐芬蘭島和墨西哥居民進行長期跟蹤調查，結果發現：說閒話的內容一般都很廣，其頻率也比較高；大約有五分之一到三分之二的人每天都加入到背後議論人的隊伍中。

閒話在社會生活中普遍存在。心理學家認為，參與說閒話可以讓人學習到從其他一些人際交流中學習不到的東西，比如你懂得人與人之間如何彼此信任，可信賴的程度。"從不參與說閒話實際上對人的身體健康是不利的，且是反常的。"

●利用 EAP

EAP（Employee Assistance Program）直譯為員工幫助計畫。它是由企業為員工設置的一套系統的、長期的福利與支援項目。通過專業人員對組織的診斷、建議和對員工及其直屬親人提供的專業指導、培訓和諮詢，旨在幫助解決員工及其家庭成員的各種心理和行為問題，提高員工在企業中的工作績效以及工作滿意度。

EAP 發端於 20 世紀 50 年代，最初的說明物件是二戰時期的老兵。到了 20 世紀 70 年代，企業認為它有可資利用之處。1971 年，在美國洛杉磯成立了一個 EAP 專業組織，即現在國際 EAP 協會的前身。這個機構的最初目標是為了說明員工解決酗酒和藥物濫用等不良行為。到了 80 年代，EAP 組織建立了 CEAP 協會 (EAP 認證諮詢師)，開創了 EAP 諮詢師這一職業。近 20 年來，EAP 已經從最初的酗酒、濫用藥物等行為矯正發展到現在對個人問題的全面幫助，還涉及到與員工心理問題相關的組織和工作設計、企業文化、管理風格、員工發展等方面，越來越多地與企業的人力資源管理聯繫在一起。

　　企業建立 EAP 的最初和最終目的在於降低成本、提高效率。一項研究表明，企業為 EAP 投入 1 美元，可節省運營成本 5 至 16 美元。有關資料顯示，在美國《財富》雜誌評選的世界 500 強企業中，75%以上的企業都聘請有 EAP 專業公司為自己企業的管理者和員工服務。EAP 服務通過說明員工緩解工作壓力、改善工作情緒、提高工作積極性、增強員工自信心、有效處理同事、客戶關係、迅速適應新的環境、克服不良嗜好等，使企業在節省招聘費用、節省培訓開支、減少錯誤解聘、提高組織的公眾形象、改善組織氣氛、提高員工士氣、改進生產管理等方面獲得很大收益。隨著社會發展，越來越多的人認為關心員工的心理問題是企業的責任。許多發達國家把 EAP 視做社會保障和福利。

　　如今，EAP 已經發展成一種綜合性的服務，其內容包括壓力管理、職業心理健康、裁員心理危機、災難性事件、職業生涯發展、健康生活方式、法律糾紛、理財問題、飲食習慣、減肥等等各個方面，全面幫助員工解決個人問題。解決這些問題的核心目的在於使員工在紛繁複雜的個人問題中得到解脫，管理和減輕員工的壓力，維護其心理健康。進而為企業創造更高、更好的效益。

　　有學者指出：EAP 具有三大功能。
　　一是“穩定軍心”。企業運用員工幫助計畫，提出“成長是我們的最大收穫”，塑造員工“職業安全”而非“職務安全”的概念。這種“職業安全”不僅包括職業生涯設計，而且向員工提供全面的就業能力保障。在企業方面，組織將對自身成就的關注放在結果上而非工作職能或者機構模式的具體形態上。在員工方面，則認為真正有意義的職業生涯是充滿創造意味的工作及發展，不論這是在一個固定的企業，還是在一系列企業中完成。

二是"精神按摩"。目前，在美國有 1/4 以上的企業員工常年享受著員工說明計畫的服務，並且這個數位還在不斷增加。在英國，全部員工中有近 10% 受到員工說明計畫的服務。員工幫助計畫則被視為壓力問題的最佳解決方案。這種心理管理技術類似於"精神按摩"，通過長期的疏導和調控，可以使員工獲得一種強大的心理承受力，以應付隨時隨地的變革。特別是新創企業，能否形成獨特的有生命力的文化，是關係到企業健康有序發展的關鍵。如果能從一開始就將"精神按摩"設計貫穿於整個生產經營活動之中，員工就會因為獲得了巨大的"精神財富"而自強自立，從而刷新企業的"精神風貌"。

三是"財務外收益"。通過幫助員工緩解工作壓力、改善工作情緒、增強自信心、有效處理同事與客戶關係、克服不良嗜好等，使人力資源得以更分的利用，從而使企業節省招聘費用和培訓開支；減少錯誤解聘和賠償費用；降低缺勤（病假）率和管理人員的負擔；提高組織的公眾形象，改善組織氣氛。

企業員工對 EAP 服務也是十分歡迎。據香港天力亞太顧問有限公司高級心理諮詢顧問李旭博士稱，現在國內購買 EAP 服務的企業中，員工使用服務的比率相當高。他們公司的平均使用率是 11%，最高的企業達到 20%，也就是說，一家 100 個人的公司裡，有 20 個人打過求助電話。而在美國公司，EAP 服務還會說明你的父母選擇養老院，建議你家小孩該讀哪家幼稚園。實際上 EAP 已經成為一種全方位的員工服務了。

EAP 服務在中國還是個新鮮事，也許有了這種服務以後，你還不會使用，或者對它有不切實際的期待。這裡，謹對使用這種服務提出幾點建議：

這是企業提供的一項福利，你不用白不用，不要有任何顧慮，感到有需要，就去使用。使用 EAP 是正常行為，不是有心理毛病的人才需要。故而使用這種服務不必躲躲閃閃。

恪守保密原則是諮詢師的基本職業道德。所以你可以放心告訴他們你其實很恨你的老闆，但是如果你想打聽你老闆是不是也恨你，也不會得到答案。

不要指望心理諮詢師給你提非常具體的建議，像"你說我現在應該怎麼辦？"這種問題，一般不會得到直接回答。請記住：心理諮詢只為你提供技術性的幫助，而不是幫你解決實際問題。如果你與上司發生衝突，他不會告訴你具體該如何做，而只是告訴你處理人際關係應掌握那些技術與要領。

許多公司並不反對員工在上班時間解決問題，所以如果一上班就覺得很煩躁，不妨找間小辦公室去打電話－－－花半小時解決問題，總比成天都心煩意亂來得好。

●去做心理諮詢

目前 EAP 在中國的企事業單位中畢竟還很少，在我們壓力很大，自己解決不了的時候，只有去救助於心理諮詢。

大部分人對心理諮詢聽說過，但還不夠瞭解。這裡將回答相關的一系列問題。

一是什麼時候需要去做心理諮詢。

當你感到壓力感已使自己難以承受，情緒倍受困擾的時候，你需要去做心理諮詢。

當你生理上發生了一些異常症狀，相應器官的病理沒有結果之時，你需要去做心理諮詢。

當某些事情引起了你強烈的心理衝突，自己難以解決時，你需要去做心理諮詢。

當你人際關係中出現了較大問題時，你需要去做心理諮詢。

當你家庭和婚姻中出現難以解決的問題時，你需要去做心理諮詢。

⋯⋯

千萬不要以為去做心理諮詢就是和“精神病”掛上了鉤，正常人也有心理問題，有問題就需要求助於專家。許多人看生理疾病十分坦然，看心理問題就躲躲閃閃，這種心態可以理解，但不能成為不去求助於專家的理由。

二是找什麼樣的諮詢人員。

這個問題比較重要也比較複雜。

在西方發達國家，對心理諮詢師有著很高的要求和很嚴格的考評程式。因為這個職業有個特點，在判定來訪者問題的性質與程度的時候，沒有很客觀的量化指標。雖然有一系列的心理測驗，但對心理測驗結果的解讀就需要很高的水準和很豐富的經驗。心理問題一旦被誤診，其後果是相當嚴重的。來訪者的狀況可能會按照諮詢者認定的軌跡發展，並出現諮詢者預期的情況。一言以蔽之，蹩腳的諮詢師可能會使來訪者的情況變得更糟糕，這當然不是我們希望看到的。

什麼樣的諮詢師才是合格的諮詢師呢？

自身心理健康狀況良好；

有樂於助人之心；

有心理學、教育學、醫學的教育背景；

接受過心理諮詢的系統訓練；

思維清晰、語言流暢；

有一定的人生經驗與從業經驗。

三是心理諮詢是個什麼樣的過程。

心理諮詢的步驟一般分為開始階段、指導與幫助階段、鞏固與結束階段。

開始階段需要完成的任務有三項，即建立諮詢關係、掌握來訪者的資料及進行分析、評估。

1. 建立諮詢關係

諮詢師與來訪者必須建立起信任、真誠、接納的諮詢關係。諮詢師首先要就諮詢的性質、限度、角色、目標以及特殊關係等向對方作出解釋。解釋的內容包括時間的限制、會談的次數、保密性、期望值等。尤其要對所談內容保密與尊重作出肯定性承諾，以此消除來訪者的戒備心理。

2．掌握來訪者的資料

收集與來訪者有關的各種資料，通過會談、觀察、傾聽、心理測驗等方式，瞭解對方的基本情況及表現出的症狀。

3．進行分析、診斷

分析、診斷包括以下三個方面的內容。

確認心理問題的類型及性質。

確認心理問題的程度。

確認心理問題產生的原因。

指導與幫助階段要完成的任務有三項：制訂諮詢目標，選擇諮詢方案，實施指導與幫助。

1．制訂諮詢目標

心理諮詢的目標，就是心理諮詢所追求的結果與所要達到的目的。必須由諮詢雙方共同制訂目標。

保證心理諮詢目標的針對性。諮詢目標的針對性，即解決心理問題而不是其他問題。

心理諮詢目標必須具體、可行。

2．選擇諮詢方案

選擇諮詢方案，包括諮詢方法的選定以及為實施這些方法而制定的具體計畫。選擇諮詢方案應明確下列內容：

(1) 所採取諮詢方法的目標；

(2) 該方法的實施要求，即該做什麼，如何去做，以及不做什麼；(

3) 該方法是否能達到預期的目的；

(4) 告訴來訪者必須對心理諮詢的過程抱有足夠的耐心，這些方法不可能立即產生奇跡，所有的改變都是循序漸進的。

3‧實施指導與幫助

實施指導與幫助,不同的諮詢方法有不同的要求與做法。可靈活運用鼓勵、指導與解釋,對來訪者的積極方面給予真誠的表揚、鼓勵和支援,增強來訪者的自信,促進其積極行為的增長;可以直接指導來訪者做某件事、說某些話,或以某種方式行動;可以通過解釋,使來訪者從一個全新、全面的角度面對自己的問題,重新認識自己及周圍的環境,從而提高認識能力,促進其人格的完善和問題的解決。

三、鞏固和結束階段

1‧鞏固效果

鞏固已取得的諮詢效果,是結束諮詢之前必須完成的一項任務。具體工作有以下幾項。

諮詢師應向來訪者指出其已經取得的成績與進步,說明已基本達到既定的諮詢目標。

諮詢師應和來訪者一同就其心理問題和諮詢過程進行回顧總結。

指導來訪者鞏固已有的進步,將獲得的經驗運用到日常生活中去,並逐步穩定、內化為來訪者的觀念、行為方式和能力,使之能獨立有效地適應環境。

2‧追蹤調查

為了瞭解來訪者能否運用獲得的經驗適應環境,進而最終瞭解整個諮詢過程是否成功,諮詢師必須對來訪者進行追蹤調查。追蹤調查應在諮詢基本結束後的數月至一年間進行。

四是選擇什麼樣的諮詢方式。

1、閱讀有關心理問題的書刊

稍有文化知識的人，在發現自己的心理問題後，通常都是查找有關的書刊，或上網流覽有關文章。這麼做的好處是：絕對保證自己的隱私，所花的費用很低。缺點是：針對性不強，再有就是因自己的專業知識不夠，容易產生不正確的"對號入座"現象。

2、電話諮詢

電話心理諮詢是指通過電話進行心理諮詢的一種方式。

電話心理諮詢的優點是：適用於無法接受面對面心理諮詢的需求者，特別是異地諮詢；便捷性也比較好，理論上可以隨時進行；隱蔽性強，來訪者可以盡情傾訴，而雙方相見也不相識。

電話心理諮詢的缺點是：費用偏高，除需支付諮詢費外，還得支付本地電話或長途電話費費用；諮詢師難以進行準確的心理評估；諮詢師的干預手段少。

3、網路諮詢

網路諮詢系指以網路為媒介進行的心理諮詢。

網路諮詢的優點是：和電話一樣，隱蔽性強；來訪者沒有緊張感和壓迫感；可以時時記錄下聊天內容。這樣對進一步分析有非常大的幫助；相對來說，費用比較低，普通的工薪階層也能承受。

網路諮詢的缺點是：

需要來訪者具有一定的條件與技能，來訪者如沒有電腦，不通網路，或不會使用這些東西，這種諮詢方式就不可能使用；最主要的還是信任度的問題，在未見其人，未聞其聲之時，讓其產生信任感不是一件容易事。而在心理諮詢中，若不對諮詢師產生高度信任，很難產生良好的效果。

4、面對面諮詢

這是一種最古老的諮詢方式，也是一種效果最好的諮詢方式。

面對面諮詢的優點是：除了有語言資訊溝通，還有大量的非語言資訊溝通，這既有利於諮詢師判定對方的問題，也有利於諮詢取得最佳效果。這種效果是其它形式無法實現，也是無法替代的。

面對面諮詢的缺點是：耗時多（交通時間），便捷性差；來訪者容易產生心理障礙（有些事情羞於啟齒）；費用可能是最高的。

●學會利他

有一個概念，我們不能誤讀，那就是尋求社會支持，就是從社會中索取，而沒有給予。

其實，索取與給予如同一張紙的正反兩面，你無法把它們完全分開。給予，可能就是另一種形式的索取，比如說：利他！

利他？有人會認為我們又在說教了。在如今這個年頭，誰不是只顧自己？或者說連自己還顧不過來呢？何言利他？

極端的利己主義的口號是“拔一毛利天下而不為！”我們不去評價他道德上是非，我們只是想問：他們幸福嗎？他們快樂嗎？他們不感受到來自內部與外部的沉重壓力嗎？

在人體主義心理學看來，奉行利他主義是一個心理健康的一個重要標誌。馬斯洛就曾說過：“關心社會，同情與幫助別人”是人生最高境界的獲得者——自我實現者的一個重要的人格特徵。美國亞裡桑州大學心理學教授查迪士尼說：“伸出援助之手會令人產生美好的感覺，對健康與情緒都有莫大的裨益。"

　　我們所有的人都有雙重責任：既要獨立地處理事情，又要與由共同的目的的目標集合在一起的親密團體中的"兄弟姐妹們"攜手合作。對此，塞爾葉說："認識到這個事實之後，我們很可能相信，在某種程度上，不僅四海之內皆兄弟，而且所有生物皆昆仲。為了避免衝突、挫折和憎恨而引起的壓力，為了達到和平與幸福，我們應該投入更多的注意力，更好地理解動機與行為的自然基礎。如果一個人學會了遵循從你的鄰居處獲取愛的原則，他說不會失望。"

　　當慈善家損款給窮人的時候，僅僅是一方給予，另一方得到嗎？非也！他們雙方都是受益者。一方得到了物質上的幫助，另一方得到了心理上的享受，那崇高感、愉悅感，是其它享受無法替代的。

　　利他也不意味著只能帶來心理上的回報，沒準那一天，你能得到更大的利益回報呢。你肯定知道"狡兔三窟"的典故吧。孟嘗君的一個門客為他做了一些利他的事，結果可沒有白做，可謂低投入、高回報。
　　再來說一個帶有傳奇色彩的故事吧，雖然這是一個特例，但它還是能在一定程度上說明問題。

　　一位少婦帶著她那可愛的孩子在街心花園中蕩秋千。忽然，遇上了一點小小的麻煩。這時，一位男子走了過來，以舉手之勞幫了她一把，於是。他們相識了，並成了朋友。
　　這位男子滿腦子都是主意，只是沒有資金，無法把夢想變為現實，那位少婦原是個大富翁的太太，擁有萬貫資產，她向她的丈夫請求幫這位男子一把，丈夫欣然同意了。這位男子借到一筆資金後如困龍入大海，猛虎添雙翅，數年功夫，遂成千萬富翁。

現在我們可以來分析一下"利他"傻不傻了。

做一些利他的事情，有益於自身的心理平衡、靈魂淨化；

做一些利他的事情，能讓我們獲得友情與人類之愛；

以上兩點對我們緩解壓力有極大的幫助。

再則，做一些利他的事情，還有可能得到高額的回報，雖然我們並不指望、並不期待這些回報。但不指望、不期待並不代表它就不到來。

●學會感恩

有一位剛從大學畢業的學生，到一家頗具規模的公司去應聘工作，他經過了筆試、口試，最後由老闆親自面試。

老闆問了他一個問題，"年輕人，你可曾為你的雙親洗過雙腳？"

這位年輕人想了想回答說："只有雙親幫我洗過雙腳．從小到大，我還未曾替雙親洗過。"

老闆說："等你回去為雙親洗過雙腳再來吧。"

年輕人回到家裡，不知如何向雙親啟齒，剛好這時母親風塵僕僕地由外面回來。

於是年輕人端了一盆水來到母親的面前說："媽！您辛苦了，讓我來幫你洗洗腳吧。"

母親很驚訝，不過還是坐了下來。

年輕人將母親的腳輕輕放入盆子裡，塗上肥皂，以雙手揉搓母親的雙腳．這才發現，由於母親的操勞，雙腳竟變得如此粗糙，在幫母親洗腳的同時，他不禁流下了感恩的淚水。

第二天，這位年輕人到公司複試，老闆問他替雙親洗過雙腳了嗎？他說："洗過了。"老闆問他有何感受？他道出"感恩"兩字。於是老闆就錄用了他。

學會感恩對一個人生活的有重要的意義。

其一，感恩可以滿足歸屬和愛的需要。這是人的一種本能的需要，包括愛別人和被別人愛。感恩是愛別人最直接的、最有效的途徑，並可使自己在生活群體中獲得歸屬感。進而獲得別人的愛，滿足被別人愛的需要。

其二，感恩是一種處事哲學，是一種生活的智慧，會讓你勇敢地面對生活的挫折與困難。很多的人在成功的時候能想到去感謝別人，感謝幫助過他的人，這個大家似乎都可以理解：遇到了失敗之後，很多的人就心灰意冷，開始抱怨不停，甚至從此一蹶不振，感覺為什麼會有這麼多的不公平。而心懷感恩的人，則不會輕易的受到生活中成敗的影響，總是看到生活的希望，使自己永遠保持健康的心態、完美的人格和進取的信念。他們相信，生活給你帶來了挫折的同時也會給你帶來面對挫折的堅強。

其三，感恩，有利於建立良好的人際關係。弗洛姆在他的代表作《愛的藝術》中曾經指出，愛，不僅僅是一種自然情感，如何去愛別人，是一種藝術，更是一種能力。愛別人就是一種感恩的表達方式。擁有了一顆感恩的心，在與同學交往的過程中，你就會更加的從容，淡然，也就沒有了埋怨，沒有了嫉妒，沒有了憤憤不平。可以說，感恩是人際關係的高級技術之一。是良好的人際關係的保鮮劑。

其四，感恩可以給我們帶來更多的機會。從某種意義上說，感恩也是給自己生存機遇的不斷"積蓄"。曾在網上看到一則新聞：一位成功人士資助了一個班級的8個貧困大學生順利地完成了學業。三年以後，因為公司發展的需要，這位元成功人士有幾個空缺的工作崗位，他首先想到了曾經資助的幾個貧困的大學生，當想跟他們聯繫的時候，才知道除了一個常常跟他保持聯繫之外，其他的七個人的手機號碼全換掉了，撥打過去全是空號。而這七個人，從來不與這位資助者聯繫。他們不給資助者以情感方式的回報，同時也丟失了一個可能的機會。不是說大學生找工作難嗎？工作來找你了，卻不見你的蹤影。

我們要有一顆感恩的心。感恩是一種認同，這種認同應該是從我們的心靈深處對外部世界的一種認同；感恩是尊重的起點，在尊重他人、社會、自然、知識，中追求生命的意義；展現、發展自己獨立人格。感恩是一種與生俱來的天性，是一種良知；是擁有健全性格的表現；是一切良好的非智力因素的底色；感恩是一種美好的情感。

古人雲"施人慎勿念，受施慎勿忘"。學會感恩，讓生命可以輕裝一點，未來才會陽光。

專欄

《有愛則靈》

有位孤獨的老人，無兒無女，又體弱多病。他決定搬到養老院去。老人宣佈出售他漂亮的住宅。購買者聞訊蜂擁而至。住宅底價8萬英鎊，但人們很快就將它炒到了 10 萬英鎊。價錢還在不斷攀升。老人深陷在沙發裡，滿目憂鬱，是的，要不是健康情形不行，他是不會賣掉這棟陪他度過大半生的住宅的。

一個衣著樸素的青年來到老人眼前，彎下腰，低聲說：「先生，我也好想買這棟住宅，可我只有 1 萬英鎊。可是，如果您把住宅賣給我，我保證會讓您依舊生活在這裡，和我一起喝茶，讀報，散步，天天都快快樂樂的——相信我，我會用整顆心來照顧您！」

老人頷首微笑，把住宅以 1 萬英鎊的價錢賣給了他。

完成夢想，不一定非得要冷酷地廝殺和欺詐，有時，只要你擁有一顆愛人之心就可以了。

《欲取先予》

有一個人在沙漠行走了兩天。途中遇到暴風沙。一陣狂沙吹過之後，他已認不得正確的方向。正當快撐不住時，突然，他發現了一幢廢棄的小屋。他拖著疲憊的身子走進了屋內。這是一間不通風的小屋子，裡面堆了一些枯朽的木材。他幾近絕望地走到屋角，卻意外地發現了一座抽水機。

他興奮地上前汲水，卻任憑他怎麼抽水，也抽不出半滴來。他頹然坐地，卻看見抽水機旁，有一個用軟木塞，堵住瓶口的小瓶子，瓶上貼了一張泛黃的紙條，紙條上寫著：你必須用水灌入抽水機才能引水！不要忘了，在你離開前，請再將水裝滿！他拔開瓶塞，發現瓶子裡，果然裝滿了水！

他的內心，此時開始交戰著——如果自私點，只要將瓶子裡的喝掉，他就不會渴死，就能活著走出這間屋子！

如果照紙條做，把瓶子裡唯一的水，倒入抽水機內，萬一水一去不回，他就會渴死在這地方了——到底要不要冒險？

最後，他決定把瓶子裡唯一的水，全部灌入看起來破舊不堪的抽水機裡，以顫抖的手汲水，水真的大量湧了出來！

他將水喝足後，把瓶子裝滿水，用軟木塞封好，然後在原來那張紙條後面，再加他自己的話：相信我，真的有用。在取得之前，要先學會付出。

怎麼活才不累：白領減壓手冊

作者：邰啟揚

發行人：黃振庭

出版者 ：崧博出版事業有限公司

發行者 ：崧燁文化事業有限公司

E-mail：sonbookservice@gmail.com

部落格 粉絲頁

地址：台北市中正區重慶南路一段六十一號八樓 815 室

8F.-815, No.61, Sec. 1, Chongqing S. Rd., Zhongzheng
Dist., Taipei City 100, Taiwan (R.O.C.)

電　話：(02)2370-3310 傳　真：(02) 2370-3210

總經銷：紅螞蟻圖書有限公司

地址：台北市內湖區舊宗路二段 121 巷 19 號

電話:02-2795-3656 傳真:02-2795-4100

網址：

印　刷 ：京峯彩色印刷有限公司（京峰數位）

定價：380 元

發行日期：2018 年 2 月第一版